제발, 이런 정책 좀 펴라

제발, 이런 정책 좀 펴라

발행일	2025년 5월 15일

지은이	권의종, 유상정, 이철우, 김창현		
펴낸이	손형국		
펴낸곳	(주)북랩		
편집인	선일영	편집	김현아, 배진용, 김다빈, 김부경
디자인	이현수, 김민하, 임진형, 안유경, 한수희	제작	박기성, 구성우, 이창영, 배상진
마케팅	김회란, 박진관		
출판등록	2004. 12. 1(제2012-000051호)		
주소	서울특별시 금천구 가산디지털 1로 168, 우림라이온스밸리 B동 B111호, B113~115호		
홈페이지	www.book.co.kr		
전화번호	(02)2026-5777	팩스	(02)3159-9637
ISBN	979-11-7224-632-7 03350 (종이책)		979-11-7224-633-4 05350 (전자책)

잘못된 책은 구입한 곳에서 교환해드립니다.
이 책은 저작권법에 따라 보호받는 저작물이므로 무단 전재와 복제를 금합니다.
이 책은 (주)북랩이 보유한 리코 장비로 인쇄되었습니다.

(주)북랩 성공출판의 파트너
북랩 홈페이지와 패밀리 사이트에서 다양한 출판 솔루션을 만나 보세요!
홈페이지 book.co.kr • **블로그** blog.naver.com/essaybook • **출판문의** text@book.co.kr

---

작가 연락처 문의 ▶ ask.book.co.kr
작가 연락처는 개인정보이므로 북랩에서 알려드릴 수 없습니다.

대한민국을 다시 세우기 위한 정책 제안서

제발, 이런 정책 좀 펴라

권의종, 유상정, 이철우, 김창현 지음

 북랩

프롤로그

이제는 달라져야 합니다.
진심으로, 제발

정권이 바뀔 때마다 국민의 기대도 새롭게 시작된다. 더 나은 나라, 더 따뜻한 정책, 더 공정한 사회를 꿈꾸며 수많은 국민이 투표소로 향한다. 그러나 선거는 끝났고, 세월이 흘렀다. 정권은 바뀌었지만, 국민의 삶은 크게 바뀌지 않았다. 기대는 작아졌고, 체념은 늘어났다. 그렇게 우리는 또 한 번의 정권 교체를 목격했다.

정치권은 늘 외친다. "개혁이 필요하다." "민심을 받들겠다." 하지만 국민이 들을 때 그 말은 공허하다. 말뿐이고 실천이 없는 정치는 더 이상 믿기 어렵다. 국민은 되묻는다. "도대체 무슨 개혁을 말하는 건가요? 지금 우리가 살아가는 삶과 무슨 상관이 있나요?"

그래서 이 책은 시작되었다. '제발 제대로 된 정책 하나라도 펼쳐달라.' 이것은 단지 학자의 목소리도, 전문가의 진단도 아니다. 오늘을 살아가는 국민 한 사람 한 사람의 간절한 목소리다. 그 목소리를 모아 질문을 던졌다. 도대체 어떤 정책이, 어떤 방향이, 어떤 리더십이 지금 대한민국에 필요한 것인가?

우리는 너무 오랫동안 진영의 언어에 갇혀 살아왔다. 진보와 보수, 여당과 야당, 좌와 우. 하지만 이제 그런 이념의 선 긋기보다 중요한 것이 있다. 그것은 바로 현실을 바꾸는 힘, 국민의 삶에 실제로 영향을 주는 정책, 지속 가능한 구조 개혁이다. 이제는 말이 아니라 실행의 시간이 되어야 한다.

이 책은 선언이 아니다. 구호도 아니다. 그리고 관념도 아니다. 실행 가능한 정책을 이야기하고자 했다. 정치는 현실이고, 정책은 도구다. 국민이 체감할 수 있는 정책이 아니라면 그것은 아무리 멋져 보여도 공허한 구호일 뿐이다.

각 장마다 제시된 정책 방향은 어느 특정 정당이나 이념을 대변하려는 것이 아니다. 오히려 오랜 시간 다양한 분야에서 축적된 연구와 현장의 목소리, 그리고 국제 비교 사례들을 기반으로 가장 보편적이고 상식적인 정책 제안을 담으려 했다.

우리는 지금 다양한 위기를 맞고 있다. 기후와 에너지, 기술과 노동, 인구와 복지, 부동산과 교육, 지역과 지방, 세대 간 갈등, 국제 정세의 요동 등. 문제는 단순히 많고 복잡한 것이 아니라, 이 문제들 사이에 유기적인 연결고리를 읽고 해법을 설계할 리더십이 부재하다는 데 있다.

그래서 이 책은 각 부문별 문제 진단뿐 아니라, 그것을 관통하는 핵심 구조 개혁 방향을 제시한다. 그리고 단기 대중요법이 아닌 중장기 전략을 통해 지속 가능하고, 실행 가능한, 국민과 함께할 수 있는 정책 대안을 설계한다.

이 책의 제목은 직설적이다. 『제발, 이런 정책 좀 펴라』. 누군가는 다소 거칠다고 생각할 수도 있다. 하지만 이 말에는 분노보다 간절함이 담겨 있다. 수없이 반복된 무능과 무책임을 더 이상 지켜볼 수 없다는 시민의 절박한 목소리다.

"제발"이라는 말에는 아직 포기하지 않은 희망이 담겨 있다. 우리 사회가 바뀔 수 있다는 믿음, 지금이라도 제대로 된 정부라면 방향을 바꿀 수 있다는 기대. 그리고 그 변화가 가능하다는 상식적인 희망.

이 책은 정치권을 향한 분노이자, 동시에 정치에 대한 마지막 신뢰의 표시다. "정말로, 제발 제대로 해주세요." 이는 결국 오늘을 사는 우리가 우리 자신에게 던지는 질문이기도 하다.

누군가는 이 책을 읽고 말할지도 모른다. "이건 이상론이다." 또 누군가는 "너무 급진적이다" 혹은 "너무 점잖다"라고 느낄 수도 있다. 그러나 우리는 믿는다. 이 책이 제시하는 각 정책과 방향이 현실에 닿아 있으며, 그것이 실현된다면 지금보다 나은 사회, 더 건강한 국가, 더 신뢰받는 정부로 갈 수 있으리라는 것을.

무엇보다 이 책은 독자에게 기대한다. 비판적 독해를 넘어 실천적 관심으로, 냉소가 아닌 참여로, 체념이 아닌 제안으로 사회를 바꿔가는 출발점이 되어주기를 바란다.

대한민국은 여전히 가능성이 많은 나라다. 높은 교육 수준, 뛰어난 기술력, 세계적 위상, 풍부한 사회적 자본이 있다. 지금 필요한 것은 단 하나, 정치와 행정이 그 가능성을 실현할 수 있도록 설계하고 조율하는 능력이다.

이 책이 그 첫 단추를 꿰는 데 작은 도움이 되기를 바란다. 그리고 누군가 이 책을 덮으며 조용히 말하길 바란다. "그래, 이제는 진짜 바꿔야 해. 더는 미룰 수 없어." 그 목소리가 바로 변화의 시작이기 때문이다.

2025년 5월
공동저자 권의종·유상정·이철우·김창현

목차

프롤로그 - 이제는 달라져야 합니다. 진심으로, 제발 ·4

제1장 경제, 새판을 짜자

1. 성장률 지상주의를 넘어서 ·16
2. 내수 중심 경제로의 전환 ·21
3. 중소기업이 주도하는 산업 생태계 ·26
4. 기술 탈취 근절과 공정 경쟁 ·31
5. 장기 구조조정이 필요한 대기업 ·35

제2장 일자리, 지속 가능하게 바꾸자

1. 단기 일자리보다 좋은 일자리 ·40
2. 청년 고용을 위한 책임 있는 매칭 시스템 ·45
3. 중장년층 재교육 시스템 전면 개편 ·49
4. 플랫폼 노동자 보호 대책 ·54
5. 근로 시간 유연화와 워라밸 보장 ·59

제3장 자영업, 구조부터 다시 세우자

1. 생계형 창업 제한과 전문화 유도 · 64
2. 임대료 상한제와 계약갱신권 강화 · 69
3. 공유자영업 플랫폼 확산 · 74
4. 상권 중심 컨설팅 허브 구축 · 79
5. 폐업 지원도 '재기' 중심으로 · 84
6. 자영업 정책, 재정비가 필요하다 · 89

제4장 복지, 재정의 선을 넘다

1. 선별과 보편, 이분법을 넘어서 · 96
2. 복지 사각지대 해소, 디지털 기반으로 · 101
3. 복지 지출의 구조조정이 필요하다 · 106
4. 복지를 책임질 지방정부의 권한과 재정 · 111
5. 복지 정책의 정치화, 어떻게 넘을 것인가 · 116

제5장 교육, 공정을 되살리다

1. 학벌주의를 넘어 실력 사회로 · 122
2. 교육 격차 해소, 더 늦기 전에 · 127
3. 교육의 국가 책임, 어디까지 가능한가 · 132
4. 공교육 신뢰 회복, 교사 자율성 회복부터 · 137
5. 대입 제도, 단순화와 투명화가 해법이다 · 142

제6장 과학기술, 미래를 준비하다

1. 연구개발, 양보다 질이 중요하다 · 148
2. 인재 양성 체계, 혁신적으로 바꿔야 한다 · 153
3. 디지털 주권, 데이터 주권부터 확립하자 · 158
4. 인공지능 시대, 윤리가 경쟁력이다 · 162
5. 우주와 해양, 개척 국가로 나아가자 · 166

제7장 산업·에너지, 전략 산업부터 재편하라

1. 산업 정책, 과감한 리셋이 필요하다 · 172
2. 에너지 전환, 시장 기반으로 바꿔야 한다 · 177
3. 핵심 소재·부품, 공급망 리스크에 대비하라 · 181
4. 조선·자동차, 수출 제조 강국의 기반을 다져야 한다 · 185
5. 중소기업, 기초 체력을 키워야 한다 · 190
6. 스타트업 생태계, 다음 유니콘을 키우자 · 195
7. 산업 전환기, 사회적 연착륙 장치를 갖춰야 한다 · 199

제8장 금융과 시장, 공정의 시스템을 세우자

1. 금융 소비자 보호를 강화하자 · 204
2. 사모펀드·보험 시장의 투명성 확보 · 208
3. 신용불량·채무불이행자 제도 개선 · 213
4. 지역 금융 접근성을 확대하자 · 218
5. ESG 시장 활성화와 제도 정비 · 223

제9장 농업·환경, 지속 가능한 국토 전략을 세워라

1. 농업을 단순 산업이 아닌 생존 기반으로 재인식하자 ·230
2. 기후위기 대응, 탄소중립을 넘어서야 한다 ·234
3. 도시와 농촌, 균형 발전으로 회복 탄력성을 높이자 ·239
4. 국토계획, 자연과 공존하는 패러다임으로 ·243
5. 환경 정책, 규제에서 투자로 ·247
6. 자원 순환, 쓰레기 문제를 미래 산업으로 ·252
7. 생물 다양성, 생명의 연결망을 지켜야 한다 ·257
8. 녹색국가 전략, 통합 리더십이 필요하다 ·261

제10장 지방 시대, 공간의 정의를 복원하라

1. 지방 소멸, 한국 사회의 구조적 위험이다 ·268
2. 중앙집중 해소, 권한과 재정을 이양하라 ·272
3. 지방대학, 지역 혁신의 거점으로 ·276
4. 초광역 협력, 연대형 발전 모델로 ·280
5. 공간복지, 삶의 격차를 줄이는 국가 전략 ·284

제11장 국가 운영, 효율성과 신뢰를 회복하라

1. 관료제 혁신, 책임 행정으로 전환하라 ·290
2. 정부 조직, 슬림하고 민첩하게 ·294
3. 공공기관 개혁, 성역 없이 추진하라 ·298
4. 디지털 정부, 사람 중심으로 진화하라 ·302

제12장　공정 사회, 기회의 사다리를 복원하라

1. 불공정에 대한 분노, 공정을 향한 갈증　　　　·308
2. 입시·채용·보상, 공정한 제도 설계로　　　　·313
3. 사회적 약자, 배려를 넘어 권리로　　　　·317
4. 공정의 기준, 사회적 합의로 다듬자　　　　·321

제13장　청년 미래, 희망의 사다리를 복원하라

1. 청년이 체감하는 위기, 구조적 문제다　　　　·326
2. 청년 일자리, 불안정 고리를 끊자　　　　·331
3. 청년 주거, 자립의 첫걸음부터　　　　·335
4. 청년 정책, 통합 설계와 세대 연대로　　　　·339

제14장　이민과 다양성, 지속 가능한 공동체로 가는 길

1. 인구절벽의 시대, 해법은 이민이다　　　　·344
2. 다양성 수용, 사회 통합의 조건이다　　　　·348
3. 이주민 정책, 보호에서 통합으로　　　　·352
4. 다양성과 포용, 국가 비전으로　　　　·356

제15장 외교·안보, 실용과 자강의 국익 전략으로

1. 강대국 각축 시대, 국익 중심 외교가 해답이다 ·362
2. 기술 패권 시대, 경제 안보 외교로 나가자 ·366
3. 동북아 정세, 실용 외교의 시험대 ·370
4. 실용과 자강의 국방 전략으로 ·374

에필로그 - 다시, 국가를 생각한다 ·378

제1장

경제, 새판을 짜자

1. 성장률 지상주의를 넘어서
2. 내수 중심 경세로의 선환
3. 중소기업이 주도하는 산업 생태계
4. 기술 탈취 근절과 공정 경쟁
5. 장기 구조조정이 필요한 대기업

1.
성장률 지상주의를 넘어서

"성장의 속도보다 방향이 중요하다"

숫자에 갇힌 경제 정책의 함정

대한민국은 산업화 이후 줄곧 '성장률'이라는 하나의 지표를 중심으로 국가 경제 정책을 설계해왔다. 연간 GDP 성장률은 정부의 정책 성과를 가늠하는 기준이자, 국민이 국가 경제의 건강함을 평가하는 척도가 되었다. 대통령의 신년 기자회견에서는 매번 올해 성장률 전망이 거론되었고, 예산안 심의 과정에서도 이 숫자는 늘 정쟁의 중심이 됐다.

그러나 과연 이 숫자가 우리 사회의 현실을 온전히 대변할 수 있는가? 최근 10년간 한국은 연평균 2% 후반에서 3% 초반의 비교적 안정적인 성장세를 이어왔다. 그러나 이 시기에 청년 체감 실업률은 20%를 넘나들었고, 자살률은 OECD 1위를 유지하고 있다. 1,000조 원을 넘는 가계부채, 줄어들지 않는 노인빈곤율, 사라지는 중산층. 이런 현실은 성장률이라는 숫자 하나로 설명되지 않는다.

문제는 이 수치가 '진실을 감추는 가면'이 되었을 뿐 아니라, 오히려 현실을 왜곡하고 있다는 데 있다. 성장을 했다고 믿었지만 그 과실은 소수에게 집중되었고, 다수의 국민은 여전히 버거운 삶을 살고 있었다. 국민의 일상에서 경제는 '성장'이 아니라 '불안'의 언어로 존재했다.

단기 성장 집착이 낳은 구조 왜곡

성장률을 목표로 삼는 것은 자연스러운 일처럼 보일 수 있다. 그러나 문제는 그 집착이 단기 처방 중심의 정책 왜곡을 초래한다는 점이다. 성과를 수치로 보여줘야 하는 정부는 해마다 경제성장률을 끌어올리기 위해 대규모 토목 사업, 건설 경기 부양, 소비 쿠폰이나 전시성 재정 지출 등을 반복한다. 이는 성장의 속도를 올리는 데는 기여할 수 있으나, 구조적 개혁에는 아무런 영향을 미치지 못한다.

대표적인 사례가 바로 부동산 경기 부양이다. 다수 정부는 위기 시마다 부동산 활성화를 통해 성장률을 끌어올리려 했고, 이는 단기적으로 GDP 상승에 기여했다. 그러나 그 결과는 치솟는 집값,

심화된 자산 양극화, 고착화된 세대 간 격차였다. 실질적인 혁신 없이 반복된 부양 정책은 '거품형 성장'만을 확대시켰고, 국민에게는 오히려 절망과 박탈감을 안겼다.

또한 대기업 수출 중심 정책은 중소기업과 지역 경제를 소외시켰고, 노동시장 이중구조는 더 고착화되었다. 이는 단기 지표 상승의 대가로 경제 생태계를 왜곡시킨 대표적 사례다. 정책이 미래를 보는 눈을 잃고 숫자만을 추종할 때, 사회는 구조적 불균형을 피할 수 없게 된다.

'좋은 성장'은 누구와 함께 가는가

이제 우리는 질문을 바꾸어야 한다. "얼마나 성장했는가?"가 아니라 "누가 성장의 과실을 누렸는가?", "그 성장이 우리 사회를 얼마나 건강하게 만들었는가?"를 물어야 한다. 성장이 곧 정의가 아니며, 불평등한 성장은 불완전한 성장이며 결국 지속 가능하지 않다.

성장의 질을 판단하기 위한 지표도 달라져야 한다. 국내총생산뿐만 아니라 중위소득 대비 실질 가계소득의 변화, 가계부채 상환 부담률, 노동시장 격차, 사회 이동성 지수 등을 함께 살펴야 한다. 또 환경 측면에서는 탄소 배출 감소율, 재생에너지 보급률 같은 '녹색 성장' 지표도 병행되어야 한다.

OECD는 '더 나은 삶 지표(Better Life Index)'를 통해 단순 경제 지표가 아닌 삶의 질, 공동체 신뢰, 교육 기회, 안전 등의 요소를 종합적으로 평가하고 있다. 유엔개발계획(UNDP)의 인간개발지수(HDI)도 단순한 소득이 아니라 건강과 교육, 삶의 수준을 함께 본다. 한국도 이제 복합 지표를 중심으로 한 국가 경제 진단 체계를 도입해야 할 시점이다.

국민이 체감하는 성장으로 가야 한다

성장은 반드시 필요하다. 그러나 그것은 국민이 느낄 수 있을 때에만 의미가 있다. 성장이 국민의 삶을 변화시키지 못한다면, 그것은 숫자만 상승한 헛된 목표일 뿐이다. GDP가 오르고 주가지수가 상승해도, 청년이 절망하고 자영업자가 쓰러지며 고령층이 생계에 허덕인다면 그 나라는 건강하다고 말할 수 없다.

이제 정부는 국민의 삶을 중심에 두는 정책 철학으로 전환해야 한다. 성장률이라는 숫자보다, 삶의 질 개선을 우선순위로 두는 정책 설계가 필요하다. 그리고 그 중심에는 '함께 잘사는 성장', '기회가 열려 있는 성장', '지속 가능한 성장'이라는 가치가 있어야 한다.

궁극적으로는 경제 패러다임의 전환이 필요하다. 저출산 고령화, 기후위기, 산업구조 전환, 디지털 경제로의 이행 등 거대한 변화 속에서 숫자 경쟁은 무의미하다. 우리가 준비해야 할 것은 수치가 아니라 구조적 회복력과 사람 중심의 정책이다.

국가 운영의 관점은 바뀌어야 한다. '얼마나 빨리'가 아니라 '얼마나 함께' 나아가느냐가 핵심이다. 성장률 지상주의를 넘어, 국민이 체감하고, 미래가 담보되는 성장. 그것이 지금 우리가 택해야 할 새로운 경제 전략이다.

2. 내수 중심 경제로의 전환

"수출만 바라보다 내수 기반이 무너진다"

외풍에 흔들리는 수출 의존 경제

한국 경제는 전통적으로 수출 주도형 모델을 채택해왔다. 자동차, 반도체, 철강, 조선업 등 중화학 공업을 중심으로 한 수출 산업은 압축 성장의 상징이었고, 경제 기적의 동력이었다. 그러나 이 모델은 한계를 드러내고 있다. 세계 경기 둔화, 미·중 무역 갈등, 보호무역주의 확산 등 대외 변수에 따른 충격이 커지면서 수출 중심 경제는 더 이상 안정적이지 않다.

2025년, 도널드 트럼프 대통령의 재선과 함께 미국은 다시 강력한 보호무역 정책을 채택했다. 이른바 '트럼프발 관세폭탄'은 한국을 비롯한 동맹국들에도 예외 없이 부과되었고, 한국의 자동차·철강·배터리 등 전략 산업 수출에 직접적인 타격을 주고 있다. 이는 수출 의존형 국가에 커다란 경고다. 한 나라의 수출 전략이 특정 강대국의 정권 교체에 따라 이처럼 좌우되는 현실은 구조적으로 매우 불안정하다.

특히 반도체처럼 특정 산업의 수출 비중이 지나치게 클 경우, 글로벌 수요 변동이나 지정학적 리스크에 따라 경제 전체가 흔들린다. 2023년 상반기 한국의 수출이 10% 이상 감소했을 때, 이는 단순한 무역 적자를 넘어 산업 전반의 침체로 확산됐다. 문제는 이러한 충격을 흡수할 국내 소비 기반, 즉 내수 시장이 너무 취약하다는 점이다.

코로나19 팬데믹 당시 한국은 비교적 빠른 회복을 이뤘지만, 그 회복은 주로 수출 덕분이었다. 내수 회복은 뒤처졌고, 자영업 폐업률은 사상 최고치를 기록했다. 이는 수출 의존형 경제의 본질적 취약성을 다시금 드러낸 사례다. 외풍에 흔들리는 경제 구조를 바로잡기 위해선 이제 내수 중심 전략으로 전환해야 한다.

내수 진작, 왜 잘 안되는가?

정부는 매년 '내수 활성화'를 외치지만 실효성 있는 결과를 내는 경우는 드물었다. 그 이유는 구조적인 문제 때문이다. 첫째, 가계 실질소득이 정체되어 소비 여력이 부족하다. 2015년 이후 한국의 가계소득 증가율은 GDP 성장률을 밑도는 해가 많았으며, 고정비 지출(주거·교육·의료) 부담은 지속적으로 증가해 가처분소득을 축냈다.

둘째, 고용 불안과 미래 불확실성이 소비 심리를 위축시킨다. 특히 청년층은 일자리는 물론 결혼·출산·주거 문제로 소비를 미루거나 축소할 수밖에 없는 구조다. 셋째, 소비가 대기업 플랫폼에 집중되면서 지역 경제와 소상공인의 활력이 떨어졌다. 온라인 플랫폼과 프랜차이즈 본사로 수익이 집중되고, 지역 내 소비 순환 구조가 끊기면서 내수의 실질적 파급력이 약화된 것이다.

이처럼 단순히 '돈을 뿌리는' 방식의 내수 정책은 효과가 일시적이다. 국민의 삶 자체가 안정되지 않으면 소비는 늘지 않고, 내수는 활성화되지 않는다. 내수 확대는 곧 삶의 질과 사회 구조 전반의 문제와 맞닿아 있다.

내수 중심 경제는 왜 필요한가

내수를 키워야 하는 이유는 단순히 수출의 대체재로서가 아니다. 균형 있고 회복력 있는 경제를 위해서 반드시 필요한 기반이기 때문이다. 내수는 일자리와 직결된다. 수출 중심 대기업은 고용 유발 효과가 제한적이지만, 내수 기반 중소기업과 자영업, 서비스업은 고용의 70% 이상을 차지하고 있다. 내수가 살아야 고용도 산다.

또한 내수는 지역 균형 발전의 핵심이다. 대부분의 수출 산업은 수도권과 특정 산업 벨트에 집중되어 있지만, 내수 기반 산업은 지역사회 곳곳에 뿌리를 내리고 있다. 내수는 지방을 살리고, 지방은 국가의 지속 가능성을 지탱하는 기둥이다.

국민 삶의 안정 역시 내수와 밀접하다. 내수 활성화는 소득 분배 구조를 개선하고, 사회적 소비를 통해 공동체를 재생산하는 순환 고리를 만든다. 그 결과는 곧 국민의 체감 경기 개선으로 이어진다. 결국 내수는 국가 경제의 체온과도 같다. 체온이 낮으면 모든 장기가 기능을 잃는다.

지속 가능한 내수를 위한 전략은 무엇인가

내수를 살리기 위한 정책은 단발성 현금 지원이 아니라 구조적 체질 개선에 초점을 맞춰야 한다. 첫째, 가계소득을 안정화하는 정책이 최우선이다. 기본소득 논쟁을 넘어서 실질소득을 높이는 노동시장 개혁, 생활비 부담 완화 정책, 주거 안정 대책이 병행되어야 한다.

둘째, 소상공인과 자영업자의 경쟁력을 높이는 정책이 필요하다. 단순한 보조금이 아니라 경영 컨설팅, 지역 상권 회복, 디지털 전환 지원 등 근본적인 체질 개선이 요구된다. 대기업 플랫폼과의 불공정 거래 구조를 바로잡는 것도 핵심 과제다.

셋째, 지역 내 소비 순환 구조를 복원해야 한다. 지역화폐의 남용보다 효과적인 소비금융 모델, 예를 들어 로컬 마이크로크레딧, 지역 단위 디지털 화폐 시스템 등이 대안이 될 수 있다. 지역 기반 스타트업과 문화·생활 인프라 육성도 내수 회복의 중요한 축이다.

넷째, 문화, 교육, 복지, 공공서비스 등 비물질 소비 영역의 성장을 촉진해야 한다. 이 영역은 소득과 소비의 선순환을 만들고, 동시에 삶의 질을 향상시키는 전략적 내수 부문이다. 내수 확대는 곧 사람에 대한 투자이며, 국민이 행복할 때 내수는 강해진다.

2025년 트럼프 2기 집권 이후 강화된 보호무역주의는 한국 경제에 강한 경고를 보냈다. 더 이상 수출에만 기댄 경제 모델은 생존할 수 없다. 이제는 내수를 키워야 한다. 내수는 안전판이자 성장의 기초이며, 국민 삶의 버팀목이다. 국가 경제의 체온을 올릴 마지막 기회가 지금 우리 앞에 놓여 있다.

3. 중소기업이 주도하는 산업 생태계

"작은 기업이 강한 경제를 만든다"

기울어진 운동장 위의 중소기업

한국 경제에서 중소기업은 숫자상으로는 다수지만, 실제 산업구조에서는 열세에 놓여 있다. 전체 기업의 99%가 중소기업이고, 고용의 약 83%를 책임지고 있지만, 부가가치 생산 비중은 50%를 밑돈다. 대기업과의 생산성과 임금 격차는 점점 벌어지고 있으며, 대·중소기업 간의 납품 단가, 기술 보호, 고용 안정성 등에서 구조적 불평등이 고착화되고 있다.

특히 대기업의 수직 계열화, 불공정 하도급 구조, 기술 탈취 등의 문제는 중소기업이 스스로 생태계를 주도하는 데 큰 장애물이 되고 있다. 중소기업은 대기업의 외주 파트너로 존재할 뿐, 산업구조

내에서 독립된 경쟁 주체로 인정받지 못하고 있다.

이런 구조에서는 중소기업이 혁신의 주체로 성장할 여지가 없다. 기술이 있어도 특허 보호나 자금 조달에서 불리하고, 인재 확보나 글로벌 진출도 제한된다. 결국, 유망 스타트업도 대기업에 흡수되거나 해외로 빠져나간다. 이 악순환을 끊지 않으면 한국 경제는 다양성과 역동성을 잃고 만다.

양극화된 산업구조의 위험

산업 생태계의 건강성은 구성원 간의 '연결'과 '자생력'에서 나온다. 그런데 한국 경제는 대기업이 모든 자원을 빨아들이고, 중소기업은 생존에 급급한 구조다. 이로 인해 산업 생태계 전체가 활력을 잃고 있다. 예를 들어 반도체, 배터리, 자동차 등 한국의 주력 산업은 대부분 대기업 의존도가 지나치게 높다. 이 구조는 일시적으로는 효율적일 수 있으나, 위기에 대한 복원력과 혁신의 지속성 측면에서는 매우 취약하다.

실제로 글로벌 공급망 위기, 미·중 기술 패권 경쟁 등 외부 충격이 발생했을 때, 하청에 의존한 중소기업은 즉각 타격을 받고 쓰러진다. 이때 대기업도 부품을 조달하지 못해 생산이 멈춘다. 하나의 거대한 나무에만 의존한 숲은 병충해에 취약한 법이다. 다양한 생물종이 공존하는 숲만이 진정한 생태계다.

이처럼 양극화된 산업구조는 단지 공정성의 문제가 아니라 국가 전체의 산업 안정성과 경쟁력을 위협하는 문제다. 중소기업을 살리는 일은 약자를 보호하는 게 아니라, 경제 전체의 리스크를 줄이고 미래를 위한 투자를 늘리는 일이다.

중소기업 중심 경제로의 패러다임 전환

이제는 산업 정책의 패러다임 자체를 바꿔야 한다. 단순히 중소기업을 보호하는 수준을 넘어서, 중소기업이 산업 생태계를 주도하는 구조로의 전환이 필요하다. 이를 위해 가장 먼저 해야 할 일은 '기울어진 운동장'을 평평하게 만드는 것이다.

첫째, 불공정 거래 근절과 기술 보호 강화가 필요하다. 납품 단가 후려치기, 기술 자료 요구, 계약서 없는 외주 등은 중소기업의 존립을 위협하는 요소다. 이 문제는 단속이나 계도 수준이 아니라, 법과 제도의 전면 개편을 통해 접근해야 한다.

둘째, 금융과 세제의 유리 천장을 제거해야 한다. 대기업은 손쉽게 조 단위 자금을 조달하지만, 중소기업은 담보 부족과 신용 문제로 고금리 대출에 의존한다. 정책금융 확대, 신용보증제도 강화, 상환 유예제 도입 등 신용 기반의 '포지티브 금융' 정책이 필요하다.

셋째, 중소기업 중심의 지역 산업 클러스터를 육성해야 한다. 서울과 수도권에만 몰린 스타트업 지원을 전국 주요 거점 도시로 확산하고, 지역별 특화 산업을 연계한 협업 모델을 설계해야 한다. 그래야 전국 어디서나 창업하고 성장할 수 있는 환경이 조성된다.

기술과 사람, 중소기업 혁신의 두 축

중소기업이 산업 생태계를 주도하기 위해서는 기술력과 인재 확보라는 두 가지 축이 필요하다. 그러나 현실은 열악하다. 중소기업의 연구개발 투자 여력은 제한적이고, 우수 인재는 대기업과 공기업에 쏠려 있다. 이런 문제를 해결하기 위해서는 정부의 전략적 지원이 절실하다.

먼저, 중소기업 전용 R&D 지원 트랙을 확대하고, 상용화율을 높이기 위한 전(全)주기형 지원 체계가 필요하다. 단순히 연구비를 나눠주는 것이 아니라, 시제품 제작, 시장 검증, 해외 진출까지 연결된 지원이 돼야 한다. 또한 기술 탈취에 대한 법적 대응력을 강화하고, 공동 특허제도나 기술 공유 플랫폼도 활성화할 필요가 있다.

인재 문제도 시급하다. 청년들이 중소기업을 외면하는 이유는 단지 임금 때문이 아니다. 장기 성장 가능성, 복지, 조직 문화 등 종합적인 요인이 작용한다. 중소기업 인식 개선, 맞춤형 고용 보조금, 청년채용연계형 인턴십 등이 함께 설계돼야 한다.

무엇보다 중소기업을 단순한 보완재가 아닌 '혁신의 파트너'로 바라보는 시선의 전환이 필요하다. 기술력과 아이디어, 민첩성과 도전 정신을 가진 수많은 중소기업이 산업 생태계의 뿌리를 이루고 있을 때, 한국 경제는 비로소 튼튼한 숲이 된다.

4. 기술 탈취 근절과 공정 경쟁

"창의는 보호받고, 경쟁은 공정해야 한다"

혁신을 훔치는 사회, 지속 가능할 수 없다

기술은 기업의 핵심 자산이다. 특히 창의성과 속도로 경쟁하는 시대에, 한 기업의 생존과 성장 여부는 곧 그 기술을 지키고 확산시킬 수 있는 역량에 달려 있다. 그러나 한국 산업 현장에서는 여전히 '기술을 개발한 자'보다 '기술을 빼앗은 자'가 더 유리한 구조가 만연하다. 대기업이 중소기업의 기술을 편취하거나, 원청이 협력사의 자료를 수집해 유사 제품을 내놓는 일이 반복되고 있다.

공정거래위원회에 따르면 최근 5년간 기술 탈취 관련 제재 건수는 증가세다. 그러나 이는 '발각된' 일부일 뿐이다. 다수의 중소기업은 보복이나 거래 단절을 우려해 신고조차 하지 못하고 침묵한다. 그 결과 기술 개발 의욕은 꺾이고, 혁신 생태계는 독점과 불신의 그늘 아래 갇히게 된다.

이러한 풍토 속에서는 창의성과 자율성, 협업과 상생이 자랄 수 없다. 기술은 공유돼야 발전하지만, 탈취의 공포가 있는 한 누구도 쉽게 문을 열지 않는다. 기술을 보호하지 않는 사회는, 결국 기술을 잃게 된다.

공정하지 않은 경쟁은 '경쟁'이 아니다

공정 경쟁은 시장경제의 근본 원칙이다. 그러나 현실에서는 시장 진입 단계부터 불공정이 시작된다. 대기업은 자본력, 브랜드 인지도, 유통망, 법무 대응 등 거의 모든 면에서 절대적 우위를 가진다. 이들은 중소기업이나 스타트업의 기술을 탐색한 뒤, 특허를 피해서 유사 기술을 등록하거나 아예 가격을 덤핑해 경쟁 자체를 무력화한다.

문제는 법과 제도가 이들에게 유리하게 작동한다는 점이다. 중소기업이 소송을 제기하면 수년이 걸리고, 그 사이 제품은 시장에서 사라진다. 특허권이 있더라도 입증 책임은 피해자에게 있으며, 기술 탈취에 대한 처벌은 솜방망이에 그친다. 대기업은 손해보다 얻는 이익이 더 크기에 기꺼이 법적 위험을 감수한다.

이러한 구조에서는 선의의 경쟁이 무의미해진다. 아이디어를 먼저 내고, 땀 흘려 개발한 이들이 패자가 되고, 규모와 자본만 앞세운 이들이 승자가 되는 시장은 정의롭지 않다. 결국 도전은 멈추고 모방만 남는다. 이것은 단지 기업 간의 문제가 아니라, 대한민국 경제 전체의 경쟁력을 무너뜨리는 병이다.

기술 보호를 위한 강력한 시스템이 필요하다

기술 탈취를 막기 위해서는 처벌 강화와 더불어 예방과 보호 중심의 정책 체계가 필요하다. 첫째, 기술 탈취에 대한 형사처벌 기준을 대폭 상향하고, 손해배상 범위를 '징벌적 손해배상'으로 확대해야 한다. 피해 기업이 입은 손해의 최대 5배까지 배상하도록 하는 제도가 실효적으로 작동해야 한다.

둘째, 기술 자료 요구와 관련한 투명성 강화가 필요하다. 원청이 하청업체의 기술 자료를 요구할 때는 표준계약서를 기반으로 하고, 요구 목적, 활용 범위, 보관 기간 등을 명시해야 한다. 계약 전 자료 제출은 금지하고, 정당한 대가를 지급하지 않으면 법적 책임을 지도록 해야 한다.

셋째, 피해 신고와 대응을 위한 독립적인 기술 보호 기구를 강화해야 한다. 현재 중소벤처기업부 산하에 운영 중인 '기술침해 신고센터'는 권한과 예산이 부족해 실질적인 조사가 어렵다. 별도의 조사권을 가진 기구를 두고, 사건 발생 초기부터 법률 지원, 조정, 수사 연계를 일원화해야 한다.

넷째, 기술 탈취 방지를 위한 교육과 예방 시스템도 필요하다. 중소기업 스스로도 기술 보안과 특허 전략을 갖추고, 직원들의 정보 유출을 방지하는 내부 통제 체계를 마련할 수 있도록 국가 차원의 지원이 이뤄져야 한다.

공정한 생태계 없이 미래도 없다

공정한 경쟁 환경은 단지 약자를 보호하는 장치가 아니라, 전체 시장의 지속 가능성을 위한 최소한의 질서다. 기술 탈취와 불공정 경쟁이 만연한 시장은 기업들의 신뢰를 무너뜨리고, 결국 투자가 줄고, 혁신이 멈춘다. 이는 한국 경제가 '성장의 한계'를 넘어 '질적 퇴보'로 접어드는 신호탄이 될 수 있다.

공정한 경쟁이 보장될 때 창의적 아이디어는 보호받고, 선의의 경쟁은 성장으로 이어진다. 실패가 다시 도전이 되고, 성공이 모범이 될 수 있다. 대기업 역시 단기 이익이 아니라 장기적 파트너십을 통해 중소기업과의 공생 구조를 만들어야 지속 가능한 경영이 가능하다.

정부는 이제 단호하게 선언해야 한다. "기술을 훔치는 기업은 시장에서 퇴출될 것이다." 그리고 이를 실현할 법적·제도적 기반을 마련해야 한다. 창의와 도전이 존중받는 경제와 노력한 만큼 인정받는 시장 그리고 정의가 작동하는 시스템, 그것이 바로 공정한 대한민국 산업 생태계의 시작이다.

5. 장기 구조조정이 필요한 대기업

"덩치만 키운 공룡은 시대를 견디지 못한다"

시대가 바뀌었는데 기업은 그대로다

한국 경제에서 대기업은 성장의 견인차였다. 조선, 자동차, 반도체, 철강 등 수출 중심 산업의 선두에 선 대기업들은 고용과 세수, 기술 투자의 중추 역할을 맡아왔다. 그러나 산업 환경과 사회 구조가 급변하는 지금, 많은 대기업들은 여전히 과거의 방식과 사고에 머물러 있다.

대기업의 경직된 조직 문화, 수직적 의사결정 구조, 관료화된 경영 방식은 급변하는 디지털 전환 시대에 부적합하다. 특히 ESG(환경·사회·지배구조) 경영과 탄소중립, 젠더 감수성, 다양성과 포용 같은 글로벌 규범에 대한 감수성은 여전히 낮은 수준에 머물러 있다.

문제는 단지 문화와 가치의 변화에 그치지 않는다. 대기업이 한국 산업의 자원과 기회를 과점한 채 혁신과 변화의 동력을 흡수하고 있다는 점이 더 본질적이다. 산업 생태계의 불균형, 납품 단가의 지배, 인력 쏠림, 신기술 진입 장벽 등의 문제가 대기업 중심 구조에서 파생되고 있다.

공룡 기업, 혁신의 발목을 잡다

한국의 일부 대기업은 이제 규모에 걸맞은 사회적 책임보다는 자기 생존에만 몰두하는 경향을 보인다. 이미 글로벌 경쟁력이 낮아졌음에도 정부 지원에 의존해 연명하거나, 구조조정을 미루고 조직만 비대하게 유지하는 경우가 많다. 대표적인 예가 조선·철강·건설 같은 중후장대 산업이다. 이들은 수년째 만성 적자를 기록하면서도 구조조정을 주저해왔다.

이런 상황은 '좀비기업'화(化)의 전조다. 정부는 고용 유지를 이유로 대기업 구조조정에 미온적이고, 은행은 채권단 안정이라는 명분으로 출구를 열지 않는다. 결과적으로 효율과 경쟁력은 더 떨어지고, 민간 자원이 고인 물처럼 썩어간다. 이는 신산업이나 중소기업으로의 자원 재배치를 가로막는 가장 큰 장애물이다.

혁신은 자율과 유연성, 파괴적 상상력에서 비롯된다. 그러나 기득권에 안주하는 대기업이 생태계를 틀어쥐고 있는 한, 그 어떤 창의도 자라기 어렵다. 대기업이 전체 산업을 끌어가는 시대는 지났다. 이제는 분산과 개방, 협업과 재편의 시대다.

새로운 시대에 맞는 기업 구조란

장기 구조조정은 단순히 비용을 줄이고 인력을 감축하는 작업이 아니다. 기업의 정체성과 전략, 조직 구조 자체를 새롭게 정의하는 일이다. 이를 위해 대기업들은 다음과 같은 근본적 전환이 필요하다.

첫째, 사업 포트폴리오의 전략적 재편이다. 기존의 주력 사업이 더는 성장 동력이 되지 않는다면 과감히 축소하거나 접고, 신성장 분야에 집중해야 한다. AI, 친환경 에너지, 바이오, 디지털 플랫폼 등 미래형 산업으로의 자원 전환이 필요하다.

둘째, 의사결정 구조의 유연화와 전문성 강화다. 이사회 독립성, 사외이사 비율, 윤리 경영 내부 고발 시스템 등 지배구조 개편이 뒤따라야 한다. 가족 중심의 사적 경영, 총수 리스크를 줄이는 것도 기업 생존을 위한 필수 조건이다.

셋째, 고용 구조의 미래화다. 정년 보장 중심의 경직된 인사 시스템 대신, 프로젝트 중심, 직무 중심, 유연한 근속 체계로 전환해야 한다. 전환 교육, 직무 재배치, 퇴직 후 재도전 설계 등 '사람을 위한 구조조정' 모델이 필요하다.

정부와 사회가 해야 할 역할

대기업의 구조조정은 기업 내부의 몫이지만, 정부와 사회 역시 조정자의 역할을 회피해서는 안 된다. 정부는 이해관계 조정과 산업 재편을 위한 정책 환경을 조성해야 하며, 사회는 책임 있는 대기업 개혁을 요구해야 한다.

정부는 첫째, 산업별 구조조정 로드맵을 마련하고, 선택과 집중이 가능한 정책 프레임을 제시해야 한다. 무조건적 지원이 아니라, 구조조정을 전제로 한 인센티브 방식으로 전환해야 한다. '고용 유지'라는 명분으로 비효율을 방치하는 정책은 장기적으로 국가 경쟁력을 해친다.

둘째, 구조조정에 따른 사회적 충격을 흡수할 수 있는 안전망을 구축해야 한다. 퇴직자 재교육, 재창업 지원, 지역사회 재생 프로그램 등이 함께 설계돼야 한다. 노동자도, 지역도, 산업도 함께 살아나야 한다.

셋째, 공공기관과 국책은행의 자금 지원이 '연명'이 아니라 '재편'을 돕는 방향으로 정비돼야 한다. 산업은행, 수출입은행 등의 지원 대상과 조건을 혁신 성과 중심으로 개편하고, 평가 기준을 '변화의 성실성'으로 재설계해야 한다.

궁극적으로는 '책임 있는 대기업'이라는 사회적 계약을 다시 정립해야 한다. 더 이상 대기업은 과거의 유산만으로 존속할 수 없다. 이들이 진정한 사회 구성원이 되기 위해서는 과감한 혁신과 절제, 책임과 투명성이 전제되어야 한다. 장기 구조조정은 그 출발점이다.

제2장

일자리, 지속 가능하게 바꾸자

1. 단기 일자리보다 좋은 일자리
2. 청년 고용을 위한 책임 있는 매칭 시스템
3. 중장년층 재교육 시스템 전면 개편
4. 플랫폼 노동자 보호 대책
5. 근로 시간 유연화와 워라밸 보장

1.
단기 일자리보다 좋은 일자리

"수치가 아닌 사람을 위한 고용 정책으로"

'개수' 중심의 일자리 정책이 남긴 허상

한국의 고용 정책은 오랫동안 '몇 개의 일자리를 창출했는가'에 집착해왔다. 정부는 매년 수십만 개의 일자리 창출을 목표로 세우고, 성과를 숫자로 제시했다. 그러나 그 속을 들여다보면 많은 일자리가 공공근로, 단기 일용직, 한시 계약직으로 채워져 있었다. 특히 재정으로 만든 일자리 상당수는 '일'이라기보다 '할당'에 가까운 경우도 많았다.

대표적인 예가 노인 일자리다. 보행로 청소, 공공시설 감시 같은 업무가 몇 달짜리, 주 몇 시간 수준으로 제공되며 고용된 숫자만 부풀린다. 문제는 이 일자리가 노동시장 진입의 교두보도 아니고,

생활 안정에도 크게 기여하지 못한다는 점이다. 통계는 고용을 말하지만, 실제 사람들은 고용을 체감하지 못한다.

청년층도 마찬가지다. 인턴, 알바, 훈련형 단기직 등이 고용으로 잡히지만, 지속 가능성이 없고 커리어 형성에 도움이 되지 않는다. 수치는 늘어나지만 삶은 바뀌지 않는 고용 정책, 이것이 지금 한국 고용 행정의 민낯이다.

일자리의 '질'은 왜 중요할까?

일자리는 단지 소득의 수단이 아니라, 삶의 구조를 설계하는 토대다. 양보다 질이 중요하다는 말은 단순한 수사가 아니라 정책의 방향이어야 한다. 좋은 일자리는 지속 가능하고, 역량을 키울 수 있으며, 안전과 보람을 함께 제공해야 한다. 반면 불안정한 일자리는 불확실한 삶을 만들고, 소비와 미래 계획을 위축시킨다.

OECD 기준으로 한국의 비정규직 비율은 25% 안팎이며, 청년층의 경우 절반 이상이 비정형 고용 상태다. 이들 다수는 1년 미만의 계약직, 무급 인턴, 특고나 플랫폼 노동자로서 최소한의 사회안전망조차 제공받지 못한다. 이처럼 '취업은 했으나 불안한 상태'는 통계상 고용률을 높이지만, 사회적 불안정과 양극화를 가속화한다.

'좋은 일자리'는 더 많은 임금보다 더 많은 기회와 권리를 보장하는 일자리다. 정규직 전환, 직무 기반 승진, 고용보험 및 사회보험

편입, 근로조건 협상권 등 기본적인 노동권이 보장되어야만 일자리는 단순한 생계가 아니라 자립의 출발점이 된다.

단기 일자리 정책의 한계와 대안

단기 일자리 정책은 위기 대응에는 유효할 수 있다. 팬데믹, 금융위기, 산업 충격 등 갑작스러운 실업 상황에서 재정 일자리는 일정한 방어막이 된다. 그러나 그것이 일자리 정책의 중심이 되어서는 안 된다. 단기 일자리는 본질적으로 임시방편이며, 구조적 문제를 해결하지 못한다.

따라서 정부는 고용 정책의 중심축을 '단기 제공'에서 '지속 가능성 강화'로 옮겨야 한다. 그 출발점은 직업훈련의 질과 현장 연계성 강화다. 지금까지의 직업훈련은 단순 기능 위주였고, 현장 수요와 동떨어진 경우가 많았다. 훈련과 일자리 매칭을 연동하고, 기업 수요 기반으로 교육 과정을 설계해야 한다.

두 번째로는 고용지원금의 전략적 배분이다. 현재는 단기 채용에 따른 보조가 많지만, 이를 장기고용 전환 기업에 집중 지원하거나, 청년 고용 지속 기업에 성과 인센티브를 주는 방식으로 바꿔야 한다.

셋째, 민간 중심의 일자리 창출 구조로 이행해야 한다. 민간이 양질의 일자리를 창출할 수 있도록 규제 완화, 창업 지원, 중소기업 세제 인센티브 등을 과감히 도입해야 한다. 일자리의 중심은 언제나 민간이어야 한다. 정부는 조력자가 되어야 한다.

고용 정책은 '삶의 정책'이 되어야 한다

일자리 정책은 곧 삶의 정책이다. 좋은 일자리는 인간다운 삶을 가능케 하고, 불안정한 일자리는 사회 불신과 고립을 낳는다. 노동시장의 유연성과 안정성을 동시에 추구하는 '더블 트랙 고용안전망'이 필요하다.

첫째, 실직자에 대한 촘촘한 지원 체계가 필요하다. 구직급여 확대뿐 아니라, 경력 전환 컨설팅, 재훈련, 맞춤형 직무 매칭 서비스가 연계돼야 한다. 지금처럼 '센터 방문 - 공고 검색 - 수동 지원'이라는 수동적 틀로는 안 된다.

둘째, 청년과 경력 단절 여성 및 고령자 등 취약 계층별 맞춤 고용 전략이 필요하다. 일률적인 정책이 아니라 생애주기별·직종별 맞춤이 돼야 한다. 예를 들어 청년에게는 디지털 직무 교육 + 창업 기초 지원, 여성에게는 유연근무 + 돌봄 연계 시스템, 고령자에게는 기술 활용 교육 + 사회적 기업 연계가 필요하다.

마지막으로, 일자리에 대한 인식의 전환도 필요하다. 단순히 '정부가 만들어줘야 할 것'이 아니라, '사회 전체가 함께 설계해야 할 생태계'로 인식되어야 한다. 기업은 사람을 쓰는 것이 아니라 함께 성장하는 파트너로 인식해야 하고, 국가는 이를 위한 제도와 문화를 만드는 데 집중해야 한다.

2. 청년 고용을 위한 책임 있는 매칭 시스템

"스펙보다 적성과 연결이 우선이다"

청년들이 직장을 못 찾는 진짜 이유

2025년 3월 기준. 통계상으로는 청년 실업률이 7.5%에 이른다. 이는 코로나19 대유행 이후 가장 높은 수치를 기록한 것이다. 숫자보다 더 무거운 것은 '직업을 가져도 미래가 보이지 않는다'라는 절망감이다.

많은 청년이 졸업과 동시에 알바나 계약직으로 사회생활을 시작하고, 이력서에 공백이 생길까 봐 이직도 못 한 채 불안에 떤다. 이들에게 '일자리'는 단순한 취업이 아니라 삶의 진입로이자 정체성의 첫 단추다. 그런데 지금의 노동시장과 고용 시스템은 그 단추조차 제대로 채워주지 못하고 있다.

문제는 청년이 부족한 게 아니라, 청년과 기업이 만나지 못하고 있다는 것이다. 기업은 인재가 없다고 하고, 청년은 일자리가 없다고 한다. 이는 고용 미스매치이자, 책임 없는 고용 연결 시스템이 만든 구조적 실패다.

스펙 중심 채용 시스템의 한계

한국의 채용 문화는 여전히 학벌, 자격증, 어학 성적 등 '스펙' 위주 평가 방식에 머물러 있다. 기업은 '정량화된 스펙'으로 지원자를 선별하지만, 정작 그 스펙이 직무 수행과 얼마나 관련 있는지는 불분명하다. 결과적으로 스펙은 오히려 '진짜 역량'을 가리는 가면이 된다.

청년들은 스펙 쌓기에 매몰되고, 진로 탐색이나 적성 개발에 소홀해진다. 기업도 성적표에선 우수하지만 협업이나 창의, 문제 해결 능력은 부족한 인재에 실망한다. 이런 불일치는 결국 입사 후 빠른 이탈, 낮은 직무 만족, 조직 내 부적응으로 이어진다.

스펙은 정보의 간편화일 뿐, 사람을 진정성 있게 평가하는 기준이 될 수 없다. 정성적 역량, 경험 기반 능력, 태도와 가치관까지 반영하는 입체적 평가 시스템으로의 전환이 필요하다. 청년의 잠재력을 이력서가 아닌 '경험'에서 찾아야 한다.

매칭 시스템의 국가 책임을 강화하자

청년 고용을 개인의 노력과 운에 맡겨두어선 안 된다. 정부와 공공 시스템이 적극 개입하여 청년과 일자리 사이를 '책임 있게 연결'하는 구조를 설계해야 한다. 첫째, 청년의 진로 탐색부터 직무 연계까지 통합 지원하는 일자리 내비게이터 역할이 필요하다. 고등학교에서 사회 초년으로 이어지는 경로에 따라 단계별 컨설팅과 직무 체험, 훈련 - 취업 연계 프로그램이 제공되어야 한다.

둘째, 직무 중심 채용 정보 플랫폼을 고도화해야 한다. 현재 워크넷, 사람인, 잡코리아 등은 정보는 많지만 신뢰도와 체계가 부족하다. 이를 개선해 역량 기반 포트폴리오 시스템, AI 직무 추천, 경력 성장 경로 시뮬레이션 등을 제공하는 고도화된 공공 플랫폼을 구축할 필요가 있다.

셋째, 공공과 민간이 함께 운영하는 청년 일자리 배치 매칭소를 지역 단위로 확대해야 한다. 지금은 '청년센터'나 '청년재단' 등이 제한적으로 활동하고 있으나, 이를 전국 단위로 확대하고, 직무 상담 + 실습 + 채용 매칭을 패키지로 제공해야 한다.

마지막으로, 중소기업의 고용 역량을 키우는 것이 병행되어야 한다. 청년 채용에 인색한 중소기업에 인센티브를 주고, 채용 후 이탈률을 낮추기 위한 코칭과 피드백 시스템도 함께 운영해야 한다. 청년을 단순히 '싼 노동력'으로만 보는 구조를 바꿔야 한다.

청년 고용의 혁신은 국가의 미래다

청년 고용은 한 사람의 문제가 아니라 사회 전체의 지속 가능성과 직결된다. 청년의 삶이 불안하면 출산율은 떨어지고, 내수는 위축되며, 사회 갈등은 깊어진다. 지금은 청년이 희망을 품을 수 있어야 경제도 돌아간다.

이를 위해선 첫째, 정부가 청년 고용을 '경제 정책의 핵심 축'으로 선언하고 예산과 정책을 집중해야 한다. 고용노동부, 교육부, 산업부, 지자체가 유기적으로 협업하는 청년 고용 컨트롤타워가 필요하다.

둘째, 직무 교육의 질을 전면적으로 혁신해야 한다. 현장의 수요와 연계되지 않은 형식적인 자격증 중심 훈련이 아니라, 기업이 실제 원하는 역량을 기반으로 설계된 모듈형 교육이 필요하다. 기업이 교육 설계와 운영에 직접 참여하고, 훈련 결과를 채용과 연동할 수 있도록 제도화해야 한다.

셋째, 청년과 사회가 함께 책임지는 고용 문화 조성이 필요하다. 청년도 자신의 진로에 대해 충분히 고민하고, 사회도 그 여정을 존중하고 응원해야 한다. '삼포세대'라는 낙인이 아니라, '재도전 가능한 사회'라는 신뢰가 필요하다.

궁극적으로, 청년 고용의 핵심은 단지 숫자가 아니라 '미래가 보이는 일자리'를 얼마나 제공하느냐에 있다. 사회가 청년을 연결하고, 그 청년이 성장을 통해 사회에 기여하는 선순환 구조가 작동할 때 우리는 비로소 지속 가능한 고용 사회를 만들 수 있다.

3. 중장년층 재교육 시스템 전면 개편

"일자리는 줄고, 배우기는 늦다…
그 오해를 깨야 한다"

50대 이후는 '퇴장'이 아니라 '전환'의 시기다

우리 사회에서 50대는 '은퇴를 준비하는 세대'로 여겨진다. 많은 기업이 50대 초반부터 퇴직을 권고하거나 전직을 유도한다. 평균 정년은 늘 60세라지만 실제 퇴직 연령은 52~53세에 불과하다. 문제는 퇴직 이후다. 경력 단절 이후의 재취업은 쉽지 않고, 재교육과 전환은 너무 늦다.

그러나 지금의 50대는 과거의 노년이 아니다. 평균 기대수명이 85세를 넘고 있는 시대에 50대는 삶의 중반에 불과하다. 신체 능력, 경력, 네트워크 등 모두가 현역으로 활동할 수 있는 자산을 지니고 있음에도 불구하고, 사회는 이들을 '퇴장 대상'으로 여긴다. 이 고정관념이 바뀌지 않는 한 중장년 고용 문제는 해결되지 않는다.

더구나 한국은 세계에서 가장 빠른 고령화 국가다. 향후 10~15년이면 전체 인구의 40% 이상이 50세 이상이 된다. 이들이 경제활동에서 밀려난다면 내수도, 생산성도, 세대 간 연대도 무너질 것이다. 50대 이후는 퇴장이 아니라 전환의 시기여야 한다. 그 전환을 위한 핵심이 바로 재교육이다.

지금의 재교육 시스템, 왜 실패하는가?

현재 정부는 고용노동부 산하 고용 센터, 직업능력개발원, 민간 위탁기관을 통해 다양한 중장년 교육 프로그램을 운영하고 있다. 그러나 참여율은 낮고, 만족도는 더 낮다. 왜 중장년층은 재교육을 꺼리는가?

첫째, 교육 내용이 현실과 맞지 않다. 단순 컴퓨터 활용, 자격증 중심의 교과목이 대부분이며, 실제 직무 전환에 필요한 기술이나 경험 기반 교육이 부족하다. 둘째, 강사진과 커리큘럼이 실무에 어둡다. 강의는 있으나 학습은 없고, 훈련은 있으나 취업은 없다.

셋째, 시간과 비용의 부담이다. 중장년층은 가정 책임이 크고, 소득원이 불안정한 상태에서 장시간의 교육을 감당하기 어렵다. 또한 무료 교육이라 해도 교통비, 기회비용, 정보 접근성 등의 문제로 참여 장벽이 높다.

결정적으로, 교육 이후에 연결되는 실질적인 일자리 매칭 구조가 없다. 교육만 하고 끝나는 재교육은 효과가 없다. 중장년층은 실용적이며 현실적인 교육을 원한다. '배우면 먹고살 수 있는' 교육, 그것이 지금 절실하다.

재교육 시스템, 이렇게 바꿔야 한다

첫째, 수요 중심의 역량 기반 교육으로 전환해야 한다. 공급자 중심의 자격증 위주 훈련에서 벗어나, 실제 업계 수요를 반영한 커리큘럼을 구성해야 한다. IT, 헬스케어, 지역사회 서비스, 물류, 금융 등 분야별 신직무 전환 교육 과정을 도입하고, 현장 전문가가 강의에 참여해야 한다.

둘째, 훈련 - 인턴 - 고용이 연계된 통합 구조를 설계해야 한다. 단순 교육이 아니라 실습 → 인턴 → 계약이라는 경로를 명확히 만들고, 고용 보장형 훈련으로 전환해야 한다. 고용주에게는 채용 인센티브, 훈련생에게는 참여 수당과 교통·식비 등 실질 지원이 제공돼야 한다.

셋째, '중장년 재도전 캠퍼스'와 같은 전용 학습 공간을 지역별로 확대할 필요가 있다. 이 공간은 교육뿐 아니라 취업 상담, 경력 재설계, 네트워킹, 심리 상담까지 함께 제공하는 복합적 기능을 수행해야 한다. 지자체와 민간기관, 노사 단체가 협력하여 운영하는 방식이 효과적이다.

넷째, AI·디지털 기술에 대한 역량 강화도 포함되어야 한다. 중장년층의 가장 큰 취약점 중 하나가 디지털 접근성이다. 단순한 기기 사용이 아니라, 온라인 기반 업무, 데이터 활용, 디지털 협업 역량까지 체계적으로 가르쳐야 한다. 중장년의 디지털 격차 해소는 곧 재취업률 제고와 직결된다.

인생 후반기를 설계하는 사회로

재교육은 단지 기술을 익히는 문제가 아니다. 삶의 두 번째 막을 준비하는 일이다. 그 준비를 개인에게만 맡길 수는 없다. 국가는 생애주기 전체를 아우르는 고용 복지 시스템을 설계해야 한다. 중장년 재교육은 복지와 경제를 동시에 지탱하는 중대한 과제다.

첫째, 국가가 '50+ 전환 프로그램'을 법제화하고, 이를 통해 전 국민 생애 경력 설계 서비스를 제공해야 한다. 커리어가 단선형이 아닌 시대, 누구나 인생 중반에 새로운 선택을 할 수 있도록 제도적 안전망이 필요하다.

둘째, 기업도 역할을 해야 한다. 장기 근속자를 조기 퇴직시킬 것이 아니라, 전환 교육을 제공하고 내부 재배치를 유도해야 한다. 기업 내부에 '전직 전환 센터'를 마련하고, 퇴직자에게는 외부 교육 연계 및 창업 지원까지 이어지도록 해야 한다.

셋째, 사회 인식도 바뀌어야 한다. 50대 이후의 도전은 '늦은 선택'이 아니라 '늦었지만 멀리 가는 선택'이어야 한다. 배움에 나선 중장년에게 박수를 보내고, 그들의 경험이 사회 자산으로 환원될 수 있는 문화가 필요하다.

재교육은 낭비가 아니다. 중장년은 사회가 투자해야 할 가장 확실한 미래 자산이다. 한 사람의 경력이 끝까지 작동할 수 있는 나라, 그것이 진짜 선진국이다.

4. 플랫폼 노동자 보호 대책

"자율이라 쓰고 방치라 읽는 현실을 넘어서"

플랫폼 노동, 새로운 일자리인가 불안정 노동인가

플랫폼 노동은 4차 산업혁명과 디지털 전환이 만들어낸 새로운 고용 형태다. 배달, 대리운전, 택배, 청소, IT 크라우드 워크, 콘텐츠 창작 등 다양한 영역에서 플랫폼 기반의 일자리가 빠르게 늘고 있다. 특히 코로나19 이후, 플랫폼 노동자는 한국의 고용 안정망의 외곽을 떠받치는 역할을 해왔다.

하지만 플랫폼 노동은 전통적인 정규직과는 구조가 다르다. 노동자이면서도 사업자로 간주되는 이중 지위, 노동 시간의 불규칙성과 소득의 불안정성, 산재·고용보험의 부재는 플랫폼 노동자를 사회안전망에서 배제시키는 결정적 요인이다.

고용노동부 추산으로 약 250만 명 이상이 플랫폼 노동에 종사하고 있으며, 향후 더 증가할 전망이다. 이처럼 플랫폼 노동은 미래 노동시장의 중요한 축이 되었지만, 제도는 여전히 과거의 틀에 묶여 있다. 자율성이라는 이름 아래 방치된 플랫폼 노동자들은 매일 고용 불안과 안전사고, 소득 격차에 시달리고 있다.

플랫폼 노동자들이 직면한 현실

플랫폼 노동자들은 외견상 '자영업자'로 분류되지만, 실질적으로는 기업이 정한 알고리즘에 의해 통제된다. 예를 들어 배달 앱은 주문 배정, 평점, 수수료 체계를 통해 노동 강도를 조절하고, 대리기사 앱은 배차 거부 시 제재를 가한다. 이는 전형적인 사용자 책임 회피이자 비공식적 고용 관계의 확산이다.

게다가 이들은 산재보험, 고용보험 등 기본적인 사회보험 제도의 사각지대에 놓여 있다. 플랫폼 노동자 10명 중 7명은 보험 가입이 되어 있지 않으며, 소득 신고도 불완전하다. 퇴직금, 유급휴가, 휴게 시간 등의 개념은 존재하지 않고, 그들 다수는 사고를 당해도 보상받을 수 없다.

또한 수수료 구조의 불투명성, 알고리즘의 차별적 운영, 일방적인 계약 변경 등 플랫폼 기업의 전횡도 심각하다. 특히 다수 기업이 '가맹점 - 기사 - 고객' 간의 중간 역할을 내세우며 법적 책임을 회피하는 구조는 플랫폼 노동자를 완전한 '을'의 위치로 내몬다.

제도와 보호 장치, 지금 당장 필요하다

플랫폼 노동은 이제 일시적 현상이 아닌 고용의 한 형태로 제도화되어야 한다. 따라서 정부는 플랫폼 노동자 보호를 위한 입법과 행정 조치를 즉각 시행해야 한다. 첫째, 플랫폼 노동자에 대한 법적 지위 정의가 필요하다. 현행 노동법상 근로자도 아니고 자영업자도 아닌 회색 지대에 머물고 있는 플랫폼 종사자들에게 '특수형태근로종사자'라는 법적 분류를 넘는 새로운 고용 지위 카테고리가 마련돼야 한다.

둘째, 사회보험 의무 가입 확대와 보험료 분담 구조 개편이 시급하다. 산재보험을 자동 적용 대상으로 확대하고, 고용보험 역시 일정 기준 이상의 플랫폼 노동자에게 적용해야 한다. 보험료는 사용자(플랫폼 운영자)와 노동자가 함께 부담하는 구조로 전환하고, 저소득 노동자에겐 정부가 일정 부분을 지원하는 방식이 바람직하다.

셋째, 알고리즘 투명성 확보와 플랫폼 기업의 책임 강화가 필요하다. 플랫폼은 단순한 '기술 제공자'가 아니라 실질적인 '사용자'임을 인정하고, 업무 배정 방식, 평점 기준, 계약 조건 변경 등에 대한 설명 책임을 지도록 해야 한다. 넷째, 단체교섭권과 노동자 조직화 권리를 보장해야 한다. 플랫폼 노동자들도 노조 설립 및 교섭권을 가질 수 있어야 하며, 이를 위한 중간 지원 조직과 협업 플랫폼 구축이 필요하다.

'노동의 재정의'가 필요한 시대

우리는 지금 전통적인 고용 관계의 붕괴 속에서 새로운 노동 개념을 정립해야 할 시점에 와 있다. 플랫폼 노동자는 자율성과 유연성을 무기로 등장했지만, 실제로는 극단적인 통제와 위험을 떠안은 취약 노동자인 경우가 많다.

그러므로 플랫폼 노동을 '프리랜서'나 '선택의 결과'로만 보아서는 안 된다. 그 속에는 새로운 착취 구조가 숨어 있고, 제도의 부재가 개인의 불안을 확대시키고 있다. 사회가 책임져야 할 문제를 '개인의 선택'으로 돌리는 것은 불공정하다.

정부는 플랫폼 노동을 '임시의 영역'이 아닌 '정책의 핵심'으로 인식해야 한다. 이는 노동부 단일 부처의 문제가 아니라, 국토부·산자부·기재부 등 전 부처가 협력하여 '디지털 고용 정책' 전체를 설계하는 문제다.

더 나아가, 사회 전체가 '일의 가치'에 대해 다시 생각해야 한다. 플랫폼 노동이 경제를 움직이고, 도시를 유지하며, 소비를 연결한다면 그들의 노동은 정당하게 대우받아야 한다. 보이지 않는 노동을 사회가 기억하고 제도로 응답할 때, 우리는 진정한 의미의 포용국가로 나아갈 수 있다.

5. 근로 시간 유연화와 워라밸 보장

"일도 삶도 포기하지 않아도 되는 사회로"

한국의 노동은 여전히 '장시간 저효율'이다

한국은 OECD 국가 중에서도 대표적인 장시간 노동국이다. 2023년 기준 한국인의 연간 평균 노동 시간은 약 1,900시간으로, OECD 평균보다 200시간 이상 많다. 특히 서비스업, 제조업, 건설업 등에서는 여전히 주 52시간 상한을 넘나드는 근무가 비일비재하다.

장시간 노동은 생산성과 직결되지 않는다. 오히려 업무 효율은 떨어지고, 건강은 악화되며, 삶의 질은 지속적으로 저하된다. 많은 직장인이 "쉬고 싶지만 눈치 보인다", "칼퇴하면 승진에서 밀린다"라고 말한다. 이는 개인의 문제가 아니라 기업 문화와 제도의 문제다. 근로 시간 단축은 단순히 노동 시간을 줄이는 것을 넘어, 일하는 방식과 삶의 방식을 바꾸는 구조 개편의 문제다.

더욱이 코로나19 이후 디지털 전환과 재택근무의 경험은 근로시간과 공간에 대한 인식을 크게 바꿨다. 그러나 정작 우리 사회는 이러한 변화에 충분히 적응하지 못했다. 여전히 '사무실에 오래 앉아 있는 사람 = 성실한 직원'이라는 낡은 인식이 남아 있다.

유연근무제, 왜 정착하지 못했는가

정부는 2018년부터 탄력근로제, 선택근로제, 재택근무제 등 다양한 유연근무제를 도입해왔다. 그러나 현장에서의 정착률은 미미하다. 중소기업은 제도 설계와 운영에 대한 정보가 부족하고, 대기업조차도 관리자 재량에 따라 운용되는 경우가 많다. 제도가 있어도 문화와 인식이 따라오지 못하는 것이다.

특히 관리자는 "유연근무는 근태 관리가 어렵다", "팀워크에 지장을 준다"라며 소극적이고, 노동자는 "눈치가 보여 신청하기 어렵다", "일은 줄지 않고 책임만 늘어난다"라고 느낀다. 그 결과, 유연근무제는 일부 IT 기업과 스타트업 등 제한된 업종에만 퍼져 있는 실정이다.

또한 현재의 유연근무는 '기업 중심'의 구조다. 사용자가 지정한 시간에 맞춰 일하고, 근로자 선택권은 제한적이다. 진정한 유연근무는 노동자가 자신의 생활 리듬과 업무 역량에 맞춰 일할 수 있어야 의미가 있다. 워라밸은 선택이 아니라 생존을 위한 조건이다.

근로 시간 유연화의 원칙과 방향

첫째, 유연근무는 '선택권'이 전제되어야 한다. 탄력근로제, 시차출퇴근제, 재택·원격근무, 근로 시간 저축계좌제 등 다양한 형태를 인정하되, 사용자가 일방적으로 강요하는 것이 아니라 노동자가 주체적으로 선택할 수 있어야 한다.

둘째, 기업의 도입 여건을 지원하는 정책이 병행돼야 한다. 유연근무제를 운영하기 위한 시스템 도입, 관리자 교육, 성과 평가지표 조정 등에 대해 정부가 컨설팅과 인센티브를 제공해야 한다. 특히 중소기업은 인프라와 운영 경험이 부족하기 때문에 더 적극적인 지원이 필요하다.

셋째, 유연근무와 연동된 성과 평가 시스템 개편이 중요하다. 근태 중심이 아닌 목표 달성형, 협업 중심의 평가지표로 바꾸지 않으면 제도는 형식에 머물 수밖에 없다. 일하는 시간이 아니라 일의 결과를 평가해야 워라밸이 실현된다.

넷째, 육아, 간병, 학업 등 다양한 생애주기적 요구에 맞춘 맞춤형 유연근무 패키지를 만들어야 한다. 예를 들어 30대에는 육아유연제, 50대에는 자기계발유연제처럼 개인의 생애 상황에 맞춘 유연성과 복지 설계를 병행해야 한다.

일과 삶의 균형이 만드는 지속 가능한 사회

워라밸은 단순한 개인의 욕망이 아니라, 사회 전체의 건강성과 지속 가능성을 높이는 전략적 가치다. 삶의 만족도가 높아질수록 생산성은 올라가고, 이직률은 낮아지며, 출산율과 공동체 신뢰도는 개선된다. 기업 역시 행복한 구성원이 더 오래 머물고, 더 잘 일한다는 것을 알아야 한다.

특히 MZ세대는 일과 삶의 균형을 중시하는 경향이 강하다. 무조건적인 헌신보다 자율과 의미를 추구하는 이 세대에게, 유연근무와 워라밸은 단지 '복지'가 아니라 '선택의 기준'이 된다. 기업이 인재를 확보하고 유지하기 위해서라도, 근무 환경의 혁신은 더 이상 선택이 아니다.

정부는 이제 단순한 캠페인이나 시범 사업을 넘어서야 한다. 모든 노동자가 근로 시간 유연화의 혜택을 체감할 수 있도록 제도를 설계하고, 기업이 자발적으로 문화 혁신을 할 수 있도록 인센티브를 부여해야 한다. 또한 유연근무와 관련된 권리 침해, 불이익 차별, 관리자 갑질 등에 대해선 엄정한 법적 보호 장치가 필요하다.

궁극적으로는 '일 때문에 삶을 포기하지 않아도 되는 사회', '삶의 이유가 곧 일의 동력이 되는 사회'를 만들어야 한다. 그것이 진정한 일자리 복지이며, 우리가 나아가야 할 새로운 노동 문화의 방향이다.

제3장

자영업, 구조부터 다시 세우자

1. 생계형 창업 제한과 전문화 유도
2. 임대료 상한제와 계약갱신권 강화
3. 공유자영업 플랫폼 확산
4. 상권 중심 컨설팅 허브 구축
5. 폐업 지원도 '재기' 중심으로
6. 자영업 정책, 재정비가 필요하다

1. 생계형 창업 제한과 전문화 유도

"지푸라기 창업에서 지속 가능 창업으로"

생계형 창업, 숫자는 늘고 성공은 줄었다

한국은 세계적으로 자영업 비중이 높은 나라다. 전체 취업자 중 약 24%가 자영업에 종사하고 있으며, 이는 OECD 평균보다 월등히 높다. 문제는 이 가운데 절반 이상이 '고용원이 없는 1인 자영업자'라는 점이다. 이들 대부분은 체계적 준비 없이 생계형으로 창업에 나선 경우가 많고, 자본력과 경영 역량이 취약하다.

창업 사유를 보면 '직장을 잃어서', '취직이 안 돼서'가 압도적으로 많다. 즉, 창업이 기회라기보다 막다른 길에서 선택한 생존 수단인 경우가 많다. 하지만 이렇게 시작된 창업은 실패 확률이 높다. 창업 후 3년 생존율은 40%를 밑돌고, 5년이 지나면 10곳 중 8

곳이 문을 닫는다.

정부는 매년 창업을 장려하고 창업 지원 예산을 편성하지만, 실질적인 사후 지원은 부족하다. 많은 자영업자가 폐업 후 채무자로 전락하고, 가족 전체가 경제적 위기를 맞는다. 생계형 창업은 개인의 문제를 넘어 사회적 비용으로 전이되는 구조적 리스크다.

준비 없는 창업이 실패를 부른다

많은 이들이 창업을 쉽게 생각한다. 프랜차이즈 본사에서 제공하는 매뉴얼대로만 하면 된다고 믿고, 지인 추천이나 유튜브 정보에 의존해 창업을 감행한다. 그러나 사업은 매뉴얼이 아니라 '시장'과의 싸움이다. 상권 분석, 고객 세분화, 원가 구조 설계, 마케팅 전략, 회계 관리 등 복합적인 경영 역량이 없다면 성공 확률은 극히 낮다.

문제는 창업 교육도 부실하다는 것이다. 정부·지자체·민간이 제공하는 창업 교육은 대부분 '홍보성'에 머무른다. 창업이 얼마나 매력적인지, 정부가 얼마를 지원하는지만 강조한다. 폐업 리스크나 상권 포화, 경쟁 분석, 리스크 관리에 대한 현실적 안내는 부족하다.

이로 인해 창업 시장은 진입은 쉬우나 퇴출은 고통스럽고, 재도전은 어렵다. 결국 실패는 개인의 좌절로 끝나지 않고, 사회적 낙인과 부채로 이어진다. 이제는 '열정 있는 사람은 누구나 창업하라' 하는 시대를 끝내야 한다. 창업은 전문 영역이다.

생계형 창업을 제한하고, 자립형 창업으로 유도하자

무분별한 창업을 막기 위한 가장 기본적인 접근은 '창업 진입 사전 심사'다. 특히 포화 업종(예: 커피 전문점, 편의점, 치킨집 등)에 대해선 창업 전 상권 점검, 업종 포화도, 소득 전망에 대한 리포트를 제공하고, 일정 기준 미달 시 지원금 지급을 제한하는 식의 유인 장치가 필요하다.

둘째, 창업 희망자에게는 최소 1~3개월의 사전 창업훈련과 시뮬레이션 기회를 의무화할 수 있다. 예를 들어 창업 예정 상권에서 일정 기간 실제 운영을 경험할 수 있는 '테스트 매장' 운영 제도를 확산하거나, 기존 점포 인수 전 창업자 인턴제를 도입하는 방식이다.

셋째, 창업 지원금 대신 '경영 역량 강화 패키지'를 제공해야 한다. 지금처럼 시설비와 인테리어, 초기 자금만 지원하는 방식은 효과가 적다. 오히려 창업 후 6개월~1년간 경영 멘토링, 상권 마케팅, 매출 분석, 회계 정비 등 실질적 생존 기술을 지원해야 한다.

마지막으로, 자영업 창업을 '직업'이 아니라 '전문 경영 프로젝트'로 인식하도록 교육 시스템을 개편해야 한다. 청년 창업, 중장년

재창업, 퇴직자 창업 등 생애 단계별 맞춤형 창업 교육 과정이 필요하다. 창업 자체보다 창업 이후가 더 중요하다는 관점의 전환이 정책 전반에 반영돼야 한다.

보호 대신 자립, 그리고 경쟁력 있는 창업 생태계

그동안 자영업 정책은 '보호' 중심이었다. 폐업 후 재기 지원, 대출 연장, 카드 수수료 인하 등 단기적인 구제에 집중돼 있었다. 하지만 보호는 필요하되, 지속적인 생존과 성장을 위한 자립 중심 정책이 우선돼야 한다.

첫째, 자영업자들의 공동 구매, 공동 물류, 협업 마케팅이 가능한 '자영업 협업 플랫폼'이 필요하다. 개별 점포가 감당하기 어려운 원가 절감과 브랜드 구축을 위해 지역 단위 협동조합이나 프랜차이즈형 네트워크를 장려해야 한다.

둘째, 자영업자의 디지털 역량 강화도 핵심이다. 온라인 판매, 배달 앱 연동, 고객관리(CRM), SNS 홍보 등 디지털 운영 기술은 생존을 넘어 경쟁력을 좌우한다. '소상공인 디지털 교육 바우처', '상권 온라인 전환 지원' 같은 구체적 제도 설계가 요구된다.

셋째, 생계형 창업보다 문제 해결형 창업(Problem Solving Business)으로 패러다임을 전환해야 한다. 예를 들어 고령층 맞춤 도시락, 반려동물 전용 케어, 지역 노후 주택 리모델링 등 사회 수요 기반의 창업은 지속 가능성과 사회적 의미를 동시에 가진다.

궁극적으로 창업은 '위험한 도전'이 아니라, 잘 설계된 기회여야 한다. 그 기회를 누구나 준비된 상태에서 시작할 수 있도록, 정부는 창업 생태계의 질적 기반을 설계하고 뒷받침해야 한다. 무수히 많은 폐업 뒤에 외면당하는 목소리를 외면하지 말아야 한다.

2. 임대료 상한제와 계약갱신권 강화

"땀보다 권리가 약한 상인에게 시장은 냉혹하다"

자영업자의 가장 큰 불안, '임대료'

많은 자영업자가 "장사는 잘돼도 건물주가 웃는다"고 말한다. 실제로 한국 자영업자의 가장 큰 경영 불안 요인은 높은 임대료다. 상가임대차보호법이 있음에도 불구하고, 현실에서는 권리금·보증금·월세 인상 요구가 자의적으로 이뤄지고 있으며, 계약갱신 거절도 쉽다.

장사가 어느 정도 궤도에 올라 수익이 나기 시작하면, 임대인은 임대료 인상을 요구하거나 계약 연장을 거부하고 점포를 타인에게 재임대하는 경우가 비일비재하다. 점포를 일군 자영업자는 줄지에 쫓겨나고, 애써 만들어놓은 고객 기반과 상권은 임대인의 소유가 된다.

이는 단순한 개인 간 계약의 문제가 아니라, 우리 상권 생태계의 근간을 흔드는 구조적 문제다. 자영업자의 창의성과 노력, 장기 운영의 동기를 떨어뜨리고, 골목상권과 지역 경제의 지속 가능성을 약화시킨다. '상가 리스크'가 창업 리스크보다 크다는 말이 나올 정도다.

상가임대차보호법, 보호는 있으나 실효는 없다

상가임대차보호법은 자영업자의 권리를 일정 부분 보장하지만, 여전히 많은 빈틈이 존재한다. 현재 법은 임대료 인상률을 연 5%로 제한하고, 계약갱신청구권을 최대 10년까지 인정한다. 그러나 실제로는 임대인이 갱신을 거절하거나 임대료를 우회적으로 인상하는 사례가 많다.

예컨대 보증금·관리비 인상, 리모델링 명분의 계약 해지, 권리금 요구 등을 통해 실질적인 월세 부담은 크게 증가한다. 또한 계약갱신청구권을 행사하려면 임차인이 '성실한 계약 이행자'라는 것을 입증해야 하는데, 입증 책임이 임차인에게 있어 법적 분쟁이 쉽지 않다.

무엇보다 법 자체가 소극적이다. '상생'보다는 '조정', '권장' 수준에 그치며, 임대인 중심의 구조를 실질적으로 바꾸려는 의지가 부족하다. 이런 구조 속에서 소상공인은 늘 을의 입장에 놓이고, 임대료가 경영의 발목을 잡는 현실은 반복된다.

실질적 임대료 규제와 계약 안전장치 필요

이제는 단순한 권고나 제한을 넘어, 강력한 임대료 규제와 계약 안전장치를 법제화해야 한다. 첫째, 연 5% 인상 한도를 낮추고, 인상 사유를 명확히 제한하는 '임대료 인상 정당성 기준'을 마련해야 한다. 물가·금리·수익률 등 경제 지표를 기준으로 자동 조정되는 '상가 임대료 연동제' 도입을 검토할 수 있다.

둘째, 계약갱신청구권을 10년 이상으로 확대하거나, 생계형 자영업자에 한해 갱신 거절 사유를 더욱 엄격히 제한해야 한다. 장기 영업이 가능한 구조가 자영업의 자립과 경쟁력을 높이는 기본 전제다.

셋째, 권리금 보호 제도를 실질화해야 한다. 현재 권리금은 임차인이 투자해 형성한 '영업 가치'임에도 불구하고, 임대인이 임의로 이를 부정하거나 승계 과정을 방해하는 사례가 많다. 이에 대해 제3자 손해배상청구권, 가처분 보호 장치 등 적극적 법률 장치가 필요하다.

넷째, 상가임대차 분쟁 조정 기구의 법적 권한과 실행력을 강화해야 한다. 분쟁 발생 시 빠르고 실효성 있는 중재가 이뤄지도록,

법원의 사법적 권한 일부를 이관한 준사법적 조정 시스템이 마련돼야 한다.

임대 구조의 공공성 회복과 정책 의제 전환

임대료 문제는 자영업자의 사적 계약에만 국한된 문제가 아니다. 국가와 사회가 '시장 실패'를 제도적으로 교정해야 하는 사안이다. 이제 임대 구조를 개인 간 계약이 아닌 '공공의 경제 구조'로 인식하고, 적극 개입할 필요가 있다.

첫째, 공공상가·공영상가 비중 확대가 필요하다. 지자체가 직접 상가를 공급하고, 영세 자영업자에게 저렴한 임대료로 제공하는 시스템이 확대돼야 한다. 특히 청년 창업가, 사회적 경제 주체, 문화 소상공인에게 공간을 제공함으로써 다양성과 혁신을 동시에 촉진할 수 있다.

둘째, 상가 임대료 실태 공시제와 임대료 지도 서비스를 도입해야 한다. 상권별 평균 임대료와 거래 추이를 투명하게 공개함으로써, 임차인의 협상력을 높이고 과도한 임대료 상승을 억제할 수 있다.

셋째, 민간 임대인에 대한 상생 협약 유도 정책을 강화해야 한다. 일정 기간 임대료를 동결하거나 인상률을 자율적으로 제한하는 임대인에게는 세제 혜택, 금융 지원, 리모델링 보조 등을 제공하는 인센티브 체계를 만들 수 있다.

　마지막으로, '임차인의 권리'를 적극적으로 보호하는 사회 분위기와 법적 토대를 함께 마련해야 한다. 건물주는 자산가이고, 임차인은 경제 주체다. 자산의 수익은 공정해야 하고, 노력의 대가는 존중받아야 한다. 그것이 지속 가능한 상권을 만드는 첫걸음이다.

3. 공유자영업 플랫폼 확산

"혼자 하는 장사에서, 함께 살아남는 구조로"

자영업의 고립, 생존을 위협하다

자영업은 '1인 경제활동'의 대표적 유형이다. 상권 분석, 메뉴 개발, 고객 응대, 회계 관리, 마케팅까지 모두 혼자 혹은 가족 단위로 감당해야 한다. 초기엔 자율성과 독립성이라는 장점이 있지만, 시간이 갈수록 고립된 구조는 한계에 부딪힌다.

실제로 자영업자는 외부 위기에 가장 취약한 경제 주체다. 코로나19, 원자재 가격 상승, 임대료 인상, 경기 침체 등 어떤 충격도 고스란히 혼자 감내해야 한다. 큰 기업처럼 부서 분산이나 리스크 관리 능력이 없기 때문이다.

더구나 디지털 전환과 소비 패턴의 변화는 자영업자에게 새로운 기술과 역량을 요구한다. 하지만 대부분은 이를 따라가기 어렵다. 정보 격차와 기술 장벽, 비용 부담이 중첩되면서 자영업자의 '생존 능력'은 점점 약화되고 있다.

이제 자영업도 '혼자 버티는 구조'에서 벗어나야 한다. 살아남기 위해선 자원을 공유하고, 운영을 협업하며, 비용을 분산하는 공유자영업 모델이 대안이 될 수 있다.

공유자영업이란 무엇인가

공유자영업은 말 그대로 자영업자들이 일부 사업 자원과 역량을 함께 사용하는 모델이다. 매장을 함께 쓰거나, 주방을 공유하거나, 공동 구매·물류·마케팅 시스템을 구축하는 형태가 있다. 최근에는 '공유 주방(공유 키친)', '공유 매장', '협동상권', '상생 프랜차이즈' 같은 이름으로 다양하게 확산되고 있다.

예를 들어 한 공간에 여러 브랜드가 시간대별로 돌아가며 주방을 운영하거나, 비슷한 콘셉트의 소상공인들이 공동 브랜드로 마케팅을 진행한다. 또는 상권 내 자영업자들이 협동조합을 결성해 대형 마트처럼 물류를 공동 구매하고 카드 수수료 협상력을 키우기도 한다.

이러한 모델은 비용 절감과 리스크 분산, 운영의 효율성 향상이라는 측면에서 매력적이다. 무엇보다 고립되어 있던 자영업자들이

'공동체 기반'으로 전환하며 정보와 경험, 노하우를 나눌 수 있는 생태계를 만든다.

정책이 지원해야 할 '함께 장사'의 구조

공유자영업은 민간에서 자발적으로 형성되기도 하지만, 제도적 기반과 정책적 유인이 있어야 확산이 가능하다. 첫째, 공유 매장 및 공유 주방에 대한 법적 지위와 운영 기준을 명확히 해야 한다. 현재 일부 지자체는 시범 사업으로 운영 중이나, 위생·소방·건축 등 인허가 체계가 불분명해 사업 확장에 제약이 많다.

둘째, 공유자영업에 대한 초기 설계와 창업 컨설팅, 교육을 체계화해야 한다. 예를 들어 정부, 지자체, 창업 지원 센터가 협업해 상권 특성에 맞는 공유 비즈니스 모델을 제시하고, 입점자 간 협약과 운영 규정을 마련해주는 방식이다.

셋째, 공유자영업 참여 소상공인에게 맞춤형 금융·세제 지원이 필요하다. 예를 들어 공동 운영 시스템에 참여한 경우 시설 리스 비용을 절감해주거나, 소득 기준보다 매출 분배 구조를 반영한 세금 혜택을 제공할 수 있다.

넷째, 플랫폼 기반의 공유 협업 시스템을 구축해야 한다. 온라인에서 자영업자들이 공동 구매를 신청하거나, 마케팅 자료를 공유하고, 예약·결제 시스템을 함께 사용하는 디지털 기반이 마련돼야 한다. 이른바 '소상공인 공유 플랫폼'이 필요한 시점이다.

함께 살아남는 구조가 경쟁력이다

공유자영업은 단지 비용을 아끼는 구조가 아니다. 지속 가능한 상권을 위한 협력 모델이며, 혼자 감당하던 자영업 생태계를 네트워크로 전환하는 전략적 선택이다.

첫째, 공유 구조는 소상공인의 브랜드 역량을 강화한다. 개별 점포로는 불가능한 공동 브랜딩과 대형 유통망 연계, 공동 마케팅 등을 통해 경쟁력 있는 상품군을 형성할 수 있다. 둘째, 소비자 입장에서도 다채로운 선택지와 독특한 경험을 제공받을 수 있어 지역 경제 활력에도 도움이 된다.

셋째, 공유자영업은 지역 기반 경제의 회복 탄력성을 높이는 방안이다. 코로나19나 경기 불황과 같은 위기 상황에서도 상인들이 함께 버티고 대응할 수 있는 집단지성이 작동한다. 이는 곧 자영업자의 탈락을 줄이고, 상권의 연속성을 보장하는 힘이 된다.

마지막으로, 이는 단순한 경제모델이 아니라 '함께 버티는 문화'의 확산이라는 사회적 의미를 가진다. 자영업자를 시장의 소모품이 아니라, 공존의 주체로 재정의하는 새로운 시도다.

공유자영업은 곧 '공생 자영업'이다. 경쟁보다 연대, 배제보다 협업, 단절보다 순환이 작동할 때 우리는 자영업의 미래를 말할 수 있다. 정부는 이 변화의 물꼬를 트고, 그 흐름을 제도화해야 할 책임이 있다.

4. 상권 중심 컨설팅 허브 구축

*"정보 없는 자영업은
무장 해제된 채 전장에 나서는 것과 같다"*

자영업, '경영'을 모르고 시작하는 현실

한국의 자영업 창업은 빠르지만, 준비는 부족하다. 창업 이전에 상권 분석, 고객군 설정, 마케팅 전략, 원가 구조, 회계 시스템 등을 충분히 고려하지 못한 채 시작하는 경우가 대부분이다. 많은 자영업자가 업종 선정과 입지를 주변 조언이나 감에 의존하며, '비슷한 가게가 잘되더라' 하는 말만 듣고 창업에 나선다.

문제는 창업 이후에도 사업 운영 전반에 대한 전문 컨설팅이 거의 이루어지지 않는다는 점이다. 유튜브 영상이나 인터넷 후기, 프랜차이즈 본사의 지침서에 의존한 채 '장사는 이렇게 하는 것이라며 독학으로 버티는 경우가 허다하다. 이런 환경에서 자영업의 생존율이 낮은 것은 필연에 가깝다.

실제 통계에 따르면 창업 3년 내 폐업률은 60%에 육박하고, 자영업자의 소득 불안정성과 부채율은 계속 증가하고 있다. 창업은 많고, 실패도 많고, 그에 따른 사회적 비용은 커져가고 있다. 이 악순환의 출발점은 '준비 없는 창업', '지원 없는 운영'이다.

기존 컨설팅 정책의 한계

정부와 지자체는 소상공인시장진흥공단, 창업 지원 센터, 청년창업사관학교 등을 통해 창업 컨설팅을 제공하고 있다. 그러나 이 컨설팅의 내용은 표준화되고 분절화되어 있으며, 상권 특성과 무관한 추상적인 내용이 대부분이다.

예를 들어 모든 자영업자에게 동일한 마케팅 교육, SNS 활용법, POS 시스템 설명을 제공한다. 물론 기본 정보는 중요하지만, 실제 자영업자에게 필요한 것은 내가 있는 이 상권에서, 이 업종으로, 이 고객을 어떻게 상대해야 하느냐에 대한 구체적 전략이다.

또한 컨설턴트의 전문성 편차도 크고, 서비스가 일회성에 그치는 경우가 많다. 교육만으로 끝나거나, 신청자에게 자료만 전달하고 지속적인 피드백은 부족하다. 특히 매출 분석, 원가 관리, 고객 충성도 확보 등 데이터 기반 경영 역량을 체계적으로 지도해주는 시스템은 거의 없다.

결과적으로 많은 자영업자가 제도를 몰라 신청하지 않거나, 한두 번 시도하고 실망하며 다시 고립의 길로 돌아간다. 이제는 공급자 중심의 정책이 아니라 현장 중심, 맞춤형 컨설팅 체계로 바꿔야 한다.

상권별 '현장 밀착형 컨설팅 허브' 필요하다

이제 정부와 지자체는 전국 주요 상권 단위로 '상권 중심 컨설팅 허브'를 구축해야 한다. 이 허브는 단순한 교육기관이 아니라, 자영업 생태계의 '정보·분석·지원 거점'으로 기능해야 한다. 첫째, 허브는 상권별 특화 데이터베이스를 기반으로 입지 선정, 업종 분석, 경쟁 구조, 소비자 유형 등을 실시간 제공할 수 있어야 한다. 예를 들어 '홍대역 1번 출구 인근', '중장년층 주거 밀집 상권' 등 구체적 분석을 통해 상인에게 유의미한 정보를 제공해야 한다.

둘째, 상권 허브에는 컨설턴트, 회계 전문가, 디자이너, 마케터, 변호사 등 다양한 전문가 그룹이 상주하거나 순회하며 1:1 상담을 제공해야 한다. 단기 방문이 아닌 장기 멘토링 체계를 도입해 경영자의 변화와 성장을 끝까지 동행해야 한다.

셋째, 상권 허브는 '교육 + 실전 + 후속 관리'가 연결된 구조여야 한다. 창업 전 교육 → 창업 직후 실전 밀착 지원 → 1년 이내 성과 피드백 및 재정비까지 이어지는 패키지형 시스템이 필요하다. 단기 특강 수준의 행정은 실효성이 없다.

넷째, 허브는 지역의 상인회, 상공회의소, 대학, 청년단체, 금융기관 등과 네트워크를 형성한 상권 플랫폼 역할도 해야 한다. 협업 기반의 생태계가 만들어질 때 정보는 흐르고, 혁신은 퍼진다.

컨설팅이 아니라 '경영 동반자'가 되어야 한다

지금 자영업자에게 필요한 것은 지침서가 아니라 경영 동반자다. 과거처럼 "이렇게 하세요"라고 가르치는 구조가 아니라, "함께 분석하고, 함께 해보자" 하는 협업의 구조로 바뀌어야 한다.

첫째, 컨설팅 허브는 자영업자의 '경영 실험실'이 돼야 한다. 메뉴 구성부터 홍보 전략, 고객 응대 방식까지 끊임없이 실험하고 조정할 수 있도록 피드백 구조를 갖춰야 한다. 둘째, 자영업자의 실패 경험을 공유 자산화하는 시스템도 필요하다. 성공 사례뿐 아니라 실패 사례도 학습 콘텐츠로 축적되면 상권 전체가 성장할 수 있다.

셋째, 데이터 기반 경영을 위한 디지털 도구 활용 교육도 병행돼야 한다. 고객 분석, 매출 흐름, 입지별 비교 등의 정보는 이제 필수다. 자영업자의 스마트 경영을 돕기 위한 '상권 AI 분석 시스템'을 구축해, 누구나 손쉽게 데이터를 이해하고 활용할 수 있도록 해야 한다.

넷째, 이 모든 컨설팅은 '현장 중심'이 원칙이 돼야 한다. 제도 설명, 서류 작성, 기계적 매뉴얼이 아니라 자영업자의 영업시간과 매장 현황을 고려한 '밤 컨설팅', '찾아가는 컨설팅', '디지털 매니저 동행 서비스' 같은 유연한 행정이 필요하다.

결국, 컨설팅은 '정보 전달'이 아니라 '관계 형성'이다. 자영업자는 더 이상 외로운 싸움을 해서는 안 된다. 국가와 지역사회가 자영업자의 가장 가까운 조력자가 될 때, 우리는 자영업 생태계를 다시 세울 수 있다.

5.
폐업 지원도 '재기' 중심으로

"실패는 끝이 아니라, 준비된 다음 출발이어야 한다"

폐업은 곧 '파산'이라는 인식의 벽

자영업에서의 실패는 다른 직종보다 훨씬 더 뼈아프다. 창업은 개인의 자산, 가족의 노동력, 사회적 신용을 모두 투입하는 일이기에 실패는 단순한 직장 상실이 아니라 삶 전체의 붕괴로 이어지기도 한다. 많은 자영업자가 폐업을 결심하지 못한 채 적자를 끌고 가다 더 큰 손실을 입는 이유도 여기에 있다.

또한 한국 사회에는 아직 '폐업 = 패자'라는 인식이 강하다. 폐업한 자영업자는 금융권에서 신용등급이 하락하고, 보증기관에서 불이익을 받으며, 사회안전망에서도 소외된다. 실패가 낙인이 되고, 재기가 어려워지는 구조다. 이런 구조는 새로운 도전을 막고, 위기의 자영업자를 고립시킨다.

하지만 실패는 경제활동에서 자연스러운 현상이며, 도전이 많은 사회일수록 실패도 많다. 문제는 실패 자체가 아니라, 실패 이후 어떻게 다시 일어설 수 있는 시스템을 갖추고 있느냐는 점이다. 지금은 '실패를 예방하는 정책'만큼이나 '실패 이후의 재도전'에 초점을 맞춘 정책이 절실하다.

현행 폐업 지원의 현실적 한계

정부는 폐업 소상공인을 위한 여러 제도를 운영 중이다. 대표적으로 소상공인시장진흥공단의 '희망리턴패키지'가 있고, 고용노동부의 전직 지원 프로그램도 존재한다. 그러나 실제 폐업 경험자들의 평가를 보면 지원은 복잡하고 제한적이며, 실질적이지 않다는 불만이 많다.

첫째, 정보 접근성이 떨어진다. 폐업 시점에 이용 가능한 제도 자체를 모르거나, 해당 기관의 안내를 받지 못한 채 자력으로 문제를 해결하려는 경우가 많다. 둘째, 지원금은 소액이고, 수혜 자격이 까다로우며, 신청 과정에서 서류 준비 등 절차적 장벽이 높다.

셋째, 지원 내용도 실질적이지 않다. 컨설팅은 형식적이고, 직업훈련은 실제 시장과 동떨어진 경우가 많으며, 재창업 지원은 초기 창업자보다 조건이 불리하다. 넷째, 심리적 회복과 사회적 재진입을 위한 통합 서비스는 거의 부재한 수준이다.

결국 폐업 지원은 존재하지만, '체감되지 않는 제도'로 머물고 있다. 단기적 보전이 아닌, 중장기적 재기 전략을 설계할 수 있도록 구조를 전면 개편해야 한다.

폐업을 '준비된 이별'로 만드는 구조

자영업의 폐업은 실패가 아니라 '전략적 철수'일 수 있어야 한다. 이를 위해서는 폐업 전 단계부터 예방적 개입과 질서 있는 이행이 가능하도록 시스템화해야 한다. 첫째, 조기경보 시스템(Early Warning System) 도입이 필요하다. 일정 기간 적자 지속, 임대료 연체, 카드 결제 감소 등 특정 지표가 나타날 경우 시스템이 자동으로 알림을 보내고, 폐업 컨설팅을 연계해주는 구조를 만들 수 있다.

둘째, 폐업 전 컨설팅과 연착륙 지원을 의무화해야 한다. 계약 해지, 권리금 회수, 정리 비용 부담 등 실무적 문제를 전문가와 함께 검토하고, 신용회복과 채무 구조 조정을 병행할 수 있도록 제도화해야 한다.

셋째, 재기 프로그램과 폐업 지원을 통합한 '패키지 서비스'로 전환해야 한다. 폐업 수당과 심리 상담, 직업 전환 교육, 창업 재도전 패스권 등을 한데 묶어, 통합 접근이 가능하도록 체계를 정비해야 한다.

넷째, '정리 비용 바우처'와 같은 실질적 지원도 필요하다. 폐업을 하면 인테리어 철거, 재고 정리, 임대료 정산, 세금 납부 등 적잖은 현금이 소요된다. 이를 위한 최소한의 재정 지원은 폐업자의 채무 전환을 막는 데 효과적이다.

실패해도 다시 도전할 수 있는 사회로

궁극적으로 폐업 지원의 목표는 단지 '생존'이 아니라 '재기'에 있다. 실패한 자영업자가 낙오자가 되는 것이 아니라, 다음 성공을 위한 학습자로 존중받는 사회가 되어야 한다. 첫째, 재창업자에 대한 금융·보증 지원을 강화해야 한다. 현재 재창업자는 보증 심사에서 불이익을 받는 경우가 많은데, 일정 조건(교육 이수, 사업 계획 평가 등)을 갖춘 경우에는 우대 조건을 부여해 재기의 기회를 열어야 한다.

둘째, 폐업 경험자를 위한 맞춤형 직업훈련과 전환 일자리 프로그램을 설계해야 한다. 장사만 해온 50대 자영업자가 다시 노동시장에 진입하기 위해서는 직무 적응 교육과 현장 인턴십이 필요하다. 이들에게도 '인생 2모작'이 가능해야 한다.

셋째, 사회적 인식 개선도 중요하다. '폐업자 지원'이 단지 복지의 문제로 보이는 것이 아니라, 국가 경쟁력을 위한 인적 자본 재배치 전략으로 인식돼야 한다. 실패에 관대한 사회일수록 혁신도 많다.

마지막으로, 폐업 후 재기를 위한 커뮤니티와 상생 네트워크를 확장해야 한다. 실패 경험을 공유하고, 재도전한 이들의 사례를 학습할 수 있는 플랫폼과 멘토링 시스템이 필요하다. '실패했지만 다시 일어선 사람들'이 가장 강력한 자산이다.

재기 가능성이 있는 폐업은 국가의 미래 자원이 된다. 이제는 '무너진 자를 일으켜 세우는 정책'이 아니라, '넘어진 자리에서 다시 뛰게 하는 구조'를 설계할 때다. 실패를 두려워하지 않아도 되는 나라, 그것이 건강한 자영업 생태계의 마침표이자 출발점이다.

6. 자영업 정책, 재정비가 필요하다

"양적 보호에서 질적 혁신으로"

정책은 있는데 효과는 보이지 않는다

한국의 자영업 정책은 종류도 많고 예산도 적지 않다. 창업 지원금, 재도전 바우처, 저리 대출, 세금 감면, 상가임대차 보호 등 다채로운 프로그램이 운영되고 있다. 그러나 그 효과를 체감하는 자영업자는 드물다. 왜 그럴까?

첫째, 정책이 '보호 중심'에 머무르고 있기 때문이다. 매출이 줄면 보조금을 주고, 폐업하면 정리비를 주며, 카드 수수료는 인하하지만, 자영업의 경쟁력 자체를 키우려는 정책은 부족하다. 즉, 응급처치는 있으나 체질 개선은 없다.

둘째, 정책이 공급자 중심으로 설계되어 현장 실정과 괴리가 크다. 예컨대 창업 교육은 대부분 강의 위주로 진행되며, 정책자금도 까다로운 절차와 낯선 용어 탓에 실제 수혜까지 이어지지 못한다. 정책은 넘치지만, 자영업자에게 '도달하지 않는 정책'이 너무 많다.

셋째, 중복과 분절도 문제다. 정부 부처별, 지자체별, 공공기관별로 비슷한 사업이 다수 운영되면서 정작 필요한 사람에게 필요한 시기에 전달되지 않는 비효율이 만연하다. 누구를 위한 정책인지, 무엇을 위해 설계됐는지 분명하지 않다.

'보호'의 프레임에서 벗어나야 한다

지금까지 자영업 정책의 기조는 '생계형 자영업자를 보호하자' 하는 데 초점이 맞춰져 있었다. 물론 이는 위기 대응이나 사회안전망 측면에서 필요하다. 하지만 이 보호 기조가 지나치게 강화되면 '자립'을 막고, 혁신을 지연시키는 구조적 한계로 이어진다.

보호 중심 정책은 자영업을 '보호 대상'으로 규정하고, 자율성이나 역량 강화보다는 재정 보전에 초점을 둔다. 이는 자영업자의 창의성과 시장 경쟁력 확보에 필요한 동기를 약화시키고, 관(官) 주도형 의존적 운영을 고착화할 수 있다.

자영업은 더 이상 비공식·비정규 경제의 보조 역할이 아니다. 지금은 디지털 전환, 로컬 브랜드, 푸드테크, 커뮤니티 기반 상권 등 고도화된 자영업 모델이 등장하고 있다. 정책은 보호가 아닌 '성장 플랫폼'을 만들어야 할 때다.

자영업 정책 패러다임 전환, 이렇게 해야 한다

이제는 자영업 정책을 '양적 지원'에서 '질적 성숙'으로, '보호'에서 '자립'으로, '제도 나열'에서 '통합 설계'로 전환해야 한다. 이를 위한 방향은 다음과 같다.

첫째, 정책 대상의 정교한 분류가 필요하다. 지금은 자영업자를 하나의 집단으로 뭉뚱그려 접근하지만, 실제로는 생계형, 성장형, 청년형, 기술 기반형 등 다양한 층위가 존재한다. 이들에게 각각 다른 정책이 필요하다. 일률적 창업 지원이 아니라, 타깃별 맞춤형 전략이 필요하다.

둘째, 정책 설계 단계부터 자영업자의 참여를 제도화해야 한다. 실제 현장의 목소리를 반영하지 않으면 또다시 '현실과 괴리된 정책'이 양산될 수밖에 없다. 자영업자 대표단체, 상인회, 청년 창업가 등과의 상시 협의 체계를 만들어야 한다.

셋째, 정책 전달 체계의 통합과 단순화가 시급하다. 부처별로 흩어진 창업·운영·폐업·재기의 흐름을 하나의 플랫폼 안에서 원스톱으로 지원할 수 있도록 '자영업 종합 지원 시스템'을 구축해야 한다. 정책 접근성은 정책 효과의 선결 조건이다.

넷째, 성과 중심의 평가 시스템을 도입해야 한다. 예산 집행률이 아니라 실제로 매출 증대, 고용 창출, 지속 경영 여부 등의 성과를 지표로 삼아 정책을 재편해야 한다. '정책도 경쟁력'이라는 마인드로 접근할 필요가 있다.

현장 기반의 자영업 전략이 필요하다

정책은 종이 위에서가 아니라 현장에서 살아 움직여야 한다. 자영업 정책이 진정한 효과를 발휘하려면, 각 지역 상권과 업종, 소비자의 변화에 맞춘 현장 중심 전략이 뒷받침돼야 한다.

첫째, 지역 상권 분석과 수요 기반 정책 설계가 중요하다. 서울 강남과 전북 군산의 자영업 생태계는 완전히 다르다. 지역 맞춤형 상권 데이터를 활용해 업종별·규모별로 특화된 지원 방식을 마련해야 한다.

둘째, 청년 창업자와 중장년 전직 창업자의 수요가 다르다는 점을 감안한 설계가 필요하다. 청년은 마케팅, 브랜딩, 디지털 기술 지원이 필요하고 중장년층은 경영 관리, 금융 지원, 재도전의 기회를 원한다. 정책의 섬세함이 곧 효과다.

셋째, 자영업 정책도 '민간과의 협력'을 강화해야 한다. 민간 배달 플랫폼, 커머스 기업, 프랜차이즈 본사 등과의 파트너십을 통해 공동 마케팅, 물류 비용 절감, 데이터 분석 등의 인프라를 확대해야 한다. 정부가 모든 걸 하려는 방식은 오래가지 못한다.

마지막으로, 자영업 정책의 목표는 '경쟁력 있는 상권을 유지하는 것'이라는 원칙을 분명히 해야 한다. 자영업자 한 사람 한 사람을 도우면서도, 상권 전체의 지속 가능성을 고려하는 전략적 사고가 필요하다. 보호와 육성의 균형, 개별과 생태계의 균형을 잡는 것, 그것이 정책의 성숙이다.

제4장

복지, 재정의 선을 넘다

1. 선별과 보편, 이분법을 넘어서
2. 복지 사각지대 해소, 디지털 기반으로
3. 복지 지출의 구조조정이 필요하다
4. 복지를 책임질 지방정부의 권한과 재정
5. 복지 정책의 정치화, 어떻게 넘을 것인가

1. 선별과 보편, 이분법을 넘어서

"복지는 사회 계약이며, 지속 가능해야 한다"

끝나지 않는 '보편 vs. 선별' 논쟁

한국 사회의 복지 논쟁은 언제나 '보편 복지냐, 선별 복지냐'로 귀결된다. 누군가는 전 국민이 최소한의 삶을 보장받아야 한다고 주장하고, 또 다른 이는 재정의 효율성을 위해 꼭 필요한 사람에게만 집중해야 한다고 주장한다. 양측 모두 일정한 논리를 갖고 있지만, 이 이분법적 프레임은 이미 시대의 요구를 따라가지 못하고 있다.

예를 들어 아동수당, 청년수당, 기초연금 등을 두고 "소득 상위층에게도 왜 지급하느냐"라는 비판이 이어지고, 반대로 "복지를 차별적으로 설계하면 낙인이 찍힌다"라는 우려도 있다. 이런 논쟁은 복지 정책의 확대와 개편을 가로막는 '정치적 소모전'으로 흐르기 쉽다.

그러나 지금의 복지 문제는 단지 수혜 대상의 선별 여부가 아니라, 복지의 구조와 지속 가능성 자체에 대한 총체적 재설계가 필요한 시점이다. 선별과 보편의 이분법을 넘어, 누구에게 어떤 방식으로, 어떤 목적의 복지를 제공할 것인가를 본질적으로 다시 물어야 한다.

보편성과 형평성은 양립 가능하다

보편 복지는 단지 '모두에게 나눠주는 것'이 아니다. 그것은 국가 공동체의 책임을 분명히 하는 방식이며, 사회 구성원 간의 신뢰를 형성하는 기초 인프라다. 보편 복지를 시행하는 국가일수록 납세 순응도가 높고, 조세 저항이 낮으며, 사회 갈등 지수도 낮다.

물론 모든 복지를 무차별적으로 시행할 수는 없다. 하지만 핵심 영역—교육, 의료, 주거, 돌봄—만큼은 보편적 접근이 필요하다. 이는 인간의 기본권 차원에서 접근해야 하며, 사회 전체의 회복탄력성과 생산성에 기여한다는 점에서 전략적 투자로 간주되어야 한다.

동시에 보편성과 형평성은 충돌하는 가치가 아니라, 정교한 설계를 통해 충분히 양립할 수 있다. 예컨대 보편적 아동수당을 지급하되, 저소득층 아동에게는 별도의 추가 지원을 하는 '2단계 복지 설계'가 가능하다. 보편적 기초연금을 유지하면서, 저소득 노인에게는 생계급여나 의료비 감면을 결합할 수 있다.

문제는 이런 정교한 구조 설계를 하기보다는 정쟁을 통해 정책을 정치화하고, 복지를 이념화한 결과다. 이분법이 아니라, 균형과 실용의 관점에서 복지 정책을 다시 세워야 한다.

선택이 아니라 조합으로 설계해야 한다

이제 복지는 '무엇을 할 것인가'의 문제보다 '어떻게 할 것인가'의 문제다. 단일한 방식이 아니라 다층적 조합과 맞춤형 설계가 요구된다. 세 가지 방향이 중요하다.

첫째, 기본 인프라로서의 보편 복지와 재정 효율을 위한 선별 복지를 병행하는 전략이다. 아동수당, 기초의료보장, 공공교육, 기초 돌봄은 보편 복지로 유지하면서 긴급 생계지원, 주거 바우처, 장애인 돌봄 등은 정밀한 선별 지원을 통해 구조화해야 한다.

둘째, 생애주기별 복지 체계화가 필요하다. 지금은 각 부처별로 분절된 제도가 생애주기를 따라 이어지지 않는다. 출산 - 양육 - 교육 - 노동시장 진입 - 퇴직 - 노후라는 삶의 흐름에 맞춘 '복지 경로 설계'가 필요하다. 이때, 특정 시기에는 보편이, 또 어떤 시기에는 선별이 효과적일 수 있다.

셋째, 디지털 복지를 통해 행정 효율성과 정합성을 높이는 방향이 필요하다. AI 기반 소득 파악, 자산 연계 시스템, 자동 자격 심사 도입 등을 통해 지원 대상 선정의 정교함을 높이고, 누락과 중복을 방지해야 한다. 이는 선별과 보편을 결합한 실용 복지의 기반이다.

결국 복지는 선택의 문제가 아니라 '정교한 설계'의 문제다. 조합 가능한 정책 도구를 활용하고, 지역과 대상별 차이를 반영해야 진정한 복지 정책이 된다.

복지는 비용이 아니라 국가 운영의 전략이다

복지는 더 이상 비용이 아니다. 그것은 미래를 위한 사회적 투자이며, 공동체 유지를 위한 국가 운영 전략이다. 고령화, 저출생, 양극화, 디지털 전환이라는 구조적 전환기에 복지를 줄이는 것은 오히려 미래에 더 큰 비용을 초래할 뿐이다.

보편과 선별을 둘러싼 논쟁에서 벗어나, 복지의 지속 가능성을 위한 조세개혁, 재정 배분 조정, 사회적 합의의 확립이 중요해졌다. 고소득층에 대한 합리적 증세, 공공부문 개혁, 유사·중복 사업의 통폐합 등을 통해 재정을 확보하면서도, 사회 전체의 신뢰를 회복하는 정책 리더십이 요구된다.

더불어, 복지는 '사회적 이동성'을 복원하는 도구가 되어야 한다. 가난은 대물림되고, 교육은 계층을 고착시키며, 노동은 계층 상승의 수단이 되지 못하는 구조 속에서 복지는 공정한 기회의 사다리를 제공하는 역할을 해야 한다.

복지는 단지 '도움'이 아니라 '기회'여야 한다. 그리고 그 기회는 누군가에겐 생애의 전환점이 되고, 누군가에겐 새로운 출발선이 된다. 지금 우리 사회가 필요한 것은 선별과 보편 중 하나가 아니라, 사회 전체가 다시 일어설 수 있는 설계로서의 복지다.

2. 복지 사각지대 해소, 디지털 기반으로

"모르는 사람은 못 받고, 아는 사람은
중복으로 받는 복지 시스템은 끝나야 한다"

복지 시스템의 가장 큰 문제, 누락과 중복

우리 사회는 다양한 복지 제도를 운영하고 있지만, 정작 도움이 꼭 필요한 사람에게 닿지 않는 경우가 허다하다. 반면 소득이나 자산 기준을 넘는 이들이 중복해서 지원받는 일도 존재한다. 이는 시스템의 문제이자 행정의 신뢰를 떨어뜨리는 요인이다.

'복지 사각지대'는 단순히 제도 밖에 있는 사람만을 의미하지 않는다. 정보가 부족해 신청을 못 하거나, 복잡한 절차 때문에 포기하거나, 자격 요건이 현실과 맞지 않아 제외된 사람들 모두가 사각지대에 있다.

예컨대 긴급복지지원 제도는 위기 상황에 신속한 지원을 목적으로 도입됐지만 실무에선 서류 제출, 소득심사, 방문 조사 등으로 몇 주씩 시간이 소요된다. 임대료 체납, 가정 폭력, 자살 위험 등 즉각적 대응이 필요한 상황에선 사실상 무용지물이다.

결국 '누가 받을 수 있느냐'보다 '누가 실제로 받고 있느냐'가 문제다. 현재 복지 시스템은 여전히 수동적이다. 찾아가야 받을 수 있고, 증명해야 받을 수 있으며, 모르면 받을 수 없다. 이것이 복지의 첫 번째 실패다.

복지를 받기 위한 '능력'이 필요한 사회

현행 복지 제도는 '자격 충족'보다 '절차 완주'가 더 어렵다. 특히 고령층, 장애인, 외국인 주민, 1인 가구 등은 정보 접근성과 문서 처리 능력이 떨어져 자신이 어떤 제도에 해당하는지도 모르고 살아간다. 또한 디지털 소외 계층은 온라인 신청이나 서류 출력조차 어려운 경우가 많다.

복잡한 제도 구조도 문제다. 생계급여, 주거급여, 의료급여가 제각각 다른 기준과 절차를 갖고 있고, 지자체마다 운영 방식이 달라 '동사무소 가면 다 알 수 있다'라는 기대는 현실과 다르다. 공무원도 모든 제도를 숙지하기 어렵고, 민원인도 어디서 무엇을 신청해야 할지 알 수 없다.

게다가 많은 제도는 '자기신고'를 전제로 한다. 하지만 정말 도움이 필요한 사람일수록 자기 상황을 외부에 드러내기를 꺼린다. 생활고, 실직, 가족 문제 등을 들춰내며 구체적 증빙을 요구받는 과정 자체가 '2차 고통'이다.

복지가 취약 계층에게 '신청의 장벽'으로 작동한다면, 그것은 이미 제 기능을 하지 못하는 제도다. 복지를 받기 위해 '사회적 능력'이 필요한 구조는 반드시 개편되어야 한다.

디지털 기반 통합 복지 시스템이 해법이다

복지 사각지대를 해소하기 위해선 '디지털 기반의 선제적 복지체계'로의 전환이 필요하다. 국민 누구나 자신의 상태와 상황에 따라 자동으로 지원 가능성을 안내받고, 최소한의 절차로 필요한 지원을 받을 수 있어야 한다.

첫째, '통합복지정보 플랫폼' 구축이 핵심이다. 현재 각 부처와 지자체에 흩어진 복지 데이터와 지원 제도를 하나로 통합하여, 국민이 주민번호 입력만으로 자신의 수혜 가능성, 신청 절차, 필요 서류를 확인할 수 있는 시스템을 갖춰야 한다.

둘째, '자동 탐지형 복지 알림 시스템' 도입이 필요하다. 예컨대 3개월 이상 공과금 체납, 병원 응급실 이용, 학교 무단결석, 건강보험료 미납 등의 정보가 수집되면 시스템이 위기 가능성을 탐지하고, 관계 기관에 연결 알림을 보낼 수 있도록 해야 한다.

셋째, 행정기관 간 정보 연계 및 데이터 공유가 전제돼야 한다. 이를 통해 부처 간 중복 지급, 지원 누락, 요건 충돌 등의 문제를 줄일 수 있으며, 민원인에게 '증빙서류를 직접 떼서 제출하라' 하는 부담을 없앨 수 있다. '국가는 이미 알고 있는 정보를 시민에게 요구해서는 안 된다'라는 원칙이 자리 잡아야 한다.

넷째, AI 기반의 '복지 매칭 시스템'도 도입해야 한다. 사용자가 자신의 상황을 간단히 입력하면, AI가 맞춤형 제도를 추천하고, 신청 절차를 안내하는 구조다. 디지털은 사각지대를 없애는 가장 강력한 수단이 될 수 있다.

기술은 복지를 위한 윤리적 도구가 되어야 한다

복지의 디지털화는 효율성과 공정성을 동시에 실현할 수 있는 기회다. 하지만 기술은 목적이 아니라 수단이다. 기술이 약자를 위한 도구로 작동하기 위해서는 '윤리적 설계'가 필요하다.

첫째, 디지털 접근이 어려운 이들을 위한 '복지 디지털 도우미' 제도를 확대해야 한다. 정보 취약 계층, 고령자, 이주민 등을 대상으로 복지 신청을 돕는 인력을 배치하고, 동 주민센터에 '복지 접근 키오스크'를 설치해 행정 접근성을 높여야 한다.

둘째, 복지 정보의 익명성과 사생활 보호도 철저히 보장돼야 한다. 개인정보 보호 원칙을 엄격히 적용하고, 데이터 기반 복지가 감시가 아닌 신뢰 기반이 되도록 해야 한다. 정보가 사람을 구별하는 도구가 아니라, 돕는 도구여야 한다.

셋째, 기술을 통해 공공서비스의 품질을 높여야 한다. 챗봇 민원, 음성 안내 서비스, 시각장애인을 위한 보이스 시스템, 외국어 지원 등 다양한 계층을 고려한 설계가 병행돼야 한다. 기술은 사회 전체를 향해 열려 있어야 한다.

결국, 복지는 '신청하는 사람만 받는 제도'에서 '국가가 먼저 다가가는 제도'로 진화해야 한다. 디지털은 그 전환의 촉매다. 기술이 약자에게 먼저 다가가는 나라, 그것이 진짜 복지국가다.

3. 복지 지출의 구조조정이 필요하다

"복지의 총량보다 구조가 중요하다"

복지 지출 증가, 어디까지 감당 가능한가

한국의 복지 예산은 해마다 사상 최대치를 갱신하고 있다. 2024년 기준 보건·복지·고용 분야 예산은 약 220조 원에 이르며, 이는 국가 전체 예산의 3분의 1을 넘는다. 10년 전과 비교하면 거의 두 배로 증가한 수치다.

그럼에도 불구하고 시민들의 복지 체감도는 낮다. 복지는 늘어났다고 하지만 불공정하다 느끼고, 더 이상 감당하기 어려운 수준에 도달한 것 같다는 피로감이 팽배해 있다. 왜일까?

문제는 총량이 아니라 배분이다. 복지 예산이 늘었지만 정작 꼭 필요한 사람에게 집중되지 않고, 설계의 비효율성과 중복 구조가 여전히 남아 있다. 또한 특정 연령대나 계층에 편중된 복지 지출은 세대 간 갈등을 심화시키고, 지속 가능성에 대한 의문을 키우고 있다.

이제 복지는 더 늘릴 것인가를 논하기 전에, 어디에 어떻게 쓰고 있는가를 되묻는 구조조정의 관점이 절실하다.

왜곡된 복지 구조, 지속 가능성의 위협

한국의 복지 지출은 OECD 평균보다 적은 편이다. 그러나 문제는 지출의 비중과 구조가 지나치게 특정 영역에 쏠려 있다는 점이다. 대표적으로 고령층 대상 기초연금과 건강보험 지출이 급증하고 있으며, 이에 비해 아동·청년·중장년층을 위한 복지 투자는 상대적으로 미약하다.

또한 수급 요건이 중복되는 제도가 많고, 유사한 성격의 바우처, 수당, 지원금이 부처별로 나뉘어 시행되면서 행정 비용과 수혜자 혼란을 유발하고 있다. 가령 한 가구가 출산·육아 관련 지원을 받기 위해서는 여성가족부, 보건복지부, 교육부, 지자체에 각각 신청해야 하는 일이 벌어진다.

이처럼 분절적이고 중복된 복지 체계는 예산 낭비뿐 아니라 정책 효과의 약화를 초래한다. 또한 지자체 간 복지 격차, 정치적 고려에 따른 선심성 지출, 특정 지역 또는 집단에 유리한 편향성도 복지 시스템에 대한 불신을 키운다. 복지는 많다고 좋은 것이 아니라, 정확히 필요한 곳에 필요한 방식으로 쓰일 때 진정한 가치를 갖는다.

복지 지출 구조조정의 방향과 원칙

복지 지출의 구조조정은 단순한 예산 삭감이 아니라, 정책의 우선순위를 조정하고, 지속 가능성을 확보하기 위한 전략적 선택이어야 한다. 이를 위해 다음과 같은 방향이 필요하다.

첫째, 전국 단위 복지 지출 총괄분석 시스템을 도입해야 한다. 현재 복지 지출은 중앙정부와 지자체, 공공기관, 민간 위탁 등으로 흩어져 있어 전체 흐름을 통합적으로 보기 어렵다. 예산의 흐름과 집행 성과를 한눈에 파악할 수 있는 디지털 대시보드를 구축해, 중복과 누락을 실시간으로 점검할 수 있어야 한다.

둘째, '성과 기반 복지 예산 편성' 원칙을 도입해야 한다. 단순히 수혜 인원이나 집행률이 아닌, 복지의 실제 효과(빈곤율 감소, 삶의 질 향상, 사회 이동성 확보 등)를 중심으로 예산을 평가하고 조정해야 한다.

셋째, 중복·유사 사업은 과감히 통합하고, 비효율 사업은 폐지해야 한다. 정치적 논란을 두려워하지 않고, 실효성이 낮은 제도를 객관적으로 평가해 예산을 재분배해야 한다. 단, 폐지나 축소가 국민의 생활에 미치는 영향을 충분히 고려해 '소프트 랜딩'을 위한 보완책을 동반해야 한다.

넷째, 고령화 사회에 대비한 세대 간 균형 조정이 필요하다. 기초연금, 건강보험 등 고령층 지출의 비중이 계속 커지는 가운데, 청년과 중장년을 위한 일자리·교육·돌봄 투자는 상대적으로 뒤처져 있다. 복지 정책은 생애주기 전반을 아우르는 균형을 갖춰야 한다.

재정 건전성과 복지국가, 양립할 수 있다

복지 지출 구조조정은 단순한 긴축이나 감세 정책과는 다르다. 국가의 재정 건전성과 복지 확대는 충돌하는 개념이 아니라, '설계 방식'에 따라 충분히 양립 가능하다.

첫째, 복지 확대의 재원은 효율적 재정 운용과 함께, 조세 기반의 확충에서 찾아야 한다. 불필요한 세금 감면 축소, 고소득자·고자산가에 대한 합리적 조세 강화, 사회적 합의를 통한 증세 등을 통해 지속 가능한 복지 재정을 조성할 수 있다.

둘째, 미래 재정 부담을 낮추기 위해서라도 지금 필요한 복지에 집중해야 한다. 예컨대 아동 돌봄과 교육, 청년 일자리, 저소득층 주거 안정을 위한 투자는 장기적으로 생산성과 조세 기반을 확대시켜 재정 선순환을 유도할 수 있다.

셋째, 국민 신뢰 회복이 중요하다. 복지 재정은 납세자의 신뢰가 전제되어야 지속된다. 이를 위해선 정책의 정당성, 재정 투명성, 지출 효율성에 대한 설득이 수반돼야 하며, 정치권은 복지를 선심성 수단이 아니라 장기 비전으로 다뤄야 한다.

넷째, '어디에 얼마나 쓰느냐'보다 '왜, 어떻게 쓰느냐'가 중요하다는 인식 전환이 필요하다. 복지는 무조건적인 확대나 삭감이 아니라, 국가가 미래 사회를 어떤 가치 위에 세울 것인가에 대한 철학적 결단이다.

복지 지출의 구조조정은 더 많은 사람을 위한, 더 좋은 복지를 위한 길이다. 총량의 논쟁에서 벗어나 구조의 논의로, 정치의 도구가 아닌 국가 전략으로 복지를 바라볼 때 우리는 재정과 복지의 균형을 동시에 달성할 수 있다.

4.
복지를 책임질 지방정부의 권한과 재정

"중앙이 복지를 만들고,
지방이 감당하는 구조를 바꿔야 한다"

복지는 결국 '현장'에서 이뤄진다

복지는 제도와 행정이 아니라 사람의 삶에서 작동해야 한다. 중앙정부가 설계한 정책도 마지막 접점은 언제나 지방정부와 읍·면·동 행정복지센터다. 그러나 지금의 복지 구조는 중앙이 설계하고 지방이 집행하는 분절적 구조에 머물고 있다.

현실적으로 복지 수요는 지역마다 다르다. 고령화가 빠르게 진행되는 농어촌, 청년층이 밀집한 도시, 이주민이 많은 지역 등 지역적 특성과 계층별 수요가 다르지만, 복지 정책은 여전히 중앙집중적이다. 같은 기준, 같은 사업, 같은 방식으로는 현장에 맞는 복지를 구현할 수 없다.

또한 현장의 공무원들은 늘어난 복지 업무에 시달리고 있지만, 권한과 자율은 제한적이다. 공공복지 전달의 최전선에 있는 이들이 정책 결정에 참여하지 못한 채 지시된 예산을 배분하는 데 그친다면, 복지는 비효율과 불신만 키우게 된다.

지방은 늘 복지의 하청자였다

한국의 복지 재정 구조를 보면, 중앙정부가 복지 정책을 기획·결정하고, 지방정부는 이에 따라 집행하는 '하청형 구조'가 대부분이다. 국고보조 사업은 항목이 정해져 있고, 매칭 비율도 중앙이 결정한다. 지자체는 형식적으로 참여하지만, 사실상 재정 부담만 커지는 구조다.

예를 들어 중앙정부가 보육료 인상이나 기초생활보장 확대를 결정하면, 그에 따라 지방정부는 매칭 예산을 편성해야 하고, 부족하면 다른 사업을 줄이거나 지방채를 발행해야 한다. 이로 인해 재정이 취약한 지자체일수록 더 큰 부담을 지게 되며, 복지 격차는 지역 간 불균형으로 이어진다.

또한 지역 특성에 맞춘 복지 설계를 하고 싶어도 예산 자율권이 없고, 중앙의 기준과 매뉴얼을 따라야 하는 구조적 제약 때문에 실현이 어렵다. 이는 복지의 분권화가 사실상 '형식적'임을 보여주는 단면이다. 복지의 진정한 실효성을 확보하려면, 지방이 '집행자'가 아니라 '설계자'가 될 수 있는 권한과 재정 자율성이 보장돼야 한다.

복지 분권을 위한 제도적 재설계 필요

복지의 지역화를 위해서는 지방정부의 재정 자립도 향상과 제도적 권한 확대가 전제되어야 한다. 이를 위한 실질적 제도 개편 방향은 다음과 같다.

첫째, 복지 재정의 비율을 조정하고, 지방 재정을 확충해야 한다. 국고보조금 매칭 비율을 지자체 규모와 재정 자립도에 따라 탄력적으로 적용하고, 취약 지자체에는 인센티브 또는 특별교부세를 배분해야 한다.

둘째, 광역 및 기초지자체에 자율 복지 예산 영역을 확대해야 한다. 예컨대 전체 복지 예산 중 일정 비율 이상은 자율 편성 항목으로 지정해, 지역 특성에 맞는 맞춤형 정책이 가능하도록 유도할 수 있다.

셋째, 복지 정책 수립 단계에 지방정부와 현장 실무자의 참여를 제도화해야 한다. 이를 통해 실효성 있는 설계를 유도하고, 불필요한 행정 부담이나 전달 체계 왜곡을 줄일 수 있다.

넷째, 복지 전달 체계를 통합·간소화하는 법제도 정비가 필요하다. 광역과 기초 간 역할 중복, 부처별 단절 구조, 공공 - 민간 간 협업 부재 등을 해소하고, '지역 복지 거버넌스'를 활성화할 수 있는 실질적 제도 기반을 만들어야 한다.

지역이 중심이 되는 복지가 지속 가능하다

 복지의 지속 가능성을 높이기 위해선 '서울 중심, 중앙 중심'의 구조에서 벗어나 '지역 중심, 생활 중심'의 복지로 전환해야 한다. 국민은 국가가 아닌 지역에서 복지를 경험하고, 복지의 효과는 현장에서 결정된다.
 첫째, 지역 복지는 단순한 분산이 아니라 분권과 책임의 공유여야 한다. 중앙은 기본적 기준과 균형 재정을 설계하고, 지방은 자율과 책임을 갖고 시행하는 구조가 정착되어야 한다.
 둘째, 복지 정책의 '로컬 실험권'을 제도화할 필요가 있다. 지역별로 혁신적 복지 실험을 허용하고, 그 결과를 중앙이 제도화하는 상향식 복지 혁신 모델이 필요하다. 일본의 지역포괄케어, 독일의 지역노인돌봄 모델처럼, 지역에서 출발한 복지 혁신이 전국으로 확산될 수 있어야 한다.
 셋째, 주민이 참여하는 복지 시스템이 마련돼야 한다. 자치단체가 설계하고, 주민이 감시하고 참여하며, 지역사회가 함께 운영하는 복지는 관 주도의 관성에서 벗어난 건강한 생태계를 만든다. 마을 복지 계획, 주민 참여 예산, 생활복지사 제도 확대 등이 그 방안이 될 수 있다.

궁극적으로 복지는 국가가 설계하고, 지역이 구현하며, 시민이 함께 만들어가는 공동체의 기초 인프라여야 한다. 지역이 중심이 되는 복지는 더 따뜻하고 더 튼튼하다. 중앙의 지시가 아니라 지역의 자율과 창의가 복지를 움직이게 할 때, 한국 사회의 복지 체계는 진정한 진화를 시작할 수 있다.

5.
복지 정책의 정치화, 어떻게 넘을 것인가

"복지는 표가 아니라 사회의 품격이다"

복지가 정치의 수단이 되어버린 현실

 복지는 기본적으로 국민의 삶의 질을 향상시키고 사회적 연대를 강화하는 제도다. 그러나 현실의 복지 정책은 너무 자주 정치적 이해관계와 선거 전략의 도구로 변질된다. 보편이냐 선별이냐, 포퓰리즘이냐 복지국가냐를 둘러싼 논쟁은 정당 간 대립 구도를 고착시키고 있다.
 선거철이 되면 각 정당은 경쟁적으로 새로운 복지 수당과 지원금을 내걸고, 구체적인 재정 추계나 정책 지속 가능성보다는 당장의 표심을 자극하는 데 초점을 맞춘다. '전 국민 재난지원금', '청년수당 전면 확대', '기초연금 인상' 같은 공약이 사회적 합의나 예산 여건보다 정치적 유불리에 따라 결정되는 것이 문제다.

이러한 복지의 정치화는 단기 성과, 예산 낭비, 정책 일관성 훼손이라는 결과를 낳는다. 복지는 한 사람의 인생을 바꾸는 일이다. 따라서 정책은 정권의 성향이 아니라 국가의 장기 전략 안에서 일관되게 설계되어야 한다.

선심성 정책, 누가 그 피해를 입는가

정치화된 복지의 가장 큰 문제는 자원의 비효율적 사용이다. 특정 계층이나 연령에 편중된 선심성 복지는 사회 전체의 형평성과 신뢰를 무너뜨린다. 예를 들어 고령층 표심을 겨냥해 기초연금을 전면 확대하면, 상대적으로 취약한 아동·청년·중장년층에 대한 복지 투자는 줄어든다.

또한 공약 남발로 예산 지출의 우선순위가 왜곡되면 진정 필요한 정책이 밀려나고, 일회성 현금 지원이 반복된다. 이는 복지를 '제도'가 아닌 '이벤트'로 만들며, 국민들에게 "복지는 받을 수 있을 때 빨리 받아야 한다"라는 조급함을 조장한다.

정치에 따라 달라지는 복지 정책은 행정의 혼란도 유발한다. 지자체마다 다른 복지 실험이 반복되고, 정권 교체 시 전면 개편되는 정책은 복지 공무원의 피로도와 국민의 불신을 함께 키운다. 결국 가장 큰 피해자는 정작 복지의 보호를 받아야 할 시민들이다.

복지는 정치 의제가 아니라 국가 전략이 되어야 한다

이제 복지를 정치 논쟁의 대상이 아닌, 국가 운영의 핵심 전략으로 끌어올려야 한다. 이를 위해 필요한 몇 가지 전환이 있다.

첫째, 복지 정책에 대한 '초당적 합의 구조'를 제도화해야 한다. OECD 주요 복지국가들은 주요 복지 정책—예컨대 국민연금 개편, 아동수당, 돌봄 제도—에 대해 국회 내 복지협의체 또는 정당 간 공동위원회를 통해 사회적 합의를 도출한다. 단기 공약이 아닌 중장기 로드맵을 수립해 정권과 무관하게 정책이 지속되도록 설계하는 것이다.

둘째, '정치 주도 복지'가 아닌 '사회 주도 복지'를 확산해야 한다. 시민사회, 전문가 집단, 복지 현장 실무자들의 의견을 제도 설계와 평가 과정에 반영하는 구조를 갖추고 사회적 파트너십을 기반으로 한 복지 거버넌스를 강화해야 한다.

셋째, 공약과 정책 사이의 경계선에 명확한 기준을 세워야 한다. 예산 추계 없는 복지 공약은 허용하지 않고, 공약 이행 시 법률 개정과 재정 확보 방안을 병행하도록 의무화하는 '공약 책임제'를 도입할 수 있다.

넷째, 정치권의 경쟁을 '복지 예산 확대'가 아니라 '복지 구조 혁신'으로 유도해야 한다. 누가 더 많은 수당을 약속하느냐가 아니라, 누가 더 효과적인 정책 설계와 집행 구조를 갖췄는지를 경쟁하도록 만들어야 한다.

복지를 신뢰받는 국가 시스템으로 만들려면

복지는 '관대함'이 아니라 '책임감'에서 출발해야 한다. 국민은 단지 지원금을 받기 위해 세금을 내는 것이 아니라, 국가 시스템이 공정하고 지속 가능하다는 믿음 속에서 세금을 낸다. 그 믿음을 지키는 것이 복지 정책의 핵심 과제다.

첫째, 복지의 '투명성'을 제고해야 한다. 누구에게, 얼마가, 어떤 기준으로, 어떤 효과를 내고 있는지를 국민이 쉽게 알 수 있도록 복지 정보 공개 시스템과 정책 성과 평가 플랫폼을 상시화해야 한다.

둘째, '정책의 예측 가능성'을 높여야 한다. 복지의 방향성이 자주 바뀌면 국민은 불안하고, 특히 고령층과 취약 계층은 생애 계획을 세울 수 없다. 복지 정책은 최소 10년 단위의 계획과 가이드라인을 기반으로 운영돼야 한다.

셋째, '시민의 참여'를 제도화해야 한다. 예산 참여, 정책 설계 공청회, 생활복지 옴부즈맨 제도 등을 통해 복지를 '관의 시혜'가 아닌 '공동체의 설계'로 인식할 수 있도록 해야 한다.

마지막으로, 복지는 단지 생계 보장이 아니라 사회의 품격을 드러내는 기준이다. 정권이 아니라 국민의 삶을 바라보고, 선거가 아니라 미래 세대를 생각하는 복지 정책. 그것이 진정한 복지국가의 길이며, 우리가 지향해야 할 정치의 품격이다.

제5장

교육, 공정을 되살리다

1. 학벌주의를 넘어 실력 사회로
2. 교육 격차 해소, 더 늦기 전에
3. 교육의 국가 책임, 어디까지 가능한가
4. 공교육 신뢰 회복, 교사 자율성 회복부터
5. 대입 제도, 단순화와 투명화가 해법이다

1. 학벌주의를 넘어 실력 사회로

"좋은 학교보다 좋은 사람이 대접받는 사회로"

한국 사회를 지배하는 보이지 않는 서열

한국은 세계적으로도 드물게 학벌이 사회적 계층과 신분을 결정짓는 나라다. 대학 입학이 단순히 교육기관 선택이 아니라 직장, 결혼, 인간관계, 소득 수준까지 영향을 미치는 통과의례가 되어 있다. '어느 학교 나왔는가'는 '어떤 사람인가'보다 먼저 묻는 질문이고, 그 답이 인생의 지형을 결정한다.

물론 교육을 통해 계층 이동을 할 수 있다는 기대는 긍정적일 수 있다. 그러나 그것이 특정 상위권 대학 몇 곳에 모든 가능성을 집중시키는 방식이라면, 공정성과 다양성은 사라지고 만다. 지금의 대학 서열 중심 사회는 수십만 명의 청년에게 좌절과 박탈감을 주며, 무의미한 경쟁을 반복하게 만든다.

더 큰 문제는 학벌이 실력과 무관하게 사람의 가치를 판단하는 기준으로 기능하고 있다는 점이다. 취업에서도, 승진에서도, 심지어 공공 영역에서도 학벌은 여전히 보이지 않는 권력이다. 능력이 아닌 배경이 기회를 결정하는 사회는 지속 가능하지 않다.

입시 경쟁이 아닌, 삶을 준비하는 교육으로

우리 교육은 입시를 위한 교육에 갇혀 있다. 초등학교부터 고등학교까지의 교육이 대학 입학이라는 목표에만 초점을 맞추고 있고, 사교육은 이를 뒷받침하는 거대한 산업으로 자리를 잡았다. 입시는 개인을 가르고, 가정의 삶을 흔들고, 교육의 본질을 왜곡한다.

그 결과 학력은 높아졌지만 실력은 의심받고, 태도와 책임감은 배울 수 없다. 대학을 나온다는 것은 이제 더 이상 전문성과 직업 능력을 담보하지 않으며, 학위는 실력의 지표가 아니라 형식적 자격으로 기능하는 경우가 많다.

이러한 문제를 해결하기 위해선 입시 제도의 개편만으로는 부족하다. 교육 자체의 철학과 방향을 바꾸어야 한다. 지식을 암기하고 순위를 매기는 방식에서, 문제를 해결하고 사회에 기여하는 능력을 키우는 방식으로의 전환이 필요하다.

이제 교육은 '정답 찾기'보다 '질문하는 능력', '점수 맞추기'보다 '역량 증명'이 중심이 되어야 한다. 대학 이름보다 개인의 포트폴리오와 실제 성과가 평가되는 사회, 그것이 실력 사회의 시작점이다.

실력 중심 사회를 위한 정책 대전환

학벌이 아닌 실력을 중심에 두는 사회를 만들기 위해선 교육, 고용, 사회문화 전반에 걸친 다차원적 전환이 필요하다.

첫째, 대입 구조의 전면 개편이다. 수능 중심의 일괄 평가 체계를 다양화하고, 고등학교 교육 과정의 실질 반영, 진로·진학 맞춤형 평가, 고교학점제의 정착을 통해 입시가 교육을 끌고 가지 않도록 해야 한다.

둘째, 채용 시장의 변화가 핵심이다. 공공기관과 민간 대기업이 학력 및 출신 대학 중심 채용을 넘어 실무 평가, 인성 검사, 직무 적합성 중심의 채용을 확대해야 한다. 이를 위해 블라인드 채용의 실효성을 강화하고, 국가 차원에서 직무 중심 채용 표준안을 마련할 필요가 있다.

셋째, 전문대학, 기능 교육기관, 평생교육 체계의 위상 제고가 중요하다. 학문 중심 대학만이 아닌, 실용 중심 교육기관이 사회적으로 인정받을 수 있도록 하고, 기능인·기술인 양성 과정을 고교 - 대학 - 기업 연계로 발전시켜야 한다.

넷째, 사회적 인식 개선 캠페인도 병행되어야 한다. "어디 나왔는가"가 아니라 "무엇을 할 수 있는가"가 중요한 사회, "어떻게 살아왔는가"가 존중받는 사회로의 전환을 위해 공공기관부터 솔선수범해야 한다.

학벌주의 타파는 공정 사회의 출발점이다

공정한 사회는 능력 있는 사람이 정당한 대우를 받고, 출발선의 차이가 도착선의 차이로 고착되지 않는 사회다. 학벌주의는 그런 공정을 무너뜨리는 대표적 구조다. 출신 대학이 기회의 문을 여는 구조가 지속된다면, 교육은 계층 이동의 사다리가 아니라 차별의 벽이 된다.

첫째, 고등교육 체제 전반의 구조 개편이 필요하다. 대학 간 서열을 완화하고, 지역 대학의 경쟁력을 키우며, 온라인·융합·전문 교육 과정을 확대함으로써 진학보다 진로 중심의 고등교육 생태계를 구축해야 한다.

둘째, 기업과 국가의 인재 채용 및 평가 기준을 공정하게 만들 의무가 있다. 출신 학교를 묻지 않고, 실제 수행한 프로젝트와 직무 성과를 중심으로 인재를 판단하는 문화가 정착돼야 한다. 고용노동부, 교육부, 공공기관이 앞장서서 이 기준을 제도화해야 한다.

셋째, 학벌보다 능력과 태도가 평가되는 '시민사회적 기준'을 확산해야 한다. 언론, 방송, 문화계 등 사회의 여론 형성 기관들이 '서울대 출신'이 아니라 '이런 문제를 해결한 사람'으로 인물을 소개하는 방식의 전환이 필요하다.

학벌 중심 사회에서 실력 중심 사회로의 전환은 단기간에 이룰 수 없다. 그러나 지금 이 전환을 시작하지 않으면 한국 사회는 불신과 양극화의 늪에서 벗어날 수 없다. 더 이상 '간판이 실력'이라는 신화는 통하지 않는다. 우리는 지금, '사람이 실력'인 사회를 만들어야 한다.

2. 교육 격차 해소, 더 늦기 전에

"출발선이 다르면 공정도 없다"

교육 불평등이 고착되고 있다

한국 사회의 교육은 오랫동안 계층 상승의 사다리 역할을 해왔다. 하지만 지금은 그 사다리가 점점 사라지고 있다. 부모의 소득, 거주지, 정보력에 따라 자녀의 교육 기회가 결정되는 구조는 이미 고착화 단계에 접어들었다.

사교육 시장은 연간 26조 원을 넘어서며, 소득 상위 20% 가정의 사교육비는 하위 20%의 9배를 넘는다. '강남 8학군'이나 '자사고 - 특목고 - 명문대'로 이어지는 엘리트 코스는 상위층의 전유물이 되었고, 지방과 저소득층 학생은 기회의 절벽 앞에 서 있다.

이러한 격차는 단지 대학 진학률 차이를 넘어 직업 선택, 소득 수준, 심지어 자존감과 사회적 관계까지 영향을 미치는 '생활 전반의 불균형'으로 이어지고 있다. 교육 불평등은 미래 불평등의 시작이며, 더 이상 개인의 노력만으로는 극복하기 어려운 구조가 되어 버렸다.

'같은 교실, 다른 교육'의 현실

지금도 전국의 학생들은 똑같은 교과서를 들고 같은 수업을 듣는다. 하지만 학습의 질, 이해도, 학업 성취도는 크게 다르다. 교사의 역량, 가정의 지원, 학교의 인프라, 지역사회의 학습 환경 등이 복합적으로 작용하면서 '같은 교육'을 받아도 결과는 다르게 나타난다.

특히 농산어촌, 저소득층 밀집 지역, 다문화 가정 학생 등은 학습 결손 위험이 크고 회복 기회는 적다. 돌봄 공백, 학습 격차, 진로 탐색의 제약, 비교육 환경 노출 등의 문제는 코로나19를 계기로 더욱 악화되었다.

또한 디지털 교육 확산이 새로운 양극화를 초래하고 있다. 고성능 기기, 안정적인 인터넷, 조력자의 유무에 따라 원격 수업의 효과가 완전히 달라진다. 디지털 시대의 교육 격차는 이제 단순한 정보 접근이 아닌, '학습 수행력 격차'로 발전하고 있다.

결국 '같은 교실' 안에서도 실질적으로는 전혀 다른 교육이 이뤄지고 있으며, 이 격차가 누적되면 출발선은 더 이상 회복될 수 없는 격차로 남는다.

교육 격차 해소를 위한 실질적 개입이 필요하다

교육 격차 해소는 이제 선택이 아니라 국가의 생존 전략이다. 단지 평균 성적 향상이 아니라 최소 학습 수준을 보장하고, 취약 계층이 사회에서 도태되지 않도록 하는 체계적 개입이 시급하다.

첫째, 기초학력 보장 체계를 전면 강화해야 한다. 학년별 학습 부진 학생을 조기에 진단하고, 개별 맞춤형 지원(방과후 튜터링, 진도 맞춤반, AI 학습 도우미 등)을 통해 학습 결손을 복구해야 한다. 이를 위해 교사 1인당 학생 수 감축, 협력 교사 확충, 공교육 내 전문 학습 지원 인력 배치가 병행돼야 한다.

둘째, 지역 간 교육 격차 해소를 위한 국가 책임제 도입이 필요하다. 열악한 교육 여건에 있는 지역에는 '교육복지특구'를 지정해 교사 인센티브, 인프라 보강, 대학 연계, 진로 체험 확대 등 전방위 지원을 해야 한다. 교육이 서울 중심으로 수렴되는 구조를 해소하지 않으면 수도권 집중과 지방 소멸은 더 심화될 것이다.

셋째, 디지털 기반의 공공교육 플랫폼을 정비해야 한다. 누구나 무료로 고품질 강의를 보고, 수준별·주제별로 학습할 수 있는 온라인 플랫폼을 구축하고, 이를 교사와 연계하여 개별 학습의 질을 높일 수 있어야 한다.

넷째, 방과후 돌봄과 학습 연계를 강화해 저소득층 가정의 교육 공백을 메워야 한다. 단순 돌봄이 아니라, 학습 지도와 생활 코칭이 결합된 복합 모델이 필요하며, 민관 협력을 통해 지역 기반 교육 생태계를 구축해야 한다.

기회의 평등은 교육에서 시작된다

교육 격차 해소는 단순한 복지 정책이 아니다. 그것은 기회의 평등을 실현하고, 능력 중심 사회로 가기 위한 첫 단추다. 출발선이 공정해야 경쟁도 공정하고, 결과도 신뢰받을 수 있다.

첫째, 정치적 유불리를 떠나 교육 복지의 보편화를 제도화해야 한다. 학용품, 급식, 교통비, 방과후 수업비 등 기본 교육 활동에서 누구도 차별받지 않도록 하는 '기초교육권 보장법'과 같은 제도 정비가 필요하다.

둘째, 청소년기에 다양한 교육 경험이 가능한 구조를 설계해야 한다. 음악, 체육, 독서, 예술, 토론, 환경 교육 등이 특정 계층의 특권이 되지 않도록, 공공 영역에서 체계적이고 질 높은 교육 콘텐츠를 제공해야 한다.

셋째, 교육 격차 해소를 위한 데이터 기반 정책이 필수다. 교육 격차를 계량화하고, 지역별·계층별 성취도를 추적하며, 실시간으로 정책을 조정할 수 있는 데이터 관리 체계가 필요하다.

　마지막으로, 교육은 결과가 아니라 '기회'에서 시작돼야 한다. 아이의 출생지가, 부모의 소득이, 사는 동네가 미래를 결정짓지 않도록, 국가는 '기회의 재분배자'로서 교육 정책을 설계해야 한다.

3.
교육의 국가 책임, 어디까지 가능한가

"교육이 무너지면 사회도 무너진다"

'무상 교육'에서 '공공 책임 교육'으로

한국은 2021년부터 고교 무상 교육을 전면 시행하고 있다. 초중고 교육이 모두 무상으로 전환되었다는 점에서 의미 있는 진전이다. 하지만 무상 교육이 곧 국가 책임 교육을 뜻하지는 않는다. 등록금 부담이 줄었다고 해서 모든 교육비가 사라진 것도 아니고, 학습 격차나 진로 기회의 불균형이 해소된 것도 아니다.

현실은 다르다. 입시와 사교육의 부담은 여전하고, 학습 지원, 돌봄, 진로 설계 등에서 국가의 역할은 제한적이다. '학교만 다니면 된다'라는 보장은 사라진 지 오래다. 무상 교육은 교육비 부담 완화의 시작일 뿐, 국가가 교육의 본질적 책임을 다하기 위한 구조적 혁신이 필요하다.

　공공 책임 교육이란 단지 수업료를 없애는 것이 아니라 국가가 교육의 질과 기회, 환경, 결과에 대해 일정 수준 이상의 평등과 형평성을 보장하는 체계를 의미한다. 이제는 무상이라는 형식을 넘어, 실질적 책임을 묻고 실효성 있는 개입이 필요한 시점이다.

왜 교육의 공공성이 약해졌는가

　한국에서는 오랫동안 '교육열'이라는 특수한 문화 아래, 공교육보다 사교육이 더 신뢰받는 역전 현상이 벌어져왔다. 사교육은 입시를 위한 '필수 옵션'이 되었고, 공교육은 기본만 충족하는 '베이스라인'으로 여겨졌다. 이는 교육 공공성 약화의 단면이다.

　또한 초·중등 교육은 국가의 책무가 비교적 잘 수행되는 반면, 대학 교육과 평생교육, 직업교육 등은 시장과 개인의 책임으로 떠넘겨져 있다. 대학 등록금은 여전히 OECD 상위권 수준이고, 학점은행제나 기술 교육 등도 공공 시스템보다 민간기관에 의존하고 있다.

　여기에 정치적 논쟁으로 교육 정책이 휘둘리고, 정권이 바뀔 때마다 교육 철학과 방향이 뒤바뀌면서 신뢰는 더 떨어졌다. 교사는 '관리 대상'이 되었고, 학부모는 학교를 '감시'하며, 학생은 교육을 '서비스'로 받아들인다. 국가와 시민 간의 교육 계약은 점점 해체되고 있다.

이러한 공공성의 약화는 결국 교육을 계층 재생산의 도구로 전락시키고, 공교육의 가치와 존립 근거를 훼손하게 된다. 교육의 국가 책임이 약해지면, 사회는 무너진다.

교육 국가로 가기 위한 제도적 기반

교육의 국가 책임을 강화하기 위해서는 단순한 재정 확대나 제도 개편을 넘어, 국민 모두가 믿고 기대할 수 있는 시스템 설계가 필요하다.

첫째, 공교육의 질 향상이 핵심이다. 교사의 전문성과 자율성을 높이고, 교육 과정의 다양화와 유연화를 보장해야 한다. 단순 지식 전달이 아니라 문제 해결력, 창의성, 공동체 감수성을 기르는 교육으로 나아가야 한다. 이를 위해 교사 연수, 수업 혁신, 평가 방식 전환 등이 동반되어야 한다.

둘째, 사교육 의존도를 줄이는 공공 대안 마련이 필요하다. AI 기반 학습 튜터, 국가 주도의 온라인 콘텐츠, 지역 학습 지원 센터 등으로 공교육의 외연을 확장하고, 방과후학교를 강화해 사교육 없이도 충분한 학습이 가능하도록 해야 한다.

셋째, 고등교육에 대한 국가 책임도 강화되어야 한다. 대학 등록금 경감, 지방대학 혁신, 국가장학금 확대, 직업계고 - 전문대학 -

산업체 간 연계 체계 구축을 통해 고등교육이 능력 개발의 장이자 계층 이동의 발판으로 기능할 수 있어야 한다.

넷째, 평생학습 체계의 국가화도 필수적이다. 저출산·고령화 사회에선 생애 전환기마다 교육이 필요하다. 그러나 현재의 평생교육은 민간기관 중심으로, 비용·접근성·품질 면에서 한계가 많다. 이를 국가 인프라 차원에서 공공기관이 책임지고 제공해야 한다.

교육은 공동체가 함께 책임져야 한다

교육의 국가 책임은 단지 정부의 역할만을 의미하지 않는다. 국가 - 지역사회 - 가정 - 학교가 함께 교육의 품질과 형평성을 보장하는 '공동 책임 구조'가 필요하다.

첫째, 지역 교육 거버넌스를 제도화해야 한다. 지역사회 내 학교, 지자체, 대학, 기업, 시민단체가 교육 의제를 공동으로 설정하고 실행할 수 있는 협치 구조가 마련되어야 한다. 학교 밖의 자원이 아이들의 성장에 기여하는 체계가 필요하다.

둘째, 교육 복지의 통합 시스템이 필요하다. 기초수급, 저소득층, 한부모, 다문화 등 다양한 취약 계층 학생들이 중복되거나 단절 없이 통합 지원받을 수 있도록, 통합정보시스템과 복지·보건·교육의 원스톱 행정이 필요하다.

셋째, 교사에 대한 신뢰 회복과 전문성 인정이 선행되어야 한다.

교사는 행정 업무의 피로와 학부모의 불신 속에서 소진되고 있다. 교육의 질은 교사에 달려 있다. 이들의 자율성과 리더십을 회복시킬 수 있도록 평가 기준과 조직 문화를 혁신해야 한다.

넷째, 교육을 '공공재'로 바라보는 사회적 합의가 중요하다. 교육은 개인의 수단이 아니라 사회 전체의 미래를 위한 투자다. 이를 위해 모든 국민이 교육의 공동 책임자라는 인식을 가질 수 있도록, 지속적인 소통과 교육 캠페인이 필요하다.

결국 교육의 국가 책임은 '누가 책임지느냐'보다 '얼마나 함께 책임질 수 있느냐'에 대한 질문이다. 이 질문에 모두가 참여할 때, 한국 사회는 교육 국가로 한 걸음 더 나아갈 수 있다.

4. 공교육 신뢰 회복, 교사 자율성 회복부터

"좋은 교육은 결국 좋은 교사에게서 나온다"

무너진 교단, 흔들리는 공교육

　최근 수년간 공교육에 대한 국민적 신뢰가 흔들리고 있다. 학교는 더 이상 '믿고 맡길 수 있는 공간'이 아니며, 교사는 존경받는 존재'에서 '감정 노동자'로 내몰리고 있다. 학생의 학습권과 교사의 교육권 모두 위태로운 경계에 서 있고, 교실은 학습의 공간이 아니라 통제와 충돌의 현장이 되어버렸다.

　특히 일부 학부모의 과도한 민원, 교권을 침해하는 악성 민사·형사 고발, 잦은 교육 정책 변경과 복잡한 행정 업무는 교사들의 피로도를 높이고, 현장을 탈진시키고 있다. 교사 자살 사건과 고발 사건이 반복되는 현실은, 단지 몇몇 개인의 문제가 아니라 제도와 사회가 함께 만든 구조적 문제다.

이러한 상황은 학생들의 학습권 침해로 이어지고, 공교육 이탈 현상—사교육 집중, 홈스쿨링 증가, 외고·특목고 쏠림—으로 이어진다. 결국 신뢰를 잃은 공교육은 경쟁력을 잃고, 공정한 기회의 통로로서의 기능도 상실한다.

교사는 행정 노동자가 아니다

교사는 수업을 통해 학생의 성장을 이끄는 전문 직업인이다. 그러나 지금의 교육 현실은 교사를 수업보다 행정에 더 많은 시간을 쓰게 만들고 있다. 학교폭력 처리, 안전 매뉴얼 작성, 각종 공문 대응, 민원 응대 등 수업 외 업무가 과도하게 증가하면서 본연의 역할은 밀려나고 있다.

여기에 성적 관리, 학교 평가 대응, 교육청 지시 사항 이행 등 과잉 평가 체제는 교사를 숫자와 서류의 세계에 가둬버렸다. 교육의 질을 높이기보다, 지표를 맞추는 데 집중하는 왜곡된 풍토가 만들어진 것이다.

무엇보다 교사의 자율성 침해가 문제의 핵심이다. 수업 내용, 평가 방식, 학생 지도 등에서 교사의 전문적 판단보다 '표준화된 지침'과 '민원 우려'가 우선되고, 실험적 교육 시도는 위축된다. 이는 결국 교사의 사기 저하로 이어지고, 우수 인재가 교직을 기피하게 만드는 악순환을 낳는다.

교사 자율성 회복은 교육 개혁의 출발점

공교육이 다시 신뢰를 얻기 위해서는 무엇보다 교사가 자율성과 책임을 가진 전문인으로 대우받는 구조를 회복해야 한다. 이는 단지 교사의 권리 보장이 아니라, 교육의 질을 높이고 학생에게 더 나은 학습 경험을 제공하기 위한 필수 조건이다.

첫째, 교권 보호를 위한 제도 정비가 시급하다. 악성 민원으로부터 교사를 보호하는 법적 장치—예방적 고지, 무분별한 고소·고발 제한, 교육 활동 보호법의 실효성 강화—가 필요하며, 교사에 대한 허위사실 유포와 인격 모독에 대해선 법적 대응이 가능해야 한다.

둘째, 교사의 업무 총량을 줄이고 수업 중심 구조로 개편해야 한다. 행정 업무의 통합·간소화, 교무행정 인력 확충, 업무분장 재설계 등을 통해 교사가 수업과 연구에 집중할 수 있는 환경을 만들어야 한다.

셋째, 교사 평가와 승진 체계를 혁신해야 한다. 학습 성과, 학생 피드백, 수업 개선 노력 등 교육적 관점에서 교사를 평가하고, 관리 중심이 아닌 교육 전문성 중심의 승진·보직 체계를 구축해야 한다. 교장이 관리자라기보다 교육 리더로 기능할 수 있도록 역할과 권한도 재설계해야 한다.

넷째, 교사 연수 체계의 질적 전환도 필수적이다. 관행적 연수에서 벗어나 교사의 선택권과 참여를 확대하고, 실제 수업 혁신에 기여할 수 있는 실용 중심, 현장 중심의 연수 체계가 마련돼야 한다.

공교육 회복은 교사의 회복에서 시작된다

좋은 교육은 결국 좋은 교사에게서 나온다. 교사가 존중받는 교실, 교사가 성장하는 학교, 교사가 실험할 수 있는 교육 환경이 공교육 회복의 시작점이다.

첫째, 교육청과 정부는 규제자·감시자가 아니라 지원자로 역할을 전환해야 한다. 교사의 실패를 문책하기보다 도전과 실험을 장려하는 문화, 교육 현장의 다양성과 자율성을 인정하는 리더십이 필요하다.

둘째, 학교를 '성과 관리'의 공간이 아닌, '성장 촉진'의 공간으로 재정의해야 한다. 서열화된 평가, 수치화된 지표, 상벌 중심의 체계를 넘어 학교가 학생과 교사가 함께 배우는 공동체로 작동할 수 있어야 한다.

셋째, 학부모와 사회도 교사에 대한 인식을 전환해야 한다. 교육은 계약이 아니라 신뢰를 바탕으로 하는 공동체적 활동이다. 교사는 서비스 제공자가 아니라, 아이의 미래를 함께 책임지는 동반자임을 인정해야 한다.

 마지막으로, 교사 자율성 회복은 민주주의 교육의 시작이다. 질문을 허용하고, 다양성을 인정하며, 창의를 격려하는 교실은 권위적 지시와 수직적 통제에서 나올 수 없다. 교사가 자율적일 때, 학생도 주체적으로 성장할 수 있다.

 공교육의 위기를 넘기 위해선 교사의 회복이 먼저다. 교사가 존중받고 자율성을 갖는 사회, 그것이 공교육의 마지막 희망이고 교육 개혁의 출발선이다.

5.
대입 제도, 단순화와 투명화가 해법이다

"신뢰 없는 입시는 불신의 사회를 만든다"

복잡하고 불투명한 입시, 교육의 신뢰를 무너뜨리다

한국 교육의 중심에는 언제나 대학 입시가 있다. 수많은 교육 정책이 입시를 고려해 설계되고, 교사와 학생, 학부모의 교육 선택도 결국 대학 진학 전략에 의해 좌우된다. 그러나 지금의 입시 제도는 지나치게 복잡하고 불투명하다.

정시, 수시, 학생부종합전형, 교과전형, 논술전형, 특기자전형 등 다양한 전형이 존재하지만 그 구조는 일반인이 이해하기 어려운 수준이다. 수십 개 대학마다 전형 요소와 반영 비율, 가산점 기준이 다르고, 매해 바뀌는 기준에 따라 예측 가능성은 떨어진다.

이로 인해 학생과 학부모는 사교육에 의존할 수밖에 없으며, 입시 제도에 대한 신뢰는 해마다 낮아지고 있다. 특히 조국 사태 이후 학생부종합전형에 대한 불신은 커졌고, 입시가 공정하지 않다는 인식이 교육 시스템 전반의 불신으로 이어졌다.

입시는 교육의 방향타가 되어서는 안 된다

입시는 분명 중요한 제도다. 하지만 지금처럼 입시가 교육 전체를 지배해서는 안 된다. 학생의 삶은 대학 입시를 위한 준비물이 아니며, 학교 교육은 정답을 맞히는 훈련장이 아니다. 입시는 교육의 일부일 뿐, 전부가 되어서는 안 된다.

문제는 입시 제도의 설계가 교육 내용과 방법을 왜곡하고 있다는 점이다. 내신 경쟁으로 인한 성적 줄 세우기, 교과서 외 수업 회피, 창의적 활동보다 스펙 관리에 집중하는 분위기, 진로 탐색보다는 점수 최적화에 몰입하는 교육은 모두 입시 구조에서 비롯된 현상이다.

입시를 정교하게 설계할수록 그에 대한 '전략적 대응'만 정교해진다. 결과적으로 사교육 시장만 확장되고, 교육의 본질은 소외된다. 특히 입시 정보의 비대칭성과 유불리에 따라 기회의 격차가 커지고, 공정 경쟁은 요원해진다.

이제는 입시 제도를 간소화하고 투명하게 만들지 않으면 교육도 공정도 회복될 수 없다. 입시는 대학의 자율성과 학생의 선택권을 보장하되, 사회 전체가 납득할 수 있는 기준과 방식이 되어야 한다.

대입 제도 개편의 기본 원칙

대입 제도 개편의 핵심은 단순화와 투명화다. 누구나 이해할 수 있고, 예측할 수 있으며, 불공정 시비가 없는 제도가 되어야 한다. 이를 위한 기본 방향은 다음과 같다.

첫째, 전형 구조의 통합과 단순화가 필요하다. 수시는 학생부 중심으로, 정시는 수능 중심으로 명확히 이원화하고 복잡한 전형 요소와 가산점, 자소서, 면접 등 주관적 요소는 최소화해야 한다. 대학별 고사와 논술 등 사교육 유발 전형은 단계적으로 축소해야 한다.

둘째, 학생부 기록의 공정성과 신뢰성을 확보해야 한다. 교사의 평가 재량은 보장하되, 기록 기준의 객관성과 일관성을 높이는 지침이 필요하다. AI 기반 자동 분석, 학교 간 성취도 보정 시스템 등 기술적 보완도 도입할 수 있다.

셋째, 수능의 절대평가 전환과 적정 난이도 유지도 검토해야 한다. 수능이 지나치게 변별력 중심일 경우 고교 교육 과정을 왜곡할 수 있으므로, 고교학점제와 연계하여 선택과목 중심의 적정 평가 체계를 구축해야 한다.

넷째, 대학의 전형 자료와 평가 기준을 완전 공개해야 한다. 입학 사정관의 평가 방식, 반영 지표, 서류 평가 기준 등을 투명하게 공개하고 국민 누구나 신뢰할 수 있는 절차를 만들어야 한다.

입시는 공정한 출발선을 설계하는 일

입시는 단지 학생을 선발하는 제도가 아니라 공정한 기회의 출발선을 설계하는 일이다. 이 제도가 신뢰를 잃으면, 사회 전체의 계층 이동 구조도 함께 무너진다.

첫째, 교육부는 입시 제도의 안정성을 최우선으로 삼아야 한다. 정권마다 입시 구조를 바꾸는 것이 아니라, 장기 로드맵을 통해 최소 5~10년 단위로 계획을 수립하고, 학생과 학부모, 학교가 예측 가능한 환경을 조성해야 한다.둘째, 입시를 넘어서 진로 중심 교육 체제로 전환이 필요하다. 대학 진학 외에도 다양한 진로 경로를 제시하고, 진로 설계 교육, 현장체험학습, 고교 - 대학 - 산업체 연계를 통해 '인생 입시'로서의 진학과 취업 준비를 병행해야 한다.

셋째, 정보의 비대칭성을 해소하는 공공 지원을 강화해야 한다. 공공 입시정보 플랫폼 고도화, 온라인 모의 지원 서비스, 지역별 진학 상담센터 확충 등으로 누구나 입시 전략과 진학 정보에 동등하게 접근할 수 있어야 한다.

넷째, 입시는 단순히 성적만으로 서열화하는 도구가 아니라 다양한 가능성과 잠재력을 공정하게 측정하는 제도가 되어야 한다. 이를 위해선 학생의 역량을 입체적으로 보되, 주관성과 불공정을 배제하는 기술과 제도가 함께 작동해야 한다.

입시 제도가 투명하고 단순해질 때 학교는 교육에 집중할 수 있고, 학생은 배움에 몰입할 수 있다. 교육은 더 이상 게임이 아니며, 입시는 그 룰을 만드는 제도가 아니다. 입시는 교육을 위한 수단이지, 교육의 목적이 될 수 없다.

제6장

과학기술, 미래를 준비하다

1. 연구개발, 양보다 질이 중요하다
2. 인재 양성 체계, 혁신적으로 바꿔야 한다
3. 디지털 주권, 데이터 주권부터 확립하자
4. 인공지능 시대, 윤리가 경쟁력이다
5. 우주와 해양, 개척 국가로 나아가자

1. 연구개발, 양보다 질이 중요하다

"과학기술은 국가의 엔진이자 미래의 설계도이다"

성과로 이어지는 R&D, 무엇이 다른가

대한민국은 세계 최고 수준의 연구개발(R&D) 예산을 집행하고 있다. 2024년 기준으로 R&D 예산은 30조 원을 넘어 GDP 대비 약 5%에 달한다. 숫자만 보면, 우리는 이미 과학기술 강국처럼 보인다. 그러나 문제는 '얼마나 많이 투자했느냐'가 아니라, '얼마나 잘 투자했느냐'이다.

실제로 이 많은 예산이 산업 현장에서 실질적인 성과로 이어지지 못하고 있다. 논문 수는 늘었지만 실용화된 기술은 부족하고, 중복된 과제가 난무하며 부처 간 협업은 여전히 약하다. 이는 과학기술이 국가 전략으로서 제대로 기능하지 못하고 있음을 보여준다. R&D는 단순한 예산 분배가 아니라, 명확한 목표와 연계 전략이 있어야 효과를 발휘한다.

연구개발이 성과로 이어지려면 단순히 기술을 개발하는 것에 그쳐서는 안 된다. 기술 개발 → 생산 → 소비로 이어지는 일련의 과정을 하나의 시스템 안에 통합해야 한다. 다른 나라의 성공 사례를 보면, 단순한 예산 지원이 아니라 기술의 실용화, 산업화까지 염두에 둔 구조적 연계가 있었다.

우리도 마찬가지로, 연구 성과가 산업 현장에 바로 투입될 수 있도록 제도적 기반을 마련해야 한다. 기업이 연구소와 협업할 수 있고, 연구 인력이 산업 현장에 자연스럽게 녹아들 수 있어야 한다. 이를 위해서는 부처 간 R&D 연계를 강화하고, 유사 과제의 중복을 방지하는 조정 시스템이 필요하다.

무엇보다 중요한 건, 연구를 시작할 때부터 "이 연구가 어디에 쓰일 것인가", "어떻게 구현될 수 있는가"라는 질문을 던지는 것이다. 목적 없는 연구는 성과 없는 연구가 되기 쉽다.

양보다 중요한 역량 중심 인재 양성

그동안 우리는 이공계 인력을 많이 배출하는 데 초점을 맞췄다. 정원을 늘리고 장학금을 주고, 대학원 중심으로 연구 인력을 양성해왔다. 하지만 숫자만 늘려서는 미래를 대비할 수 없다. 지금 필요한 것은 실제로 일을 할 수 있는, 현장에서 바로 활용 가능한 실전형 인재다.

AI, 반도체, 우주 산업, 양자기술 등 첨단 기술이 빠르게 발전하는 시대에는 단일 전공 지식만으로는 부족하다. 다양한 전공을 융합하고, 문제 해결 능력과 현장 적응 능력을 함께 갖춘 인재가 필요하다. 이를 위해선 교육 내용부터 바꿔야 한다. 단순한 강의 중심 교육에서 벗어나, 실습과 프로젝트 중심의 역량 기반 교육으로 전환해야 한다.

또한 학부 - 대학원 - 기업 - 연구기관이 하나의 연결고리로 작동할 수 있도록 연계 교육 체계를 강화해야 한다. 교육이 산업과 연결되지 않으면, 인재는 길러져도 제자리를 찾지 못하게 된다.

끊어진 고리를 다시 잇자: 교육 - 연구 - 산업의 연결

우리나라의 과학기술 인재 정책은 지금까지 교육, 연구, 산업이 각자 따로 움직여왔다. 대학은 이론 중심의 교육, 연구소는 논문 중심의 연구, 기업은 실무 중심의 인재를 찾는다. 이 구조에서는 인재가 온전히 활용되지 못한다.

이제는 이 세 영역을 하나로 통합해야 한다. 즉, 교육 - 연구 - 산업의 연계 생태계를 구축해야 한다. 학생이 대학에서 이론을 배우고, 연구소에서 실험을 수행하며, 기업에서 실제로 일해보는 경험을 쌓도록 해야 한다. 이를 위해 산학협력, 인턴십, 기업 멘토링 등의 프로그램이 확대되어야 한다.

정부는 직무별로 어떤 인재가 필요한지 예측하고, 그에 맞는 교육 프로그램을 지원해야 한다. 시험 중심의 교육을 넘어 프로젝트와 협업 중심의 학습을 도입하고, 평가 기준도 창의성과 과정 중심으로 전환해야 한다.

인재는 '자원'이 아니라 '주역'이다

결국, 모든 과학기술 정책의 핵심은 사람이다. 그리고 이 사람을 대하는 국가의 태도가 달라져야 한다. 지금까지는 장학금 지급이나 일자리 수급 같은 단기적 접근이 많았다. 그러나 인재는 단기 과제가 아니라, 장기 전략의 중심이어야 한다.

박사 과정 이후 진로의 불안정은 대표적인 문제다. 박사 후 연구원이 안정적인 경력을 쌓을 수 있는 연구 트랙을 보장하고, 창업이나 민간 연구소 진출과 같은 다양한 길을 설계해줘야 한다. 또한 해외로 빠져나간 인재가 다시 돌아올 수 있도록 의미 있는 연구 과제, 경쟁력 있는 처우, 사회적 존중을 제공해야 한다.

기초과학과 응용기술 모두 균형 있게 키워야 하며, 창의성과 도전 정신을 북돋을 수 있는 문화도 함께 만들어야 한다. 인재는 정책으로만 만들어지지 않는다. 환경과 기회, 존중이 함께할 때 자란다. 그 출발점은 국가가 인재를 대하는 태도에서부터 시작된다.

  이처럼 과학기술 정책의 핵심은 단순한 예산이나 통계 수치가 아니라, 전략적 안목과 사람 중심의 체계 설계에 달려 있다. 미래는 준비된 인재가 만들어낸다.

2.
인재 양성 체계, 혁신적으로 바꿔야 한다

*"과학 인재는 숫자로 찍어내는 것이 아니라,
현장에서 길러내야 한다"*

숫자 늘리기에 집중한 인재 정책, 이제는 한계다

그동안 우리나라의 과학기술 인재 정책은 '얼마나 많이 양성했느냐'에 초점이 맞춰져 있었다. 이공계 대학 정원을 늘리고, 전공별 장학금을 제공하며, 대학원 중심으로 연구 인력을 배출하는 것이 중심이었다. 실제로 이 덕분에 과학기술 인재의 수는 눈에 띄게 늘어났다. 하지만 문제는 '숫자'가 아니라 '역량'이다.

현장에서는 문제 해결 능력, 데이터 분석력, 실무 경험을 갖춘 인재를 원하지만, 교육 현장은 여전히 논문 작성과 이론 중심의 교육에 머물러 있다. 그 결과, 전공은 살렸지만 취업은 어려운 청년들, 해외로 빠져나가 돌아오지 않는 고급 인재들이 늘고 있다. 공급은 늘었지만 수요와 맞지 않으니, 인재의 낭비가 발생하고 있는 셈이다.

이제는 단순히 '많이 뽑는' 전략이 아니라, '잘 기르는' 전략으로 전환해야 한다. 교육의 방식, 정책의 철학, 현장과의 연계 방식까지 전반적인 구조 혁신이 필요한 시점이다.

융합형, 실전형 인재가 시대의 요구다

기술이 고도화되고 융합이 가속화되는 시대다. AI, 반도체, 양자 기술, 우주 산업 같은 첨단 분야에서는 하나의 전공 지식만으로는 대응이 어렵다. 예컨대 반도체는 물리, 전자공학, 재료공학의 융합이며, AI는 수학, 통계, 컴퓨터공학뿐 아니라 윤리와 법까지 아우른다. 이런 변화 속에서 요구되는 인재는 단순한 '전공자'가 아니라 문제를 정의하고, 다양한 관점을 융합해 해결할 수 있는 실전형 인재다.

이를 위해 교육 방식도 달라져야 한다. 단순히 교재를 읽고 시험을 보는 수업이 아니라, 실제로 문제를 해결해보는 프로젝트 기반 학습, 다양한 전공이 함께 모여 협업하는 팀 프로젝트, 현장에서 실무를 직접 경험해보는 인턴십 프로그램이 핵심이다.

여기에 산업계와 교육계, 연구계의 협력이 필수다. 기업은 실전 지식과 현장의 생생한 문제를 제공하고, 대학은 이를 이론적으로 정리해주며, 연구소는 혁신적인 해결책을 제시해야 한다. 이 세 주체가 함께 교육 과정을 설계하고, 실습을 운영하며, 평가까지 공유할 수 있는 체계를 구축해야 진짜 인재가 길러진다.

교육·연구·산업을 잇는 다리가 필요하다

현재 우리나라의 인재 양성 체계는 대학, 연구소, 기업이 각각 제 역할만을 하고 있을 뿐, 그 사이 연결고리가 매우 약하다. 대학은 학위를 주고, 연구소는 논문을 쓰며, 기업은 실무 인재를 따로 구한다. 이처럼 분절된 구조에서는 인재가 제자리를 찾기 어렵고, 교육의 결과가 산업으로 이어지지 않는다.

이 단절을 해결하려면 현장 연계형 교육 시스템을 강화해야 한다. 예를 들어 기업 실무자가 직접 대학 강의에 참여하거나, 인턴십을 학점으로 인정하고, 연구소에서 진행되는 실험을 수업과 연계시키는 방식이 필요하다. 학생들이 대학에만 머물지 않고, 산업과 연구 현장을 오가며 실전 감각을 익힐 수 있도록 교육 체계를 설계해야 한다.

또한 국가 차원의 인재 양성 플랫폼 구축도 시급하다. 어느 분야에 어떤 인재가 필요한지를 분석하고, 이에 따라 필요한 교육과 훈련 과정을 제공하며, 수료 후에는 적절한 일자리로 이어지도록 시스템화해야 한다. 단순히 배운 지식이 아니라, 실제 직무와 연결되는 '경험 기반'의 교육이 필요하다.

수업 방식도 바뀌어야 한다. 정답을 외워 맞히는 시험 위주에서 벗어나 문제 해결 중심의 수업, 팀 단위 실습, 실험과 토론 중심의 수업으로 전환해야 한다. 그래야 비로소 생각하는 인재, 협력하는 인재, 도전하는 인재가 자란다.

인재를 대하는 태도가 미래를 결정한다

가장 중요한 것은 국가가 과학기술 인재를 어떻게 대하느냐이다. 인재를 단순히 숫자나 통계로만 보는 것이 아니라, 한 명 한 명이 국가의 미래를 책임질 설계자라는 인식이 있어야 한다. 이들이 연구에 몰두할 수 있도록 안정적인 환경을 제공하고, 창의적으로 도전할 수 있는 문화도 만들어야 한다.

박사 과정을 마친 후 연구를 이어가고 싶어도 마땅한 자리가 없어 외국으로 떠나는 일이 많다. 이런 인재들이 국내에서도 꿈을 실현할 수 있도록 박사 후 연구 트랙, 창업 지원, 민간 연구소 진출 연계 시스템 등이 필요하다. 해외 유출 인재를 다시 돌아오게 하기 위해서는 단순한 보수 인상만으로는 부족하다. 의미 있는 연구 과제, 사회적 존중, 가족과 함께 살 수 있는 환경이 함께 주어져야 한다.

또한 기초과학과 응용기술의 균형 잡힌 인재 양성도 필요하다. 눈앞의 산업 수요만 따라가는 '소모형 양성'이 아니라, 창의성과 탐구심을 길러주는 교육 환경이 마련돼야 한다. 연구비도 단기 실적이 아닌 장기 연구에 더 과감히 투자해야 하며, 실패를 두려워하지 않고 도전하는 문화를 지원해야 한다.

결국, 인재는 자연스럽게 생기는 것이 아니다. 좋은 교육, 충분한 실습, 그리고 존중받는 환경이 있어야 자란다. 국가가 인재를 어떻게 대하느냐에 따라 미래가 달라진다. 과학기술의 경쟁력은 결국 사람에서 나오며, 사람을 중심에 둔 정책이야말로 진짜 미래 전략이다.

3. 디지털 주권, 데이터 주권부터 확립하자

"데이터는 21세기의 석유다.
주권 없는 디지털은 허상이다"

디지털 시대, 주권 개념이 바뀌고 있다

우리는 지금 데이터가 곧 권력인 시대에 살고 있다. 경제활동은 물론 정치, 외교, 안보까지 데이터 기반으로 움직인다. 인공지능, 빅데이터, 클라우드, 사물인터넷 등 4차 산업혁명의 핵심은 결국 데이터다. 이 데이터를 누가 수집하고, 저장하고, 분석하고, 통제하느냐가 미래 경쟁력을 결정한다.

그러나 한국 사회에서는 아직도 디지털 주권이라는 개념이 익숙하지 않다. 디지털 주권이란 단지 데이터의 보유 여부를 넘어, 자국 내 데이터를 자국 기준으로 관리하고 활용할 수 있는 능력과 체계를 의미한다. 데이터가 외국 기업이나 타국 시스템에 의해 종속되어 있다면, 기술 독립은커녕 정책 주체성조차 확보할 수 없다.

이제는 디지털 영역에서도 "우리의 주권은 어디 있는가"를 묻고, 그에 대한 체계적 답변을 국가 정책으로 내놓아야 한다.

플랫폼 의존, 한국형 디지털 생태계가 없다

우리는 일상에서 포털 검색, SNS, 전자상거래, 동영상 스트리밍까지 대부분을 글로벌 플랫폼에 의존하고 있다. 구글, 메타, 아마존, 넷플릭스 등이 대표적이다. 이들 플랫폼은 한국인의 방대한 데이터를 수집하고 분석하면서도, 정작 데이터 주권은 한국 사회에 남지 않는다.

이런 구조는 단순한 시장 문제를 넘어, 주권과도 연결된다. 한국인의 소비 패턴, 이동 경로, 관심 분야, 심지어 건강 정보까지 외국 기업 서버에 저장되고 활용된다면 이는 곧 경제적 종속이자 정보 주권의 상실이다.

게다가 국내 기업은 개인정보 보호나 망 사용료 등에서 역차별을 받는 구조 속에 놓여 있다. 한국형 디지털 생태계가 성장하기 어려운 구조이다. 지금부터라도 국내 기술 기업이 성장할 수 있도록 제도적, 재정적, 법적 기반을 마련해야 한다.

공공 데이터 주권 확립이 먼저다

디지털 주권은 민간뿐 아니라 공공부문에서 먼저 확립돼야 한다. 공공기관의 클라우드 이전이 외산 업체에 집중되고, AI 학습용 데이터 구축이 외국 플랫폼을 거치는 현실은 매우 위험한 일이다.

국가와 지자체가 보유한 공공 데이터는 국민 세금으로 축적된 사회적 자산이다. 이를 국가 내부에서 안전하게 관리하고, 국내 기술 기반으로 처리하는 체계가 마련돼야 한다. 행정망, 교육망, 의료 데이터, 교통 정보 등 핵심 인프라를 외국 클라우드에 의존하는 방식은 장기적으로 안보 리스크이기도 하다.

또한 공공 데이터의 민간 개방 정책도 국가 주도 플랫폼을 통해 진행돼야 한다. 누구나 접근 가능하되, 책임과 기준이 명확한 구조 속에서 투명하게 활용될 수 있도록 해야 한다.

데이터 주권 확립, 국가 전략이 되어야 한다

디지털 주권, 데이터 주권은 이제 기술 문제가 아니다. 그것은 국가 정체성과 정책 주체성, 경제 자립과 국민 보호를 위한 전략이다. 이를 위해 정부는 다음의 전략을 적극 추진해야 한다. 첫째, 국가 데이터 거버넌스를 일원화해야 한다. 현재 부처별로 흩어진 데이터 관리 체계를 통합하고, 범부처 통합 플랫폼을 구축하여 일관된 기준과 전략으로 관리해야 한다.

둘째, 자국 중심의 데이터 인프라를 확충해야 한다. 국내 데이터 센터 구축을 장려하고, AI 학습용 데이터와 클라우드 서비스에서 외산 종속을 줄이기 위한 기술 투자와 조세 인센티브 정책이 필요하다.

셋째, 디지털 주권 교육과 시민 인식 개선도 병행되어야 한다. 디지털 시대의 시민은 단순 사용자에서 데이터 생산자이자 주권자로 바뀌어야 하며, 이에 대한 사회적 토론과 교육이 중요하다.

넷째, 디지털 주권을 헌법적 가치로 명문화할 필요도 있다. 데이터 보호, 디지털 안전, 알고리즘 투명성 등과 관련해 국민의 권리와 국가의 책임을 헌법적 수준에서 규정하는 작업이 필요하다.

디지털 시대에 주권은 눈에 보이지 않지만, 사라지면 모든 것이 흔들린다. 지금 이 순간부터라도 데이터가 우리 사회의 힘이 되도록, 디지털 주권을 되찾는 정책이 절실하다.

4. 인공지능 시대, 윤리가 경쟁력이다

"기술은 앞서가고, 윤리는 뒤따르지 못하고 있다"

AI 기술은 폭발적으로 발전하는데, 윤리는 멈춰 있다

인공지능(AI)은 더 이상 미래 기술이 아니다. 이미 우리의 일상 속 깊숙이 들어와 있다. 검색 추천, 내비게이션, 음성 비서, 챗봇은 물론, 의료 진단, 금융 심사, 판결 예측, 군사 전략까지 AI의 영향력이 빠르게 확산되고 있다.

하지만 문제는, 기술 발전 속도에 비해 윤리 기준과 사회적 합의는 한참 뒤처지고 있다는 점이다. AI는 판단하고 예측하지만, 그 판단 기준은 사람이 설계한 알고리즘이다. 데이터가 왜곡돼 있다면 편향된 결과가 나오고, 기준이 모호하다면 차별이나 혐오가 정당화될 위험이 있다.

AI의 결과는 중립적인 듯 보이지만, 실상은 프로그래머의 철학과 기업의 의도, 데이터의 편향이 반영된 산물이다. 이처럼 윤리 없는 기술은 신뢰받지 못하고, 신뢰받지 못하는 기술은 지속되지 않는다.

AI 윤리, 글로벌 경쟁력의 기준이 된다

앞으로 인공지능 기술의 경쟁력은 단순한 성능을 넘어 윤리성과 투명성, 사회적 수용성이 기준이 된다. 이미 유럽연합(EU)은 'AI 윤리 가이드라인'을 도입하고, 고위험 AI 시스템에 대해 규제를 강화하고 있다. 미국도 AI 투명성과 책임성 확보를 위해 행정 명령과 관련 법안을 추진 중이다.

반면 한국은 아직 '기술 중심 사고'에서 벗어나지 못하고 있다. 정부와 기업은 AI 기술 개발에만 집중하고, 데이터 수집 방식, 알고리즘의 투명성, 책임 소재 명확화에는 소극적이다. 이런 구조에서는 국제사회와의 협업도, 글로벌 표준 채택도 어려워진다.

앞으로는 AI 기술 수출이나 협력의 전제 조건으로 윤리 가이드라인 준수와 관련 시스템 보유 여부가 핵심 요건이 될 것이다. 윤리를 갖춘 기술만이 글로벌 시장에서 신뢰받고 지속 가능해진다.

우리에게 필요한 AI 윤리 체계

AI 윤리는 단순한 도덕 논의가 아니라, 기술 설계, 개발, 활용 전 과정에 걸쳐 적용되어야 할 사회적 기준이다. 이를 위해 국가적 차원의 통합 윤리 체계가 필요하다.

첫째, 정부 차원의 'AI 윤리 기본법' 제정이 필요하다. 알고리즘의 투명성, 책임 소재, 데이터 편향 방지, 개인정보 보호 등을 법제화하여 모든 개발자와 기업이 준수할 수 있는 기준을 마련해야 한다.

둘째, 공공부문부터 윤리적 AI를 도입해야 한다. 공공기관이 사용하는 알고리즘은 명확히 공개하고, 그 영향과 작동 원리를 국민에게 설명할 의무가 있어야 한다. 특히 행정, 복지, 보건 등 민감한 영역에서는 AI가 차별이나 불이익을 초래하지 않도록 정밀한 검토 체계가 필요하다.

셋째, 윤리 교육을 필수화하고 전문가를 양성해야 한다. 대학과 연구기관, 산업계에서 AI 윤리를 정규 교육 과정에 포함하고, 기술과 인문을 아우르는 융합형 윤리 전문가를 체계적으로 육성해야 한다.

윤리 있는 기술이 국가 브랜드가 된다

AI 윤리는 단지 사고를 방지하기 위한 안전장치가 아니다. 이제는 국가의 품격과 기술 신뢰도를 결정하는 전략적 요소이다. 한국이 진정한 AI 선도 국가로 도약하려면, 성능 중심의 경쟁을 넘어서 윤리 중심의 기준을 세워야 한다.

이를 위해 정부는 민간과 협력하여 윤리 기준을 지속적으로 점검하고, 국제 표준 정립에도 주도적으로 참여해야 한다. 국내 기업들도 단기 성과에 집착하지 말고, 사회적 책임을 기술 개발의 중요한 축으로 받아들여야 한다.

결국 기술은 사람을 위한 도구다. 기술이 발전할수록, 그 기술이 향하는 방향을 인간이 결정해야 한다. AI 윤리를 바로 세우는 일은, 인간 중심의 기술 사회를 만드는 출발점이다.

한국이 '윤리 있는 기술 강국'으로 세계의 신뢰를 받기 위해 지금 반드시 필요한 과제, 그것이 바로 AI 윤리 주권 확립이다.

5.
우주와 해양, 개척 국가로 나아가자

*"더 넓은 공간으로 나아가는 나라가
미래를 가진다"*

우주와 해양은 더 이상 먼 미래가 아니다

한때 우주와 해양은 몇몇 선진국만이 다루는 영역으로 여겨졌지만, 지금은 상황이 달라졌다. 위성통신, 우주 관광, 심해자원 개발, 해양 안보 등은 이미 경제와 안보, 산업의 중심 영역으로 부상하고 있다.

2024년 기준 전 세계 우주 산업 시장은 600조 원을 넘어섰으며, 해양자원 개발 시장도 급속히 확대 중이다. 이미 우주에서의 자원 채굴 경쟁과 해양 심층 생물 연구는 새로운 부가가치를 창출하는 산업으로 자리 잡고 있다.

이런 상황에서 우주와 해양을 단지 탐험이나 연구의 영역으로만 여긴다면 시대 흐름에 뒤처지는 것이다. 국가 경쟁력은 이제 땅 위가 아니라, 우주와 바다 위에서 결정되고 있다. 단순한 상징적 개발이 아니라, 실질적인 산업적 파급력과 기술 자립도가 경제의 미래를 결정짓는 구조로 바뀌고 있다.

우리는 왜 뒤처졌는가

한국은 정보통신, 반도체, 자동차 등 육상 산업에서는 세계적 경쟁력을 확보했지만, 우주와 해양 분야에서는 상대적으로 늦었다. 주요 원인은 중장기 전략 부재, 정부 투자 부족, 민간 참여 제한 등 구조적 제약 때문이다. 한때 인공위성 제작이나 발사체 기술은 특정 정부 부처나 공공기관의 전유물처럼 여겨졌고, 민간 기업은 뒷전으로 밀려났다.

위성 기술은 일부 공공기관에만 집중돼 있었고, 민간의 진입 장벽은 높았다. 해양 개발도 마찬가지다. 심해 탐사, 해양 바이오, 해저 케이블, 연안 방재 기술 등에서 일본, 미국, 프랑스 등에 비해 기술적, 제도적 기반이 취약하다. 해양과 우주는 '리스크가 크다', '성과가 오래 걸린다'라는 인식 탓에 정책 우선순위에서도 밀려났다.

이제는 인식부터 바꿔야 한다. 우주와 해양은 특정 부처의 전유물이 아니라, 국가 전체가 전략적으로 투자하고 민간과 함께 키워가야 할 미래 분야다. 고위험이지만 고부가가치인 이 영역에 과감히 도전하지 않으면, 또 한 번 '기회는 있었지만 놓친 나라'로 남을 수 있다.

우주 강국, 해양 강국으로 가기 위한 전략

첫째, 우주 개발에 대한 국가 로드맵을 명확히 세워야 한다. 발사체 기술, 위성 제작, 우주 통신, 궤도 운영, 우주 탐사 등 각 단계별로 필요한 기술 투자와 인력 양성, 민간 기업 육성 계획이 수립되어야 한다. 누리호 개발은 출발점일 뿐이다. 인공위성 발사뿐 아니라 위성 데이터를 활용한 응용 산업(농업, 기후, 국방 등) 전반으로 확장할 수 있어야 한다.

둘째, 해양 과학기술에 대한 R&D를 대폭 확대해야 한다. 해양 드론, 자율운항 선박, 해양 바이오 소재, 심해자원 탐사 기술 등은 글로벌 경쟁이 치열한 분야다. 이를 위해 산학연 협력 체계를 구축하고, 국내 해양대학과 해양 연구기관의 역량을 국제적 수준으로 끌어올려야 한다. 또한 해양 안전, 환경 감시, 해양 관광 등 응용 분야를 중심으로 새로운 기술 수요를 예측하고 투자해야 한다.

셋째, 민간 기업의 진출을 제도적으로 지원해야 한다. 우주항공 스타트업, 해양 첨단장비 기업이 자금, 인력, 법제도 면에서 불이익을 받지 않도록 정부 차원의 '우주·해양 혁신클러스터'를 조성하고, 규제 샌드박스 제도를 적용해 실험과 창업이 가능하도록 해야 한다. 조선, 조립, 전자 등 기존 주력 산업과 연계한 '복합 우주·해양 산업 벨트'도 구상할 수 있다.

넷째, 우주와 해양 주권을 위한 국제 협력 전략이 병행되어야 한다. 독자 기술 확보는 물론, 우방국과의 공동 연구나 데이터 공유, 국제 조약 참여를 통해 글로벌 연대를 넓히고 기술 외교 역량도 강화해야 한다. 특히 심해자원 공동 개발, 우주 쓰레기 규범, 국제발사대 사용 등은 다자 협력이 필요한 핵심 이슈다.

개척 국가로서의 의지와 상상력이 필요하다

우주와 해양은 단순한 기술 문제를 넘어, 국가의 비전과 철학이 반영되는 영역이다. 국민에게 "우리가 왜 이 영역에 도전하는가"를 설득할 수 있어야 한다. 과학자는 실험을 통해 개척하고, 정치인은 방향을 제시하며, 국민은 꿈을 공유해야 한다. 이러한 사회적 공감대 없이 단지 기술 개발만 해서는 지속 가능한 산업이 될 수 없다.

어린이들이 우주비행사를 꿈꾸고, 젊은 창업가가 우주발사체를 개발하며, 과학고 학생들이 해양 드론을 설계하는 사회. 그것이 바로 개척 국가의 모습이다. 이를 위해서는 대중 교육과 문화 속에 '우주와 바다에 대한 상상력'을 심어줘야 한다. 영화, 다큐멘터리, 교육 커리큘럼 등에서 우주와 해양이 일상적으로 다뤄져야 한다.

과학기술의 궁극적 목표는 인간의 경계를 확장하는 것이다. 우주와 해양에 대한 투자와 상상력은 단지 산업을 위한 것이 아니라, 인류의 미래를 위한 투자이기도 하다. '기술 독립'이라는 말은 이제 지구 위에 국한되지 않는다. 우주와 바다를 향한 기술 자립도 확보가 곧 대한민국의 미래를 여는 열쇠다.

한국은 이제 응답해야 한다. 우주와 해양을 바라보는 자세부터 바꾸고, 개척 국가로서의 진정한 출발선을 넘어서야 할 때다. 이 도전은 다음 세대를 위한 기회이며, 오늘의 결단이 역사가 된다.

제7장

산업·에너지, 전략 산업부터 재편하라

1. 산업 정책, 과감한 리셋이 필요하다
2. 에너지 전환, 시장 기반으로 바꿔야 한다
3. 핵심 소재·부품, 공급망 리스크에 대비하라
4. 조선·자동차, 수출 제조 강국의 기반을 다져야 한다
5. 중소기업, 기초 체력을 키워야 한다
6. 스타트업 생태계, 다음 유니콘을 키우자
7. 산업 전환기, 사회적 연착륙 장치를 갖춰야 한다

1.
산업 정책, 과감한 리셋이 필요하다

"한계를 인정하고 판을 다시 짜야 한다"

낡은 산업구조, 성장을 가로막고 있다

한국 경제는 제조업 기반으로 성장해왔고, 그 기반은 여전히 탄탄하다. 그러나 문제는 기존 산업구조에 지나치게 안주하고 있다는 점이다. 반도체, 자동차, 조선 등 전통 주력 산업은 여전히 수출을 이끌고 있지만, 산업 생태계 전반은 디지털 전환, 탈탄소 전환, 글로벌 가치사슬 재편에 제대로 대응하지 못하고 있다.

과거에는 대기업 중심의 규모의 경제가 유효했지만, 지금은 민첩한 변화와 기술 혁신이 더 중요해진 시대다. 중소기업과 스타트업이 주도할 수 있는 유연한 산업 체계, 산업 간 융합과 전환을 촉진할 수 있는 정책 변화가 요구된다. 기존의 규제 틀과 보조금 중심 정책으로는 한계가 명확하다.

또한 고령화와 생산 가능 인구 감소, 공급망 리스크, 자원·에너지 가격 변동성, 지정학적 불안정성 같은 구조적 문제들이 기존 산업구조의 취약성을 드러내고 있다. 단순히 과거의 성공 모델을 반복하는 방식으로는 지속 가능한 성장이 불가능하다.

전략 산업 중심의 구조 개편이 시급하다

이제는 기존 산업을 보완하거나 연명하는 방식이 아니라, 미래 전략 산업 중심으로 산업구조를 재편하는 과감한 리셋이 필요하다. 미래차, 배터리, AI 반도체, 바이오, 우주항공, 그린수소, 스마트팜 등은 이미 글로벌 경쟁이 본격화된 영역이다. 이런 전략 산업은 산업 자체만의 문제가 아니라 고용, 환경, 외교, 안보 등과도 직결되는 복합 이슈이다.

한국은 기초기술과 원천특허 측면에서는 경쟁국에 비해 뒤처지는 경우가 많다. 기술력은 있지만 이를 산업화하고 시장화하는 과정에서 제도와 자본, 인프라가 제대로 뒷받침되지 않아 경쟁력을 잃는다. 기술 개발과 인력 양성, 민간 투자 유도, 수출 전략이 유기적으로 결합돼야만 '전략 산업'을 키울 수 있다.

정부는 전략 산업별로 전문 기관과 민관 협력 기구를 설치하고, 투자 - 연구 - 인재 - 인프라 - 수요가 선순환하는 구조를 설계해야 한다. 아울러 기존 제조업 기반과의 연계 전략도 함께 구상되어야 산업 전환의 충격을 줄일 수 있다. 산업 고도화는 선택이 아닌 필수이고, 그 중심에 전략 산업이 있어야 한다.

산업 정책의 패러다임 전환이 필요하다

지금의 산업 정책은 여전히 공급 중심, 보호 중심 사고에 머물러 있다. 기업이 필요로 하는 것은 규모가 아니라 유연성, 보조금이 아니라 규제 혁신, 단기 지원이 아니라 지속 가능한 시장 기반이다.

산업 정책은 이제 '정부 주도형'에서 '시장 설계형'으로 바뀌어야 한다. 정부는 산업을 직접 키우기보다는 산업이 자라날 수 있는 규칙과 제도를 만드는 조력자가 되어야 한다. 경쟁, 진입, 기술 이전, 실패 회복, 산업 간 연결성을 보장하는 플랫폼으로 전환돼야 한다.

특히 중소·중견기업의 성장 사다리를 복원해야 한다. 지금은 대기업과 스타트업 사이의 '미들 플레이어'가 사라진 산업구조가 되어버렸다. 이들을 위한 맞춤형 금융, 법제도, 인재 매칭, 글로벌 진출 지원 등 정교한 정책 설계가 필요하다.

또한 산업과 기술, 금융, 교육을 연결하는 '통합 산업 전략 컨트롤타워'가 필요하다. 지금처럼 부처별, 영역별로 나뉘어 각자도생하는 정책으로는 복잡한 산업 생태계를 조율할 수 없다. 산업 정책은 단일 부처가 아닌 범부처 통합형 전략으로 격상돼야 한다.

실패를 용인하는 산업 정책이 미래를 연다

지금 필요한 것은 과감한 실험을 할 수 있는 산업 정책, 실패해도 다시 도전할 수 있는 안전망이다. 새로운 산업은 언제나 실패 확률이 높고, 성공은 시간과 자원을 요한다. 그런데 우리는 여전히 '실패하지 않는 정책', '즉각적인 성과'를 기준으로 산업을 판단하고 있다.

벤처 생태계와 스타트업 중심 산업 육성을 위해서는 정부의 지원 방식도 바뀌어야 한다. 단기 성과 중심의 보조금이 아니라, 일정 기간 실패를 감수할 수 있도록 성과 기반 인센티브, R&D 세액 공제, 실패 회복 펀드 등을 마련해야 한다. 유럽과 미국이 혁신 스타트업에 막대한 '실패 기반 투자'를 감행하는 이유는, 실패 없는 산업 전환이 없기 때문이다.

무엇보다 중요한 것은 정부의 태도 변화다. 산업 정책은 기업을 감독하는 것이 아니라, 함께 실험하고 리스크를 나누는 파트너십이어야 한다. 공공 조달, 공기업 협력, 기술금융 연계 등 정책 도구를 활용해 초기 시장을 만들어주는 '산업 디딤돌 전략'이 필요하다.

궁극적으로는 '산업이 살아 움직이게 하는 유연한 규칙'을 만드는 것이 정부의 역할이다. 판을 바꿔야 산업이 바뀐다. 산업이 바뀌어야 미래가 열린다. 그리고 이 모든 시작은 '지금까지의 방식은 더 이상 통하지 않는다'라는 인식의 공유에서 출발해야 한다.

2. 에너지 전환, 시장 기반으로 바꿔야 한다

"탄소중립은 목표가 아니라 시스템의 전환이다"

에너지 전환, 더 이상 미룰 수 없다

지금 인류는 에너지 전환이라는 거대한 흐름 앞에 서 있다. 기후위기 대응은 선택이 아니라 생존의 문제이며, 탄소중립은 단순한 환경 정책이 아니라 산업구조와 기술, 소비와 삶의 방식을 통째로 바꾸는 시스템 혁신 과제다.

2023년 기준 전 세계 140여 개국이 탄소중립을 선언했으며, 유럽연합과 미국, 일본, 중국 등은 '에너지 주권'을 강화하는 방향으로 재생에너지 투자, 원전 확대, 에너지 저장 시스템 구축을 병행하고 있다. 반면 한국은 아직도 공급 위주의 고정된 전력 구조와 중앙집중형 정책에서 벗어나지 못하고 있다.

특히 산업용 전력과 수송 에너지에 대한 대대적 전환이 시급하지만, 전력 요금 체계는 왜곡돼 있고, 전력 시장은 비효율적이며, 민간 투자는 제약되고 있다. 이 상태로는 전환 속도를 높일 수 없다.

에너지 정책, 가격과 시장 중심으로 바뀌어야 한다

한국의 에너지 정책은 그동안 '국가가 공급하고 가격을 통제하는 체제'에 머물러 왔다. 이는 초기 산업화 단계에서는 유효했지만, 지금은 새로운 기술과 분산형 에너지, 다중 공급자 구조에 적합하지 않다. 무엇보다 시장 가격을 왜곡하면서 에너지 효율성도 떨어지고, 친환경 전환의 동인도 약화되고 있다.

전력 요금은 실제 생산원가를 반영하지 못하고, 정치적 판단에 따라 가격이 통제된다. 이로 인해 에너지 과소비가 유도되고, 신재생에너지나 고효율 시스템에 대한 투자가 위축된다. 소비자는 효율 개선을 꺼리고, 기업은 기술 혁신보다 보조금에 의존하게 된다.

이제는 에너지 가격이 시장에서 결정되고, 소비자와 기업이 '가격 신호'에 반응할 수 있는 구조로 개편돼야 한다. 이를 통해 에너지 낭비를 줄이고, 친환경 기술에 대한 수요가 자연스럽게 창출될 수 있다.

민간 주도 에너지 생태계를 설계하자

에너지 전환은 정부 혼자 할 수 없다. 민간이 주도하고, 시장이 작동하며, 정부는 방향과 질서를 설정하는 구조여야 한다. 지금의 에너지 공급 중심 구조를 수요관리와 기술 중심 구조로 바꿔야 한다.

예컨대 지역별 분산형 전원, 태양광·풍력 중심의 커뮤니티 에너지 시스템, 시민 참여형 에너지 협동조합 등 새로운 주체들이 에너지 전환의 핵심 축이 되어야 한다. 이를 위해선 투자와 운영이 가능한 제도적 유연성, 민간 사업자의 진입 장벽 완화, 혁신기술 실증 허용 등 규제 환경의 대대적 정비가 필요하다.

또한 전력 거래 시장을 다층화하고, 신재생에너지의 잉여 전력을 거래하거나 저장하는 메커니즘이 작동해야 한다. 에너지 저장장치(ESS), 전기차 충전망, 스마트그리드 기술 등과 연계된 신산업이 동반 성장할 수 있도록 플랫폼을 마련해야 한다.

특히 민간이 참여할 수 있는 '에너지 혁신 펀드'나 '탄소 절감 시장' 같은 금융 메커니즘을 활성화하고, 시민이 전환 주체가 되는 '에너지 리터러시 교육'도 체계화해야 한다.

탄소중립은 국가 산업 경쟁력의 시험대다

탄소중립은 단지 환경을 지키기 위한 국제 약속이 아니다. 산업의 미래, 기술의 수준, 에너지 안보를 좌우하는 총합적 경쟁력의 척도다. 결국 에너지 전환은 산업 정책과 통합되어야 한다.

한국의 제조업은 에너지 집약도가 높고, 탄소 배출이 집중된 구조다. 지금 대응하지 않으면 수출 규제, 투자 철회, 기술 고립이라는 후폭풍을 맞게 된다. 이미 EU의 탄소국경조정제도(CBAM)나 글로벌 녹색 공급망 압력은 현실이 되었다.

그러므로 기업들이 자발적으로 에너지 효율을 높이고, 청정에너지로의 전환을 촉진할 수 있는 유인 구조가 절실하다. 정부는 환경 규제와 산업 지원을 양립할 수 있도록 설계하고, 전환 부담이 큰 중소기업을 위한 전용 펀드와 기술 지원 체계를 마련해야 한다.

탄소 감축이 곧 비용이 아닌 경쟁력이라는 인식을 확산시키고, 그 인식이 정책 설계와 시장 구조, 기술 투자로 연결될 수 있어야 한다. 탄소중립은 거대한 도전이지만, 동시에 거대한 기회다. 에너지 정책이 '보조금과 규제의 조합'을 넘어서 '가격과 시장의 유인 구조'로 전환될 때, 한국은 비로소 지속 가능한 에너지 강국이 될 수 있다.

지금이 판을 바꿀 때다. 정부는 공급자가 아니라 질서를 설계하는 조력자로, 시장은 혁신의 공간으로, 국민은 변화의 동반자로 설계돼야 한다. 에너지 전환은 곧 국가의 전환이다.

3. 핵심 소재·부품, 공급망 리스크에 대비하라

"산업의 심장은 부품이고, 그 혈관은 공급망이다"

글로벌 공급망 위기는 경고가 아니라 현실이다

팬데믹과 우크라이나 전쟁, 미·중 기술 패권 경쟁은 세계 경제에 심대한 공급망 충격을 일으켰다. 반도체, 배터리, 희토류, 의약품, 식량까지 물류가 막히거나 특정 국가에 의존했던 산업들은 큰 타격을 입었다. 한국도 예외가 아니었다.

2020년 이후 몇 차례에 걸쳐 핵심 소재 수급 문제가 발생했고, 특히 일본의 수출 규제는 한국이 특정 부품에 얼마나 취약한지를 여실히 보여줬다. 이는 단지 산업의 일시적 공급 차질이 아니라 국가 안보, 산업 경쟁력, 외교 전략 전반에 영향을 미치는 구조적 문제다.

글로벌 공급망은 더 이상 '언제나 열려 있는 도로'가 아니다. 앞으로는 신뢰할 수 있는 파트너십, 자국 내 복원력, 전략적 분산이 핵심 키워드가 될 것이다.

공급망은 전략이고, 소재는 주권이다

한국은 기술 완성도는 높지만, 핵심 소재와 부품, 장비에서 여전히 해외 의존도가 높다. 반도체 장비, 이차전지 원료, AI 반도체용 특수가스, 항공 소재, 의료용 원료 등은 특정 국가나 소수 기업에 의존하고 있다.

특히 '보이지 않는 기술'이자 '사슬의 첫 단추'인 소재·부품·장비(소부장) 분야는 산업의 체력을 결정짓는 근간이다. 이 분야가 약하면 어떤 산업도 안정적일 수 없다. 국가의 기술 독립성도 유지할 수 없다.

따라서 핵심 소재와 부품에 대해서는 '시장 논리'만으로 접근해서는 안 된다. 국가적 차원의 전략물자 관점에서, 중장기 기술 개발, 인프라 구축, 재고 확보, 외교 다변화 등을 추진해야 한다. 특히 위험도가 높은 품목은 '비상 물류 및 공급 시스템'을 별도로 갖춰야 한다.

기술 국산화와 공급 다변화를 병행해야 한다

소재·부품·장비의 국산화는 단기적 성과가 아니라 중장기 투자와 인내가 필요한 영역이다. 과거에는 '대체 불가능'하다는 이유로 해외 수입에 의존했던 부품도 꾸준한 기술 개발과 인센티브 정책으로 일부는 성공적으로 국산화되었다.

그러나 국산화가 무조건 좋은 것은 아니다. 기술 경쟁력이 낮거나 생산 단가가 높은 제품은 현실적으로 수입에 의존할 수밖에 없다. 그래서 중요한 것은 '스마트 국산화 전략'과 '공급망 다변화 전략'을 병행하는 것이다.

핵심 부품은 선택적으로 국산화를 추진하되 대체 수입처를 동시에 확보하고, 다자간 공급 계약을 체결하며, 위기 시 긴급 전환이 가능한 생산 라인을 확보해야 한다. 이때 중요한 역할을 하는 것이 산업은행, 무역보험공사, 코트라 등 공공기관의 해외 네트워크다. 정부는 이들 기관을 통해 '공급망 외교'를 전략화할 필요가 있다.

공급망 주권은 기술보다 생태계로 완성된다

공급망 안정성은 단순히 공장 하나 더 짓는다고 해결되지 않는다. 소재를 만들고, 부품으로 가공하고, 장비에 적용하고, 시스템에 통합하는 전 과정의 생태계가 유기적으로 연결돼야 한다. 즉,

기술보다 중요한 것은 '연결'이고, '협력'이다.

이를 위해 정부는 '소부장 생태계 육성 로드맵'을 재정비해야 한다. 지금까지는 개별 기업과 품목 중심의 접근이었다면, 앞으로는 산업 클러스터 - 공공 인프라 - 표준 인증 - 공동 연구 - 인력 양성이 유기적으로 연결된 지역 기반 생태계 조성이 필요하다.

또한 대기업 - 중견기업 - 중소기업 간 수직적 공급 구조를 넘어서, '공동 개발 - 공정 공유 - 성과 배분'이 가능한 수평적 협력 모델을 확산시켜야 한다. 해외 선진국처럼 기술 컨소시엄, 산학연 공동 벤처, 부품 공급망 공동 보증제도 등이 정착돼야 한다.

궁극적으로는 '공급망 주권'을 기술 확보 - 생산 안정 - 협력 시스템 - 국제 파트너십까지 연결하는 종합 전략으로 바라봐야 한다. 그리고 그 전략은 국가가 조율하고 민간이 실행할 수 있도록 설계돼야 한다. 공급망은 단지 효율의 문제가 아니라, 존재의 문제다. 부품 하나로 흔들리는 나라가 되지 않기 위해, 지금 철저히 대비하고 설계해야 한다.

4. 조선·자동차, 수출 제조 강국의 기반을 다져야 한다

"전통 주력 산업은 위기가 아니라 진화의 중심이다"

조선과 자동차, 여전히 한국 경제의 핵심 축이다

한국은 조선과 자동차 산업을 통해 수출 강국의 위상을 다져왔다. 한때 세계 1위 수주량을 기록했던 조선업, 글로벌 브랜드로 성장한 완성차 산업은 고용과 지역 경제, 기술 개발을 동시에 이끌며 한국 산업화를 상징했다.

2020년대 들어 이들 산업은 다시 주목받고 있다. 특히 친환경 선박, 자율운항선, 전기차, 수소차 등 산업 내 기술 변화가 가속화되면서 전통 제조업이 다시금 국가 성장의 핵심 엔진으로 부상 중이다. 조선은 LNG·암모니아 연료 전환과 스마트 선박 수요 증가에 힘입어 수주량을 회복했고, 자동차는 전기차 전환 흐름을 선도하는 브랜드 경쟁력을 확보하고 있다.

또한 이들 산업은 단지 수출 효자 산업에 그치지 않는다. 소재·부품·장비를 포함한 연관 산업 생태계, 고용 창출 효과, 지역 경제 기여도, 산업 전반의 디지털화 및 친환경 전환 유인 등 복합적 파급력이 크기 때문에 국가 전체 산업 전략에서 중핵적 위치에 있다. 이 점에서 조선과 자동차 산업은 새로운 미래를 여는 기반이 된다.

전환기 산업, 생존이 아니라 진화가 핵심이다

그러나 여전히 구조적 한계와 미래 과제가 산적해 있다. 조선은 인력난과 수주 편중, 원자재 가격 상승, 납기 지연 문제가 있고, 자동차는 반도체 공급 부족, 내연기관차 중심 생산 구조, 해외 생산 거점 의존도 등의 한계를 지닌다. 단기 실적 회복에 안주해서는 안 된다.

이들 산업은 '쇠퇴하는 전통 산업'이 아니라, 지속적 전환과 혁신을 통해 고도화할 수 있는 전략 산업이다. 조선은 단순 선박 생산이 아니라 '해양 모빌리티 플랫폼'으로 진화해야 하고, 자동차는 '전기차 - 배터리 - 충전 인프라 - 데이터 플랫폼'이 통합된 스마트 산업으로 재구성돼야 한다.

특히 이 전환의 중심에 기술 확보와 인재 양성, 공급망 안정, 전방위 투자 환경 조성이 있어야 하며, 이를 촉진하기 위한 산업 정책과 재정 지원, 규제 개혁이 병행돼야 한다. 산업구조 전환은 자연스럽게 일어나지 않는다. 국가가 명확한 방향성과 전략, 제도적 인프라를 마련해주지 않으면 기업은 혁신 대신 생존 전략에 머물 수밖에 없다.

미래형 조선·자동차를 위한 4대 과제

첫째, 기술 자립과 전환 투자 확대가 핵심이다. 자율운항 기술, 차세대 친환경 연료 대응, 배터리 효율 향상, 스마트 공정 전환 등 첨단 기술 개발에 대한 집중 투자가 이뤄져야 한다. 이를 위한 민관 공동 R&D 플랫폼, 실증 인프라, 기술금융 연계도 필수다.

둘째, 생산 인력과 전문 인재의 확보가 시급하다. 조선업은 숙련 기능 인력 부족, 자동차는 소프트웨어·AI 인력 수요 급증이라는 문제를 안고 있다. 직업계고, 마이스터고, 지역 대학과의 연계를 통해 맞춤형 인력 양성 체계를 구축하고, 청년층 유입을 위한 임금·복지 지원도 병행해야 한다.

셋째, 공급망 복원력 확보와 국산화 전략이 필요하다. 조선소 기자재, 자동차 핵심 부품 등은 여전히 특정 국가에 의존하는 구조다. 소재·부품 국산화뿐 아니라 다변화된 공급선 확보, 비상 대응 재고 시스템 마련 등이 병행돼야 한다. 특히 유사시에도 공급망이 작동할 수 있도록 하는 '이중 안전장치' 마련이 핵심이다.

넷째, 친환경·디지털 전환 인프라 구축이 요구된다. 조선소의 탄소 배출 저감, 완성차 공장의 스마트화, 선박·차량의 데이터 통신 체계 구축 등은 산업구조 자체를 바꾸는 기반 작업이다. 이와 연계된 인증·표준·안전 기준 개선도 빠르게 추진돼야 한다. 특히 글로벌 환경 기준과의 정합성을 높이는 국제 협력 전략도 필요하다.

지역 경제와 국가 경쟁력을 함께 살리는 길

조선과 자동차 산업은 울산, 창원, 거제, 군산, 평택, 광주 등 주요 지역 경제의 버팀목이다. 이 산업이 흔들리면 지역 일자리와 중소기업 생태계 전체가 위협받는다. 따라서 산업 전환은 단순히 대기업 전략이 아니라 지역 중심 국가산업 전략으로 전환돼야 한다.

정부는 조선·자동차 중심 산업도시를 '혁신형 산업 거점'으로 재편하고, R&D 센터, 인재 양성기관, 전환펀드, 공공 인프라를 집적시켜야 한다. 이는 균형 발전과 산업 경쟁력을 동시에 달성하는 해법이 될 수 있다. 특히 산업 전환 과정에서 실직·폐업 우려가 있는 중소 협력사와 근로자들에 대한 사회안전망과 전환 지원 프로그램이 필요하다.

또한 대기업 중심의 조선·자동차 산업을 수직 계열화 구조에서 수평적 협력 생태계로 전환해, 중소기업의 경쟁력을 끌어올리는 전략이 필요하다. 이를 위해 공동 기술 개발, 이익 공유, 장기 거래 계약 확대 등의 정책 수단을 적극 활용해야 한다.

조선과 자동차는 여전히 대한민국 산업의 상징이다. 쇠퇴가 아닌 진화를 전제로, 생존이 아닌 재도약을 목표로, 이들 전통 산업은 다시 대한민국의 앞길을 개척할 수 있다. 단지 과거의 유산을 유지하는 것이 아니라, 미래를 설계하는 동력으로 삼는 새로운 전략이 필요하다.

5.
중소기업, 기초 체력을 키워야 한다

"중소기업이 살아야 한국 경제가 산다"

중소기업, 양보다 질의 전환이 시급하다

한국에는 약 740만 개의 중소기업이 있다. 전체 기업 수의 99%를 차지하고 있으며, 고용의 80% 이상을 책임지는 한국 경제의 뼈대라 할 수 있다. 하지만 그 중요성에 비해 정책적 대우와 생태계적 기반은 여전히 취약하다.

그동안 중소기업 정책은 '양적 확대'에 집중돼 있었다. 창업 수, 지원 건수, 대출액 증가 등 외형적 지표 중심이었고, 이로 인해 유사한 창업이 반복되거나 한시적 생존만 가능하게 만드는 구조가 형성되었다. 기초 체력, 기술력, 지속 가능성을 높이는 전략은 상대적으로 부재했다.

특히 정책의 목표가 '존속'에 머물다 보니, 사업화와 수익성 확보, 글로벌 확장 등 실질적인 성장 과정에 대한 고려는 부족했다. 이제는 중소기업 정책의 철학을 바꿔야 한다. 단기적 지원이 아니라, '자생력 있는 기업'을 육성하는 방향으로 전환하고, 정책 체계도 성과 기반으로 재설계해야 한다.

기술 역량과 인재 확보가 생존의 관건이다

많은 중소기업이 가장 큰 애로사항으로 '기술력 부족'과 '인재 확보 실패'를 꼽는다. 특히 4차 산업혁명 기술 전환 국면에서 디지털 전환, AI, 빅데이터, ESG 대응 역량이 없으면 거래처 확보는 물론 존속 자체가 어려워진다. 기술은 점점 복잡해지고, 고객의 눈높이는 높아졌지만 중소기업은 이에 대응할 여력도 시간도 없다.

이를 해결하려면 중소기업 전용 기술 개발 지원 체계가 확립돼야 한다. 단순 R&D 보조금이 아니라, 기획부터 사업화, 수출까지 연계되는 전 주기 프로그램이 필요하다. 기술력을 갖춘 유망 중소기업에는 기술금융, 공공 조달, 국제 공동 개발 등의 성장 사다리가 제공돼야 한다.

또한 청년 인재의 유입을 위한 '직무 중심 채용 플랫폼', '지역 기업 매칭 인턴십', '기숙사·교통비 지원' 같은 현실적 제도도 병행돼야 한다. 중소기업의 인력난은 단순히 채용 방식의 문제가 아니라,

사회적 인식과 교육 시스템, 복지 수준 등 총체적인 요인의 결과다. 인식 개선과 실질적 유인책 없이는 해결이 어렵다.

중소기업과 대학 간의 산학협력도 강화돼야 한다. 실습 중심의 캡스톤 프로그램, 졸업 후 현장 정착 인센티브, 기술창업 연계 프로그램 등을 통해 인재와 기술이 현장에 뿌리내릴 수 있도록 해야 한다.

수평적 협력 생태계와 디지털화가 해법이다

중소기업이 대기업의 하청 구조에 머무를 경우, 자생력은 생기기 어렵다. 가격 후려치기, 납기 스트레스, 기술 탈취 문제는 여전히 산업 현장의 고질병이다. 이를 개선하려면 수평적 산업 생태계가 정착돼야 한다.

정부는 '공정 거래 협약', '성과 공유제', '공동 기술 개발 펀드' 등 대 - 중소 상생 정책을 실효성 있게 운영해야 한다. 또한 지역 산업 거점 중심의 중소기업 클러스터화 전략을 강화해, 유사 업종 간 공동 설비, 마케팅, 수출을 연계하는 구조가 필요하다.

디지털 전환도 핵심이다. 중소기업이 디지털 기술을 통해 생산성을 높이고, 고객과 직접 연결되며, 새로운 부가가치를 창출할 수 있도록 돕는 정책이 절실하다. 이를 위한 '스마트 공장 고도화', 'AI 솔루션 지원', '데이터 연계 플랫폼'이 촘촘히 설계돼야 한다.

디지털화는 단순한 기계설비 자동화를 넘어, 경영의 데이터 기반화, 고객 맞춤형 제품 생산, 협력업체와의 실시간 연계 등 전체 가치사슬의 혁신을 의미한다. 이를 위해선 기술뿐 아니라 인재, 문화, 조직 구조까지 함께 바뀌어야 한다.

지속 가능한 생태계를 위한 금융·세제 개혁이 필요하다

중소기업의 가장 큰 장벽 중 하나는 '자금 조달'이다. 기술력이 있어도 담보가 부족하면 투자 유치나 대출이 어려운 구조다. 이를 해결하려면 기술신용평가(TCB) 정비, 정책금융기관의 위험공유 확대, 벤처 투자 활성화가 병행돼야 한다.

특히 창업 초기 기업이나 기술 기반 스타트업에는 실패를 감수할 수 있는 '회수 중심'이 아닌 '회복 중심' 금융이 필요하다. 정부는 이를 위해 중소기업 전용 모태펀드 확대, 크라우드 펀딩 연계 지원, 지방 벤처캐피털 유치 같은 지역 기반 투자 플랫폼을 조성해야 한다.

세제 개혁도 중요하다. 중소기업에 대한 세액공제 확대, 상속·증여세 완화, ESG 대응 투자 비용에 대한 세제 인센티브 등이 설계돼야 한다. 한계 기업 구조조정을 위한 페널티 중심 구조도 '재기 중심 구조'로 바뀌어야 한다.

특히 가업 승계에 대한 제도 정비는 중소기업 지속성을 높이는 핵심 과제다. 세대 간 단절 없이 기업 노하우와 일자리를 유지하려면, 형식적 요건보다 실질 경영권 승계 여부에 초점을 맞춘 정책이 필요하다.

중소기업은 한 사람의 창의로 시작되지만, 수많은 연결과 신뢰, 정책의 뒷받침 속에서 성장한다. 그들이 단순히 살아남는 것이 아니라 한국 경제의 근육으로 성장할 수 있도록 기초 체력을 키워주는 것, 그것이 바로 중소기업 정책의 핵심 과제다.

이제는 중소기업을 보호해야 할 대상이 아니라, 함께 경쟁하고 혁신할 파트너로 보는 인식의 전환이 필요하다. 고용, 수출, 기술의 현장에 중소기업이 있다. 중소기업이 다시 뛰어야 대한민국이 다시 달릴 수 있다.

6. 스타트업 생태계, 다음 유니콘을 키우자

"혁신은 작게 시작하지만, 크게 자란다"

스타트업, 성장의 동력에서 국가 전략으로

스타트업은 기술 기반 혁신, 일자리 창출, 산업구조 재편, 사회 문제 해결 등 다양한 가치를 동시에 실현할 수 있는 새로운 성장 동력이다. 2020년대 들어 전 세계가 스타트업 육성에 뛰어드는 이유는, 미래 산업의 주도권이 거대 기업이 아닌 창의적 신생 기업에 넘어가고 있기 때문이다.

한국 역시 쿠팡, 마켓컬리, 토스, 무신사 등 수많은 유니콘 기업을 배출하며 글로벌 스타트업 생태계의 한 축으로 자리 잡았다. 그러나 여전히 미국, 유럽, 인도, 동남아 등에 비해 시장 규모, 투자 유치, 규제 유연성, 회수 시장 성숙도 등에서 불균형이 존재한다.

스타트업은 더 이상 '창업 지원 센터'의 문제가 아니다. 이제는 국가 전략 차원에서 시스템 전반을 다시 짜는 일이다. 스타트업은 작은 기업이 아니라, 미래 산업 생태계의 핵심 인프라이기 때문이다.

창업 생태계는 시작보다 지속이 중요하다

한국은 창업 초기 지원은 비교적 활성화돼 있지만, 시리즈 A 이후 투자 단계, 제품 고도화 단계, 글로벌 진출 단계에서 급격한 병목 현상을 겪고 있다. 많은 창업 기업이 '죽음의 계곡(Death Valley)'을 넘지 못하고 사라지는 현실이다.

이를 해결하려면 중간 성장 단계 기업에 대한 집중적 지원 체계가 필요하다. 창업 이후 3~7년 차 기업을 위한 정책금융, 글로벌 파트너십 연계, 공공 기술 실증 마켓, 기술보증·보험 제도 등 '성장 가속 패키지'가 정비되어야 한다.

또한 창업 이후 '지속 성장'을 위한 인력 확보, 수익 모델 검증, 유통 채널 확보, 데이터 기반 마케팅 역량 강화 등 실질적 지원이 확대돼야 한다. 특히 1인 창업에서 법인화, 팀 빌딩, 시리즈 투자로 이어지는 전환기에 필요한 멘토링, HR, 재무, 법무 서비스에 공공 지원을 집중해야 한다.

스타트업 친화적 시장과 규제가 성장을 만든다

스타트업은 본질적으로 새로운 시장과 기술, 제도를 요구한다. 그러나 지금의 한국은 기존 규제와 산업 카르텔, 이해 충돌 구조가 신생 기업의 실험을 막고 있다.

이를 해결하려면 '선(先)허용 - 후(後)규제' 방식의 규제 샌드박스 제도를 실질화하고, 예외가 아니라 원칙이 되도록 확대해야 한다. 특히 AI, 헬스케어, 핀테크, 모빌리티, 기후 기술 등 고위험·고기회 분야는 정부가 책임지고 실증 공간을 마련하고, 관련 데이터를 공유해야 한다.

스타트업이 빠르게 유통시장에 접근할 수 있도록 공공 조달 시장 개방, 민간 대기업과의 오픈 이노베이션 촉진, 기술 이전과 공공연구소 협력 플랫폼 등 시장 진입 통로도 개방돼야 한다.

또한 해외 진출을 돕는 글로벌 엑셀러레이팅, 스타트업 전용 수출 보증, 외국 VC와의 투자 매칭 시스템을 통해 '작은 한국 시장'의 한계를 넘을 수 있도록 해야 한다.

유니콘 기업을 키우는 회수 시장과 투자 생태계

한국에서 창업은 쉽지만 투자 회수가 어렵다. IPO 중심의 회수 시장이 제한적이고, 인수·합병(M&A)은 문화도 제도도 미비하다.

이는 벤처캐피털이 장기 투자를 기피하게 만들고, 유망 스타트업이 성장의 기회를 놓치게 되는 악순환을 만든다.

이를 해결하려면 벤처펀드의 투자 회수 다변화, 전략적 M&A 활성화, 중견기업의 스타트업 인수 지원 제도 등이 마련돼야 한다. 또한 K-유니콘 육성펀드, 성장 단계별 정책투자펀드, 지역 기반 벤처캐피털 확대 등이 병행돼야 한다.

엔젤투자자, 액셀러레이터, 초기창업 투자조합 등이 더 활발히 활동할 수 있도록 세제 인센티브와 공동 투자 유도 제도도 정비돼야 한다. 투자자에게는 리스크를 감수할 보상 구조를, 창업자에게는 실패 이후 재도전할 기회를 보장하는 '실패 친화적' 투자 생태계를 만들어야 한다.

스타트업은 단순한 창업이 아니라, 새로운 가치를 창출하는 경제의 실험실이다. 혁신은 작게 시작하지만, 크게 자란다. 지금의 스타트업이 내일의 국가 전략기업이 될 수 있도록, 시스템적 지원과 신뢰 기반의 생태계를 만드는 일. 그것이 바로 다음 유니콘을 키우는 길이다.

7. 산업 전환기, 사회적 연착륙 장치를 갖춰야 한다

"변화는 피할 수 없지만, 충격은 줄일 수 있다"

산업 전환은 불가피하다, 그러나 준비는 되어 있는가

디지털화, 탈탄소화, 고령화, 글로벌 공급망 재편 등 거대한 변화가 한국 산업의 패러다임을 흔들고 있다. 과거에는 산업 고도화가 '기술의 문제'였다면, 이제는 일자리, 교육, 지역 경제, 사회안전망이 통합된 총체적 시스템의 문제가 되었다.

기존의 일자리는 줄고, 새로운 산업은 기존 인력과 연결되지 않는다. 자동화는 반복 업무를 대체하고, AI는 기존 전문 인력을 위협한다. 탄소중립 전환은 전통 제조업에 타격을 주고, 플랫폼 경제는 자영업과 노동구조에 충격을 준다. 전환이 빠를수록 '사회적 연착륙 장치'의 부재가 문제로 떠오른다.

변화의 속도보다 준비의 속도가 느리면 사회적 갈등은 커지고, 개혁의 동력은 상실된다. 산업 전환기일수록 충격 흡수 장치와 조정 시스템이 강해야 한다.

전환기 노동 정책, 소극적 보완에서 적극적 설계로

지금까지의 노동 정책은 주로 고용 충격 이후의 '보호'에 집중해 왔다. 실업급여 확대, 직업훈련 제공, 사회보험 지원 등은 필수적이지만, 예방과 선제 대응의 관점은 약했다.

앞으로는 산업구조 전환을 예측하고, 그에 따른 직무 재편, 숙련 전환, 지역 훈련 생태계 조성 등 '전환 중심 노동 정책'으로 가야 한다. 단순한 실직자 지원이 아니라, '일자리 전환 플랫폼'으로 노동시장 전체를 리디자인해야 한다.

이를 위해 '전환 대상 직종'과 '신규 성장 직종'을 사전 분석하고, 직종 전환 맞춤형 훈련 프로그램, 지역 기반 교육 협의체, 민관 협력 훈련 모델이 필요하다. 특히 청년, 중장년, 여성, 지방 거주자 등 취약 계층에 대한 디지털·녹색 역량 강화가 핵심이다.

또한 사회적 대화와 이해당사자 간 합의 메커니즘을 통해 고용 구조 개편이 갈등이 아닌 합의로 설계돼야 한다.

지역과 산업계의 공동 전환 체계 구축

산업 전환의 충격은 특정 지역에 집중된다. 조선업, 자동차, 석탄 산업, 섬유업 등이 몰려 있는 지역은 고용과 경제 기반 자체가 흔들릴 수 있다. 따라서 산업 전환기에는 '지역 기반 전환 정책'이 핵심 전략이 되어야 한다.

이를 위해서는 지역 산업단지를 '그린·디지털 클러스터'로 전환하고, 기존 업종 종사자들이 지역 내에서 전환 가능하도록 연결고리를 설계해야 한다. 한 산업의 사양화가 곧 한 지역의 붕괴로 이어지지 않도록 '산업 - 교육 - 복지 - 금융 - 문화'가 통합된 전환 계획이 필요하다.

예를 들어, 탈석탄 산업 지역에는 태양광·풍력 전환 단지와 함께, 에너지 저장 기술 R&D, 배터리 재활용 클러스터, 녹색 훈련 센터를 복합화하는 식의 전략이 필요하다.

또한 지역 대학과 협력한 '지역 인재 리스킬링 캠퍼스', 전환 기업 인센티브, 지역 맞춤형 사회적 기업 육성도 함께 병행돼야 한다.

사회적 안전망은 최소한이 아니라 기반이다

산업 전환기에는 실패와 탈락이 일어날 수밖에 없다. 이들을 보호하고 재도약을 가능하게 하는 것이 사회적 안전망이다. 이는 단순한 '복지비 지출'이 아니라, 국가 시스템의 신뢰성과 회복력을 유지하는 기반 장치다.

첫째, 고용안전망은 모든 노동자에게 적용돼야 한다. 정규직·비정규직·플랫폼 노동자 모두가 실업 시 보호받고, 전환 시 교육받으며, 재진입이 가능한 구조로 가야 한다. 특히 '전직 연계형 실업급여', '디지털 바우처 훈련제', '전환 연계 사회보험 설계'가 필요하다.

둘째, 사회보험은 취약 계층 포용성과 지속 가능성을 동시에 갖춰야 한다. 임시직, 플랫폼 노동자, 소상공인을 위한 유연한 사회보험 가입 제도, 산재와 고용보험의 통합 설계, 국민연금의 보장성 강화가 필요하다.

셋째, 실패에 대한 사회적 관용이 필요하다. 구조조정 이후, 창업 실패 이후에도 재기할 수 있도록 '사회적 재도전 플랫폼', '실패 이력 복원 제도', '지역 재활 기회 프로그램' 등이 마련돼야 한다.

산업 전환기는 사회 전체의 전환기다. 단지 산업만 바꾸는 것이 아니라 사람과 지역, 제도와 인식 모두가 새롭게 설계되어야 한다. 전환의 고통을 방치하면 갈등이 되고, 전환의 충격을 줄이면 기회가 된다. 지금 필요한 것은 단순한 보완책이 아니라, 전환을 견딜 수 있는 사회의 체력과 구조를 만드는 일이다. 대한민국이 다음 시대에도 산업 강국으로 남으려면, 사회적 연착륙 장치는 선택이 아니라 필수다.

제8장

금융과 시장, 공정의 시스템을 세우자

1. 금융 소비자 보호를 강화하자
2. 사모펀드·보험 시장의 투명성 확보
3. 신용불량·채무불이행자 제도 개선
4. 지역 금융 접근성을 확대하자
5. ESG 시장 활성화와 제도 정비

1. 금융 소비자 보호를 강화하자

*"금융은 돈이 아니라 신뢰의 문제다.
소비자를 보호하지 않는 금융은 존재할 이유가 없다"*

복잡한 금융시장, 소비자는 여전히 약자다

현대사회에서 금융은 단순한 자산 운용 수단을 넘어 일상생활의 필수 인프라가 되었다. 대출, 보험, 투자, 연금, 결제까지 개인의 모든 경제 활동은 금융 시스템과 밀접하게 얽혀 있다. 그러나 금융의 복잡성과 불투명성은 오히려 소비자에게 위협으로 작용하는 경우가 많다.

최근 10년간 한국의 금융시장에서는 연이어 신뢰를 무너뜨리는 사건들이 발생했다. 2019년 파생결합펀드(DLF) 사태, 2020년 라임·옵티머스 자산 운용 사태, 이후에도 다양한 사모펀드 관련 불완전판매 사건이 연속적으로 발생했다. 이들 사건은 단순한 사기나 일탈이 아니라, 정보 비대칭과 공급자 중심 구조에서 비롯된 구조적 문제임을 드러낸다.

한국의 금융 소비자는 대부분 비전문가이며, 금융상품은 갈수록 복잡해지고 있다. 수익률, 위험도, 투자 대상 등 핵심 정보를 이해하는 것은 전문가에게도 쉽지 않다. 설상가상으로 상품 설명은 난해하거나 생략되는 경우가 많고, 계약서는 장황하고 소비자에게 불리한 조항들이 많다. 소비자는 '잘 몰라서' 피해를 입는 것이 아니라, 제대로 알 기회조차 제공받지 못한 상태에서 거래에 임하고 있는 셈이다.

정부와 금융당국은 이와 같은 문제를 인식하고 일부 제도 개선을 시도해왔지만, 아직도 소비자 보호는 공급자 이익 뒤에 놓여 있다. 금융은 본래 복잡하고 리스크가 수반되는 산업이지만, 그렇기 때문에 더욱 소비자 보호가 전제되어야 한다.

설명 책임 강화와 제재 장치 정비가 핵심이다

금융 소비자 보호를 강화하기 위한 첫 번째 과제는 설명 의무 강화와 적합성 원칙 준수의 실효성 확보다. 현재도 법적으로 설명 의무 조항이 존재하지만, 현실에서는 형식적으로 이뤄지거나, 핵심 정보는 빠지고 비판적 정보는 의도적으로 축소되곤 한다.

'적합성 원칙'이란 소비자의 투자 목적, 재산 상태, 투자 경험 등을 고려하여 적절한 금융상품을 권유하라는 것이다. 하지만 판매자는 종종 수익률이나 수수료 구조에 따라 특정 상품을 권하고, 그 결과 소비자는 본인에게 적합하지 않은 고위험 상품에 노출되기 쉽다. 이를 방지하기 위해 판매자와 상품 구조의 이해관계를 공개하고, 설명 과정 전체를 녹취 또는 문서화하는 방식의 투명성 확보가 필요하다.

설명 의무나 적합성 위반에 대한 징벌적 손해배상 제도의 도입도 고려해야 한다. 단순 과실이 아닌 고의적 왜곡, 반복적 불완전 판매에 대해서는 최대 3배의 배상까지 가능하도록 법적 장치를 마련해야 한다. 이는 금융사의 책임 있는 상품 설계 및 판매를 유도하는 예방적 효과를 가져올 것이다.

또한 금융감독 기관과 소비자 보호 전담 기구의 분리 또는 독립성 강화도 검토해볼 필요가 있다. 현재 금융감독원은 감독과 소비자 분쟁 조정을 함께 수행하고 있는데, 이는 이해 상충을 야기할 가능성이 있다. 영국의 '금융옴부즈맨 서비스'처럼 독립된 소비자 보호 전담 기구가 금융기관과 동등한 위상으로 피해구제와 제도 개선을 권고할 수 있는 체계가 필요하다.

평생 금융 교육과 소비자 주권을 위한 인프라 구축

금융 소비자의 자율성과 책임을 말하려면 먼저 그들이 정보와 이해의 기반 위에 설 수 있도록 하는 구조가 필요하다. 이것이 바로 평생 금융 교육이다. 현재 한국은 OECD 금융문해력 조사에서 하위권에 머무르고 있으며, 특히 청년과 고령층의 금융이해력은 심각한 수준이다.

초·중등 교육 과정에 체계적인 금융 교육을 포함시키고, 대학교·직장·노년기별 맞춤형 콘텐츠를 마련해 전 생애주기별로 금융소비자 역량을 키울 수 있어야 한다. 또한 사회복지기관, 지역자치단체, 금융회사 등과 협력하여 지역별 '금융생활지원 센터'를 설치하고, 1:1 상담·분쟁 조정·긴급 대응을 원스톱으로 제공하는 인프라를 구축해야 한다.

디지털 전환의 흐름 속에서 디지털 금융 소비자 보호도 강화되어야 한다. 모바일뱅킹, 간편송금, 비대면 대출 등 다양한 기술 기반 금융서비스가 확산되었지만, 사용자 중심의 인터페이스 설계나 장애인·고령자 접근성 등은 여전히 미흡하다. 디지털 접근권 보장을 위해 금융 앱 접근성 평가제, 금융 약자 보호 가이드라인, AI 기반 상품 추천 알고리즘의 투명성 확보 등의 정책이 병행되어야 한다.

금융은 '큰돈 있는 사람'만을 위한 것이 아니다. 모두가 매일같이 사용하는 금융 시스템은 누구에게나 안전하고 공정해야 한다. 소비자 보호는 선택의 문제가 아니라, 지속 가능한 금융 생태계를 위한 공공 정책의 기초다. 소비자의 권리를 보장하는 사회만이 건강한 자본주의를 이룩할 수 있다.

2. 사모펀드·보험 시장의 투명성 확보

*"신뢰 없는 금융은 시장이 아니다.
투명성이 곧 생존 조건이다"*

사모펀드 시장의 구조적 불신, 이제는 멈춰야 한다

사모펀드는 본래 일정 수준 이상의 투자 지식을 갖춘 전문 투자자들을 대상으로 설계된 고위험·고수익 금융상품이다. 하지만 한국의 사모펀드 시장은 실상과 달랐다. 금융사들은 복잡한 구조의 상품을 일반 투자자에게 판매했고, 투자 위험을 제대로 알리지 않았다. 라임과 옵티머스 사태는 단순한 사기 사건이 아니라, 금융당국과 업계의 방임과 불투명한 구조가 초래한 제도적 실패였다.

문제의 본질은 투명성 부재다. 펀드가 어떤 자산에 투자되고 있으며, 현재 수익률은 어떠하며, 유동성 위험은 어느 정도인지 등 기본적인 정보조차 투자자에게 실시간으로 제공되지 않았다. 여기에 판매사와 운용사, 수탁기관 간의 이해 상충은 투자자를 보호할 마지막 안전장치마저 무력화시켰다.

이제는 구조 개편이 필요하다. 펀드 운용 정보의 실시간 공시 의무화, 사모펀드의 자산 내역 보고 강화, 펀드 유형에 따른 리스크 등급 체계 정비, 수탁기관의 견제 기능 독립화 등 상품 설계부터 관리·판매에 이르기까지 전 과정의 시스템적 투명성 강화가 핵심이다.

또한 사모펀드 시장 내에서 자산가 위주의 편중된 정보 흐름을 차단하고, 소액 전문 투자자의 참여 기준을 보다 엄격하게 조정할 필요도 있다. '적격 투자자' 기준을 다시 설정해 고위험 상품에 접근할 수 있는 대상자 범위를 명확히 하고, 사전 교육 및 상품 이해력 테스트 등을 통해 투자자의 자격을 심층 검증하는 절차도 필요하다.

사모펀드의 위기는 단지 시장의 후퇴를 의미하는 것이 아니라, 전체 금융 산업의 신뢰 기반을 훼손하는 사건이다. 다시는 같은 일이 반복되지 않도록, 시장 자체의 설계 철학을 바꾸는 것이 중요하다.

보험, 보장이 아닌 불신의 시장이 되고 있다

보험은 위험을 나누는 사회적 장치다. 그러나 한국의 보험 시장은 오히려 소비자의 신뢰를 잃고 있다. 복잡한 상품 구조, 낮은 해지 환급률, 과도한 사업비, 설계사 중심의 수당 체계, 반복되는 손해율 폭등 등 구조적 문제는 심화되고 있다.

실손보험은 대표적이다. 건강보험과의 중복 보장 구조, 일부 고위험군의 과도한 청구, 비급여 항목의 무분별한 확장 등이 결합해 손해율은 계속 치솟고 있다. 결국 보험료는 상승하고, 가입자는 이탈하며, 시장은 악순환에 빠진다. 단기적으로 손해율을 개선하기 위한 보험료 인상은 일시적인 해법일 뿐이며, 구조적 대안이 필요하다.

보험 시장에서의 투명성 회복을 위해 가장 시급한 것은 상품 설명의 명확화와 비교공시 제도의 강화다. 표준설계서와 핵심 요약자료를 모든 보험사가 공통 형식으로 제공하도록 하고, 소비자가 가입 전에 동일 조건의 보험을 자유롭게 비교할 수 있는 플랫폼을 구축해야 한다. 이는 소비자의 선택권을 보장하는 동시에 시장의 공정성을 높이는 방식이 될 것이다.

또한 보험 계약자가 주기적으로 보장을 검토할 수 있는 '정기 리뷰 제도'를 의무화하고, 설계사의 변경 이력과 수당 내역 등을 계약자가 직접 열람할 수 있도록 해야 한다. 이를 통해 계약자 중심의 보험 시장 구조로의 전환을 이끌어야 한다.

사기 방지와 공정성 회복을 위한 시스템 구축

보험과 사모펀드 모두에서 반복되는 문제는 감독 부실과 사후 대응 중심의 제도 운영이다. 이제는 사전 예방 중심의 시스템으로 이동해야 한다.

사모펀드의 경우 고위험 상품에 대해 사전 등록제 도입, 투자자 성향에 따른 판매 자격 기준 강화, 이해 상충 방지를 위한 내부 통제 지침 표준화 등 규제 틀을 정비해야 한다. 자율 규제의 한계를 넘기 위해 금융당국의 감독 역량도 함께 강화돼야 한다. 이와 더불어 각종 이해관계자 간 내부 감시 구조, 예컨대 운용사의 독립 감사 기능과 수탁기관의 상시 견제 체계를 강화함으로써 내부 통제의 실질화를 달성해야 한다.

보험의 경우, 반복되는 손해율 악화를 방지하기 위한 데이터 기반 분석 체계가 필요하다. 공공기관과 민간 보험사의 청구 데이터 연계를 확대하고, 인공지능 기반 이상 청구 탐지 시스템을 도입하여 보험 사기와 과잉 청구를 조기에 차단할 수 있어야 한다.

또한 공시 시스템 개편을 통해 보험 상품 비교·분석 기능을 제공하고, 소비자가 스스로 판단할 수 있는 정보 환경을 조성하는 것이 무엇보다 중요하다. 판매자의 말이 아니라 소비자의 눈높이에 맞춘 정보 공개가 이루어져야 하며, 이를 위해 보험 정보 포털 시스템의 전면 개편이 요청된다.

더 나아가 보험 및 펀드 상품에 대한 '사후 검증 제도'를 도입해, 일정 기간 이상 판매된 상품에 대한 실적 및 민원 이력을 정기적으로 공시함으로써 사후 관리의 책임을 제도화해야 한다. 판매 후 방치되는 시장 구조에서 벗어나, 판매 전·중·후 전 단계에 걸친 상시적 감독 체계를 마련해야 한다.

사모펀드와 보험 시장은 더 이상 일부 자산가와 금융사의 이익 도구가 되어서는 안 된다. 투명하고 책임 있는 구조만이 지속 가능한 시장을 만든다. 시장이 신뢰를 잃으면, 정부가 아무리 규제를 강화해도 회복은 더디다.

소비자 중심, 정보 공개 중심, 책임 구조 중심으로 금융의 패러다임을 전환해야 한다. 신뢰는 스스로 생기지 않는다. 그것은 제도 설계와 실행의 정직함 속에서 천천히 형성되는 사회적 자산이다. 지금은 그 신뢰를 다시 세울 시간이다.

3. 신용불량·채무불이행자 제도 개선

> "회복을 도울 때 사회는 강해진다. 금융은 처벌이
> 아니라 재기의 사다리가 되어야 한다"

'신용불량자'라는 낙인을 넘어 회복으로

한국 사회에서 신용불량자, 채무불이행자는 경제적 실패자이자 사회적 낙오자로 취급되어왔다. 그러나 채무는 누구나 겪을 수 있는 문제이며, 실패는 죄가 아니다. 병이나 사고, 가족의 위기, 창업 실패 등으로 인해 신용이 무너진 개인에게 '불량자'라는 딱지를 붙이는 것은 이중의 고통을 주는 일이다.

현재 한국에는 500만 명에 이르는 신용회복 대상자가 존재하며, 그 수는 코로나19 이후 더욱 증가하고 있다. 그러나 이들 상당수는 복잡한 절차와 사회적 낙인, 제한된 제도 접근성으로 인해 실질적인 재기를 이루지 못하고 있다. 실제로 법원의 개인회생·파산 제도와 신용회복위원회의 채무조정 프로그램은 존재하지만, 신청률은 낮고 탈락률은 높다.

문제의 핵심은 제도 자체가 회복 중심이 아니라 채무자의 책임을 강조하는 구조에 머물러 있다는 점이다. '신용불량자'라는 용어부터 바꿔야 한다. 미국·영국 등 선진국에서는 '금융위기자' 또는 '신용회복 지원 대상자' 등의 중립적 용어를 사용하며, 재기 가능성에 방점을 둔 정책이 중심을 이룬다.

정부와 사회가 채무자의 회복을 돕는 것은 단지 복지의 차원을 넘어, 건전한 금융 시스템 유지와 생산 가능 인구의 복귀라는 관점에서 매우 전략적인 투자다. 지금 필요한 것은 관점의 전환이며, 회복을 위한 제도적 구조다.

제도를 쉽게, 접근을 넓게, 절차를 빠르게

현행 신용회복 제도는 다양하지만 절차가 복잡하고, 행정력이 많이 소요되며, 국민이 체감하기 어렵다. 개인회생은 통상 수개월 이상 소요되며, 자격 요건이 엄격하고, 서류 준비도 까다롭다. 신용회복위원회의 채무조정 역시 신청자의 정보력과 협상력이 일정 수준 이상 요구된다.

우선 제도 진입 장벽을 낮춰야 한다. 온라인 신청 절차를 간소화하고, AI 기반 사전 진단 프로그램을 통해 적합한 채무조정 옵션을 제시하는 '맞춤형 회복 경로 제공 시스템'을 구축해야 한다. 특히 사회초년생, 고령자, 외국인, 비문해층을 위한 통합 상담 및 대리 신청 서비스가 필요하다.

두 번째로는 신용회복 대상자의 연체 이력에 대한 유예 제도를 검토할 필요가 있다. 연체 발생 후 일정 기간 내 자발적으로 상환 계획을 수립하고 실행할 경우, 해당 이력이 신용점수에 미치는 영향을 감경하는 제도다. 이는 성실 상환 문화를 유도하고, 장기 연체로 인한 금융 단절을 방지할 수 있다.

세 번째는 공공 금융기관 주도의 고금리 대환 프로그램 확대. 현재 금융 취약 계층은 제도권 금융 진입이 어렵고, 고금리 사채나 대부업에 의존하는 경우가 많다. 정부와 지자체, 서민금융진흥원 등이 협업하여 고금리 채무를 저리로 대환하고, 일정 기간 이후 재신용평가를 통해 재기의 기회를 부여해야 한다.

이와 함께 채무자가 채무조정 과정에서 직면하는 정보 부족 문제를 해결하기 위해 '신용회복 가이드북' 및 동영상 콘텐츠 보급, 지역 주민센터 연계 '재무상담 창구'를 통해 시민 접근성을 높여야 한다.

성실 상환자 지원과 회복 인센티브 구조화

채무조정과 회생을 신청해도 실제 회복까지 이르는 과정은 길고

힘들다. 많은 경우 성실히 상환을 시작했음에도 불구하고, 소득 감소, 돌발변수 등으로 인해 다시 중단되거나 원금이 아닌 이자만 갚는 악순환에 빠지기도 한다. 이를 방지하려면 회복 가능성 중심의 설계와 인센티브가 필요하다.

첫째, 성실 상환자에게는 일정 기간 후 신용등급 회복 혜택을 자동으로 부여해야 한다. 예를 들어 12개월 이상 상환을 유지한 경우 1단계 신용등급 상향을 보장하고, 향후 금융상품 이용 제한을 점진적으로 해소할 수 있도록 제도를 설계할 필요가 있다.

둘째, 공공임대 우선 공급, 정부 일자리 연계, 창업 자금 지원 등 회복 기반 인센티브 패키지가 마련돼야 한다. 이는 단지 채무의 문제를 넘어서 삶의 재설계까지 지원하는 통합형 사회 정책으로 기능할 수 있다.

셋째, 회생 완료자 및 채무조정 졸업자 대상의 '사회 복귀 프로그램'도 도입할 필요가 있다. 사회 복귀 후 일정 기간 동안의 경제활동 추적, 멘토링, 지속적 재무상담 등을 통해 회복 지속률을 높일 수 있다. 이는 단기적 구제에서 중장기적 재기 가능성으로 이행하는 핵심 매개가 된다.

마지막으로, 금융기관의 인식 전환도 필요하다. 신용회복 대상자를 위험군이 아니라 회복 중인 경제 주체로 바라보아야 하며, 이를 제도적으로 촉진하기 위한 정책금융 유도, 금리 인하 인센티브 제공 등이 뒤따라야 한다.

신용불량, 채무불이행 문제는 더 이상 개인의 문제가 아니다. 그것은 우리 사회의 회복력과 포용성, 그리고 금융 시스템의 신뢰 수준을 드러내는 바로미터다. 신용이 무너진 사람을 어떻게 대하는지가 그 사회의 품격이다.

금융은 처벌의 수단이 아니라, 기회의 사다리가 되어야 한다. 정부와 금융기관, 시민사회가 협력해 '회복 중심의 금융 생태계'를 만들어간다면 우리는 훨씬 더 건강한 자본주의, 더 지속 가능한 사회로 나아갈 수 있다.

4. 지역 금융 접근성을 확대하자

*"금융 포용은 기술의 문제가 아니라 정의의 문제다.
모두가 누릴 수 있어야 진짜 금융이다"*

금융 사각지대, 조용한 배제의 현실

디지털 전환의 물결은 금융 산업에 혁신을 가져왔지만, 동시에 새로운 배제의 그림자도 함께 드리우고 있다. 전국적으로 은행 점포는 빠르게 사라지고 있으며, ATM 기기마저 줄어들고 있다. 한편 모바일뱅킹, 챗봇 상담, 비대면 대출 등 기술 중심의 서비스는 빠르게 확산되고 있다.

이 변화 속에서 농촌, 도서 지역, 고령자, 장애인, 외국인 노동자 등은 기초적인 금융서비스에 접근하기조차 어려운 상황에 직면했다. 금융당국의 발표에 따르면, 2023년 기준 전국 읍·면 단위의

30%가량이 금융 점포 접근 취약 지역으로 분류됐다. 디지털 금융 기술이 빠르게 발전할수록, 오히려 소외 계층은 더 깊은 사각지대로 밀려나고 있는 것이다.

금융은 자산의 문제가 아니라 삶의 기본 조건이다. 급여 수령, 세금 납부, 병원 진료비 결제, 아이 교육비 송금 등 모든 삶의 흐름이 금융에 의존하는 오늘날, 금융 접근성 부족은 곧 생존권의 박탈로 이어진다. 이러한 상황을 방치한다면 사회 통합은커녕 구조적 격차가 더욱 확대될 수밖에 없다.

지금은 '디지털 전환'이라는 명분 뒤에 숨은 배제의 현실을 직시해야 할 때다. 금융 포용은 선택이 아니라 국가의 책임이며, 정의의 실현이다.

지역 금융 인프라 확충과 공공성 복원

금융사들이 수익성을 이유로 비수도권과 저밀도 지역의 점포를 철수하면서, 지방에서는 은행 서비스를 받기 위해 한 시간 이상을 이동해야 하는 일이 다반사가 되었다. 이는 단순히 불편의 문제가 아니라, 지역의 경제력 자체를 잠식하는 구조적 문제다. 소상공인, 농업인, 고령층은 금융거래의 어려움 때문에 투자와 소비를 줄이고, 이는 지역 경제의 악순환으로 이어진다.

따라서 정부와 지방자치단체는 금융 접근성을 지역 균형 발전 전략의 핵심 과제로 삼아야 한다. 우선 기초지자체 단위에서 금융 접근성 지표를 산출하고, 이를 토대로 '금융 소외 지역'을 선별하여 집중 지원하는 체계를 마련해야 한다. 지역 금융 접근성 종합 계획을 수립하고, 이를 공공금융기관, 지방은행, 소형 협동금융기관 등과 연계하는 협력 구조도 필요하다.

특히 새마을금고, 신협, 농협 지역 지점 등 소형 지역 기반 금융기관의 공공적 기능을 강화해야 한다. 이들 기관은 단순히 수익을 추구하기보다는 지역 내 신뢰와 네트워크를 기반으로 서민 금융, 긴급 대출, 금융 교육 등 사회적 역할을 수행할 수 있는 기반이 있다. 이를 위해 정부는 이들 기관에 대해 건전성 유지와 공공서비스 확대를 연계한 재정적 인센티브 제공, 전산 인프라 공동 이용 확대 등을 추진할 수 있다.

또한 오프라인 접근성이 불가피하게 떨어지는 지역에는 이동형 금융서비스를 확대해야 한다. '찾아가는 금융 버스', '무인 스마트 창구', '주 1회 방문형 출장소' 등 다양한 대체 수단을 정례화하고 제도화하는 것이 필요하다. 더 이상 '은행의 철수'는 수익 논리만으로 결정되어서는 안 된다.

디지털 금융 시대, 모두를 위한 설계로

디지털 금융은 분명 혁신이다. 하지만 그 혁신이 누구를 배제하고 있는가에 대한 질문 없이는 진정한 전환이 아니다. 특히 고령층, 장애인, 외국인 등은 디지털 금융 이용에 심각한 어려움을 겪고 있으며, 이는 단지 기술 문제가 아니라 설계 철학의 문제다.

우선 디지털 금융 앱에 대한 접근성 인증 제도 도입이 시급하다. 웹 접근성 인증처럼, 고령자·시각장애인·비문해자도 사용할 수 있는 금융 앱 설계를 권장하고 이를 평가하는 제도를 운영해야 한다. 텍스트 크기, 음성 지원, 쉬운 언어 사용, 보조 도우미 기능 등이 포함되어야 하며, 이를 충족하는 앱에 '포용 금융 인증 마크'를 부여할 수 있다.

또한 디지털 안내 도우미 배치, 고령층 금융 교육 프로그램 의무화, 주민센터·노인복지관과 연계한 '디지털 금융 체험 교실' 운영 등도 병행해야 한다. 단순히 인터넷을 알려주는 수준이 아니라, 일상에서 금융을 안전하게 사용하는 법을 가르치는 체계가 필요하다.

기술을 활용한 '디지털 키오스크'도 그 자체로는 포용적이지 않다. 금융 약자를 위한 오프라인 창구 유지 의무제, 혹은 '혼합형 금융서비스' 표준 모델 구축이 필요하다. 이는 기존 창구의 축소와 함께 디지털 서비스를 보완하는 방식을 말한다. 예를 들어 기본 금융 업무는 키오스크로 수행하되, 어려운 업무는 영상 상담이나 현장 직원이 돕는 혼합형 모델이 그것이다.

궁극적으로는 디지털 전환 정책 자체가 포용의 철학에 기반해야 한다. 금융의 디지털화는 효율성만이 아니라 형평성과 접근권 보장이라는 가치를 동반할 때 그 완성도를 가진다. 모두를 위한 기술 설계가 모두가 누릴 수 있는 금융을 만든다.

지역과 계층, 세대와 상황에 관계없이 누구나 금융서비스에 접근할 수 있는 권리를 보장하는 사회. 그것이 진정한 금융 포용의 시작이다. 접근성은 물리적 거리의 문제가 아니라, 기회의 평등이라는 본질적 정의의 문제다.

지금 우리가 선택해야 할 길은 효율성과 수익만을 좇는 길이 아니다. 모두를 위한 금융, 정의로운 금융, 공공적 금융의 복원이야말로 지속 가능한 사회로 나아가는 길이다.

5. ESG 시장 활성화와 제도 정비

"지속 가능성은 선택이 아니라 생존의 조건이다.
신뢰할 수 있는 ESG 시장이
미래 경제의 기준이 된다"

ESG, 시대적 흐름에서 정책의 중심으로

ESG(Environment, Social, Governance)는 이제 단순한 트렌드를 넘어 기업과 국가의 지속 가능성을 평가하는 핵심 기준이 되었다. 기후위기, 인권 보호, 윤리 경영, 투명한 지배구조 등의 문제는 더 이상 선택의 문제가 아니다. 투자자는 ESG를 보고 기업을 평가하고, 시민은 ESG를 통해 기업을 감시하며, 정부는 ESG를 통해 정책 방향을 설정한다.

세계 주요 국가들은 이미 ESG 공시 의무화, 평가 체계 통합, 녹색금융 활성화 등에 나서고 있으며, 글로벌 자본시장에서는 ESG 요소가 기업 가치의 핵심 평가 항목으로 작용하고 있다. 하지만 한국은 여전히 제도적 기반이 미비하고, 시장의 신뢰도 또한 낮다.

첫째, ESG 정보 공시 기준이 통일되어 있지 않고, 평가기관마다 산정 방식이 달라 기업 간 비교가 불가능하거나 왜곡된 정보가 유통되는 문제가 심각하다. 둘째, 소위 '그린워싱(위장 친환경)' 사례가 급증하고 있지만, 이를 단속하거나 처벌할 수 있는 법적 근거가 부족하다. 셋째, ESG 관련 금융상품 또한 인증 기준이 불분명하고, 소비자 보호 장치도 허술하다.

이제는 ESG를 '좋은 기업 마케팅' 도구가 아니라, 사회적 기준이자 규범으로 제도화할 필요가 있다. ESG는 경제의 미래를 책임지는 새로운 언어이며, 그 언어가 신뢰를 잃을 때 지속 가능성도 함께 사라진다.

공시와 평가 체계의 통일, 그린워싱 차단의 출발점

ESG 제도화의 첫 번째 단계는 공시 기준의 통일과 평가 체계의 신뢰 회복이다. 현재 기업들은 자율 공시 형식으로 ESG 정보를 제출하고 있으며, 평가기관들 역시 각자의 기준과 척도로 ESG 등급을 부여하고 있다. 이로 인해 동일 기업에 대해 A등급과 C등급이 동시에 부여되는 사례도 존재한다.

이에 따라 정부는 ESG 공시 기준을 국제회계기준(IFRS) 기반으로 통일하고, 모든 상장사에 대해 일정 기준 이상 공시를 의무화할 필요가 있다. 중소기업의 부담을 줄이기 위해 단계적 적용을 도입하되, 필수 항목(탄소 배출량, 노동 조건, 지배구조 구성 등)은 명확히 설정되어야 한다.

또한 ESG 평가기관 등록제를 도입해 평가기관의 자격 요건, 운영 기준, 정보 공개 의무 등을 명확히 제시해야 한다. 이와 함께 평가 결과에 대한 소비자 이의신청 제도, 검증 시스템 등도 함께 구축해 신뢰성과 투명성을 높여야 한다.

'그린워싱'을 비롯한 ESG 포장 행위에 대한 제재 체계도 정비해야 한다. 허위 ESG 공시 시에는 민사상 손해배상은 물론, 공시 취소 및 과징금 부과, 상장 적격성 심사 등의 강력한 조치가 가능해야 한다. ESG는 이미지 마케팅이 아니라, 실제로 행동하고 실적을 내는 기업에만 부여되는 자격이어야 한다.

공공부문이 시장을 이끄는 ESG 선도자여야 한다

민간에 ESG를 강요하기 전에, 공공부문이 먼저 모범을 보여야 한다. 정부와 공공기관, 지방자치단체는 조달, 투자, 대출, 인허가 등 다양한 방식으로 기업 활동에 영향을 미친다. 이 모든 영역에 ESG 기준을 내재화해야 한다.

우선 정부 조달 사업에 ESG 평가 기준을 도입하고, 이를 통해 ESG 우수 기업에 인센티브를 제공하는 구조가 필요하다. 예를 들어 탄소 감축 실적이 우수하거나, 청년·여성 고용 비율이 높은 기업에 가점을 부여하고 장기계약 우선권을 부여할 수 있다.

둘째, 공공 금융기관(산은·기은·신보 등)의 자금 지원 기준에도 ESG 평가 요소를 포함시켜야 한다. 탄소중립 목표와 연계된 대출금리 우대, ESG 인증 투자 프로젝트 우선 심사, 사회적 기업에 대한 정책 자금 확대 등이 그것이다.

셋째, 공공기관 자체의 ESG 경영 평가도 정례화할 필요가 있다. 경영 평가 항목에 ESG 항목을 독립적으로 포함시키고, 연간 실적 보고를 의무화하며, 기관장 평가지표와 연동할 수 있어야 한다. 정부가 ESG 시장의 수요자이자 공급자로서 리더십을 보이는 구조를 만들어야 한다.

마지막으로, ESG 인재 양성 체계도 시급하다. ESG 전문 회계사, 컨설턴트, 기술 평가자, 사회적 감사자 등 새로운 전문가군이 필요하며 이를 위한 민관 공동 교육 프로그램과 자격 인증 제도 도입이 병행돼야 한다. ESG는 산업 정책이자 교육 정책이며, 기술 정책이기도 하다.

ESG는 단순한 유행어가 아니다. 그것은 기업의 철학이고, 정부의 기준이며, 사회의 방향이다. 신뢰할 수 있는 ESG 시장을 만드는 일은 단지 투자자 보호를 넘어 대한민국 경제의 국제적 위상을 재설계하는 작업이다.

지속 가능성은 미래의 문제가 아니다. 지금 여기에서, 우리가 어떻게 제도화하고, 어떤 기준을 세우며, 어떤 주체가 행동할지를 통해 그 미래는 결정된다. ESG는 그 실천의 이름이다.

농업·환경, 지속 가능한 국토 전략을 세워라

1. 농업을 단순 산업이 아닌 생존 기반으로 재인식하자
2. 기후위기 대응, 탄소중립을 넘어서야 한다
3. 도시와 농촌, 균형 발전으로 회복 탄력성을 높이자
4. 국토계획, 자연과 공존하는 패러다임으로
5. 환경 정책, 규제에서 투자로
6. 자원 순환, 쓰레기 문제를 미래 산업으로
7. 생물 다양성, 생명의 연결망을 지켜야 한다
8. 녹색국가 전략, 통합 리더십이 필요하다

1. 농업을 단순 산업이 아닌 생존 기반으로 재인식하자

"농업은 식량의 문제가 아니라,
안보와 생존의 문제다"

식량 자급률은 국가 생존의 바로미터다

한국의 식량 자급률은 2023년 기준 45.8%, 곡물 기준으로는 20% 안팎에 불과하다. 이는 OECD 최하위권 수준으로, 쌀을 제외하면 밀, 콩, 옥수수, 콩기름, 육류 대부분을 수입에 의존하고 있다. 이런 구조는 글로벌 공급망 충격이나 수출국의 정치적 결정 하나에 따라 국민 식량 안보가 직접 위협받을 수 있는 매우 취약한 구조다.

더 이상 '해외에서 사 오면 된다'라는 사고는 통하지 않는다. 우크라이나 전쟁, 팬데믹, 기후재난 등은 전 세계적인 식량 불안을 부추기고 있으며, 각국은 식량을 전략물자화하고 있다. 한국도 식량의 자급률을 단지 경제적 효율성의 문제가 아니라 국가 생존의 관점에서 재설정해야 한다.

식량 자급은 곧 안보이고, 주권이다. 지금의 곡물 수입 의존 구조에서 벗어나기 위해 장기적인 국산 곡물 재배 확대, 비축 시스템 정비, 국내 생산 기반 강화가 필요하다. 특히 식량 기본법을 실질화하고, 식량 위기 대응 체계를 정부 전체 차원에서 설계해야 한다.

농업을 산업으로만 볼 수 없다

그동안 농업은 '보호받아야 할 산업', '비효율적인 산업'으로 인식되어왔다. 그러나 이제는 농업을 경제뿐 아니라 환경, 생태, 기후, 에너지, 지역 균형 발전 등 복합적인 기능을 수행하는 기반 산업으로 봐야 한다.

농촌은 단지 먹거리 생산 공간이 아니라, 국토의 65%를 차지하며 물, 탄소, 생물 다양성을 관리하는 핵심 생태 공간이다. 이 공간을 방치하면 기후위기와 생태 붕괴는 더욱 가속화될 것이다.

스마트팜, 그린바이오, 친환경 농업, 농업 디지털화 등은 단순한 첨단 기술이 아니라, 지속 가능한 국토 전략의 핵심 수단이다. 농업은 산업이자 문화이며, 공동체를 지탱하는 보루다. 이러한 통합적 인식이 정책 전반을 지배해야 한다.

또한 농업은 저탄소 산업이자 탄소 흡수원이다. 기후위기 대응을 위한 탄소 감축 전략에서 농업은 소외되어서는 안 되며, '농업 기반 생태계 보전'은 곧 기후 전략이 되어야 한다. 이러한 통합적 관점에서 농업·환경·산림·기후 정책이 유기적으로 연결돼야 한다.

농업 인구 고령화, 농촌 소멸을 막아야 한다

농가 인구의 평균 연령은 67세에 달하며, 70대가 절반 이상이다. 청년 농업인은 전체의 1.5%에 불과하다. 이는 단순한 인력 문제를 넘어 농촌 자체의 생존이 위협받고 있는 구조적 위기다.

고령화와 소멸의 악순환을 끊기 위해서는 청년 귀농·창농 인센티브 확대, 농촌 주거·교육 인프라 개선, 2세대 농업 승계 지원 정책이 병행돼야 한다. 또한 농촌이 '노년층의 공간'이 아니라 '청년 창업의 거점'으로 재구성될 수 있도록 유통, 마케팅, 브랜드, 데이터 기반 지원이 이뤄져야 한다.

농촌에서 교육받고 일하고 정착할 수 있는 환경, 즉 삶의 질과 경제적 가능성이 담보되지 않으면 농촌 회생은 불가능하다. 특히 청년 농부에게 '농지 접근성', '디지털 기반', '정착 자금' 등 맞춤형 지원이 이뤄져야 한다.

농업 고령화는 단지 일손 부족의 문제가 아니라, 국가의 미래

식량 전략 자체가 흔들리는 일이라는 점에서 시급하게 대응해야 한다.

농업 정책의 방향도 패러다임 전환이 필요하다

현재의 농업 정책은 생산량 확대, 가격 안정, 직불금 보전에 초점을 맞춰왔다. 그러나 기후위기와 생태 전환 시대에는 '지속 가능성' 중심의 구조 개편이 불가피하다.

이를 위해선 탄소 감축형 농업, 유기농·저투입 농법, 물 절약형 재배 시스템, 탄소 흡수 농지 확대 등 기후농업 전략이 마련돼야 한다. 또한 농민이 단순 생산자가 아니라, 환경과 국토의 관리자로서 역할을 수행할 수 있도록 정책적 인정과 보상이 필요하다.

농업 직불 제도도 단순 보전 중심에서 기후성과 기반의 구조로 바뀌어야 하며, 농업경영체 등록제, 농업 회계 투명화, 공익적 가치 중심 보상 체계를 도입해 농업의 다원적 기능을 제대로 평가해야 한다.

농업은 더 이상 '도태된 산업'이 아니라, 미래를 위한 '회복력의 산업'이다. 이러한 인식의 전환이 지속 가능한 국토 전략의 출발점이며, 농업은 단지 부문 정책이 아니라, 대한민국의 미래를 위한 종합 전략의 핵심 축이다.

2. 기후위기 대응, 탄소중립을 넘어서야 한다

"탄소중립은 출발점일 뿐,
전환의 시스템을 설계해야 한다"

기후위기는 더 이상 환경 문제가 아니다

2023년 한 해, 세계는 기후위기의 실체를 똑똑히 목격했다. 40도를 넘는 폭염, 가뭄과 산불, 이상 한파와 폭우가 일상화되었고 이는 단지 환경의 문제가 아니라 인간 생존과 경제 시스템, 산업구조 전반에 영향을 주는 총체적 위기로 발전하고 있다.

한국도 예외는 아니다. 폭우와 태풍은 농작물과 기반시설에 피해를 주었고, 에너지 수급 불안정, 수자원 고갈, 도시열섬 현상 등은 국민 삶의 질을 직접 위협하고 있다. 특히 농업, 건설, 관광, 물류 등 실물경제 분야의 피해는 기후위기가 이미 경제위기이며 안보위기라는 사실을 명확히 보여준다.

기후위기는 기후만의 문제가 아니라, 사회 전체의 불균형과 시스템의 한계가 드러나는 '거울'이다. 빈곤, 건강, 주거, 일자리, 교육 등 각종 불평등이 기후위기를 통해 더욱 증폭되고 있으며, 이 문제는 단기적인 환경 정책으로는 해결되지 않는다.

이제는 '기후 대응은 선택이 아니라 필수'이며, 국가의 미래 전략 그 자체로 기후 정책을 정립해야 할 때다. 기후위기 대응 역량은 곧 국가의 정책력이며, 국민 신뢰의 바로미터다.

탄소중립은 수단이지 목적이 아니다

한국은 2050년까지 탄소중립을 달성하겠다는 목표를 선언하고, 산업·수송·건물·에너지 등 각 부문별 감축 계획을 수립 중이다. 하지만 많은 전문가들은 지적한다. 지금의 탄소중립은 숫자 중심의 목표 달성에 치우쳐 있으며, 구조 전환 전략이 부족하다.

탄소중립은 '탄소 배출량을 줄이자' 하는 캠페인이 아니라, 산업과 에너지, 교통, 주거, 소비 패턴 전반을 바꾸는 사회 시스템의 전환이다. 따라서 목표 수치에 집중하기보다, 탄소 배출을 줄이는 과정 자체에서 새로운 산업, 일자리, 기술, 교육, 도시 구조를 설계해야 한다.

예를 들어, 철강·석유화학 등 고탄소 산업은 저탄소 기술로의 전환 로드맵과 함께 관련 노동자 전직 훈련, 중소 협력업체 지원, 산업 클러스터의 연계 전략 등이 결합돼야 한다. 자동차 산업은 전기차 전환뿐 아니라, 충전 인프라, 배터리 재활용, 전력 수급까지 통합적으로 재설계돼야 한다.

탄소중립이 지속 가능성을 담보하려면 경제성장을 억제하지 않으면서 감축을 실현하는 기술과 시스템이 뒷받침돼야 하며, 이를 위해서는 민간 투자, 제도 설계, 지역 실행력, 시민 인식 개선이 모두 통합돼야 한다.

지역 단위 탄소중립 전략이 필요하다

기후위기는 전국적이지만, 해결은 지역 단위에서 이루어져야 한다. 각 지자체는 기후 여건, 산업구조, 에너지 소비, 교통망, 시민 문화가 다르며, 이질적인 조건에서 표준화된 감축 모델은 효과가 없다.

따라서 기초지자체별 기후에너지 기본계획 수립, 탄소중립 시범지구 지정, 재생에너지 기반 전력 자립률 제고, 시민 참여형 탄소중립 예산 편성 등의 지역 밀착형 전략이 중요하다. 예컨대 농촌 지역은 바이오에너지와 산림 흡수원이 강점이고, 도시는 그린모빌리티와 건물 효율화에 주력해야 한다.

지역 단위 감축 전략은 '지역 맞춤형'일 뿐 아니라, '시민 체감형'이어야 한다. 교통·주거·음식·소비 등 생활 전반에서 탄소 절감이 체감될 수 있도록 디지털 기반의 탄소 진단 플랫폼, 개인별 인센티브 체계도 함께 설계되어야 한다.

특히 시민 참여가 형식이 되지 않기 위해서는 지역별 기후 거버넌스를 구축하고, 청소년·노년층·이주민 등 다양한 계층의 의견을 반영하는 '기후 참여 예산제', '지역 기후 의회' 등을 시범적으로 도입해볼 수 있다.

기후 정책은 통합 플랫폼으로 설계돼야 한다

지금까지의 기후 정책은 부처별로 나뉘고, 계획과 집행이 분리돼 있으며, 실적 중심의 보고에 머무는 경우가 많았다. 하지만 기후위기는 국가 전체 시스템이 유기적으로 작동해야 대응 가능한 복합 재난이다.

이를 위해 '국가 기후위기 대응 컨트롤타워'를 총리실 직속으로 격상하고, 각 부처의 정책을 통합 조정할 수 있는 기능이 필요하다. 또한 기후 재정, 그린세제, 기후 기술 R&D, 시민 참여 전략이 연동되는 통합 플랫폼이 구축돼야 한다.

기후재난에 대비한 국가 재난 대응 시스템과 보험 제도, 기후 피해 지원 기금도 제도화돼야 한다. 또한 ESG, 녹색금융, 탄소세, 배출권거래제 등 시장 기반 수단과 정부의 직접 개입 수단이 균형을 이루는 하이브리드 정책 설계가 중요하다.

기후 교육 역시 중요한 과제다. 초중등 교육 과정에서 기후위기와 지속 가능성을 주요한 주제로 포함시키고, 시민 대상 기후 시민 교육, 기업 대상 탄소 회계 교육 등을 통해 전 사회의 기후 감수성과 실천력을 높여야 한다.

기후위기는 21세기 최대의 구조 변화이자 문명 전환의 신호다. 우리는 이 위기를 '위축'이 아니라 '전환'으로 읽어야 한다. 탄소중립은 시작일 뿐이며, 지속 가능한 사회로 나아가는 시스템을 설계하는 것이 진짜 목표다.

지금 필요한 것은 숫자와 선언이 아니라, 삶의 방식과 도시의 구조, 산업의 논리를 바꾸는 실천과 행동이다. 대한민국이 기후위기를 기회로 바꾸려면, 지금 바로 방향을 바꿔야 한다. 기후 대응은 기술의 문제가 아니라, 선택과 책임의 문제다. 이 거대한 전환의 흐름에서 한국은 리더가 될 수 있을까. 답은 정책과 시민의 연대에 달려 있다.

3. 도시와 농촌, 균형 발전으로 회복 탄력성을 높이자

"지속 가능성은 균형에서 비롯된다"

도시와 농촌의 격차, 국토 불균형의 심화

한국의 국토는 불균형하게 발전해왔다. 수도권 인구는 전체의 절반을 넘고, 인구·자본·산업·인프라가 집중된 반면, 농촌과 지방 도시는 급격한 인구 감소와 산업 붕괴, 고령화로 고통받고 있다. 이 격차는 단순한 지역 문제를 넘어 국가 전체의 지속 가능성을 위협하는 구조적 리스크로 확대되고 있다.

도시에서는 과밀로 교통·주거·환경 문제가 심화되고 있고, 농촌은 인구 소멸 위기와 공동체 붕괴를 겪고 있다. 특히 코로나19 이후 원격 근무와 디지털화로 도농 간 기능 재편이 가속화되었지만, 제도와 정책은 여전히 과거의 틀에 갇혀 있다.

국토의 회복 탄력성을 확보하려면, 이제는 수도권과 비수도권이라는 이분법을 넘어 도시와 농촌, 중앙과 지역의 공존과 협력을 기반으로 한 새로운 균형 모델을 수립해야 한다.

균형 발전은 분산이 아니라 연결이다

전통적인 균형 발전 정책은 '분산'에 초점을 맞췄다. 인구, 산업, 행정 기능을 지방으로 옮기면 문제가 해결될 것이라 믿었다. 하지만 단순한 이전만으로는 지속 가능한 지역 발전을 만들 수 없었다.

이제는 '물리적 분산'이 아니라, '기능의 연결'과 '가치의 확산'이 핵심이다. 대도시의 과밀 문제를 줄이면서도, 지역의 기회를 확장하는 연결형 거점 체계, 도농 간 상생 연계, 지역 주도의 정책 설계 권한 강화가 필요하다.

예를 들어 도시는 첨단 산업과 고등교육, 문화 기능을 유지하면서도 농촌과 협력해 식량, 물, 생태, 에너지 순환을 이룰 수 있고, 농촌은 디지털 기술을 활용해 의료, 교육, 복지의 접근성을 높이면서 자립적 경제 생태계를 구축할 수 있다.

이러한 연결의 관점에서 '광역권 단위의 통합계획', '생활권 중심의 복합 서비스 설계', '스마트 거점 도시 구축' 등 공간 전략의 혁신이 필요하다.

회복 탄력성을 높이는 지역 전략

도시와 농촌의 회복 탄력성은 단지 인프라의 문제가 아니다. 기후위기, 감염병, 경제위기, 고령화 등 다양한 충격에 대응할 수 있는 지역 고유의 복원력 체계를 구축하는 것이 핵심이다.

이를 위해 각 지역은 고유한 자원과 특성을 바탕으로 회복력 기반 전략을 수립해야 한다. 농촌은 재생 가능 에너지, 생태자원, 식량 자립도를 기반으로 '녹색 전환 거점'으로 발전할 수 있고, 도시도 스마트시티, 모빌리티 전환, 에너지 효율화를 통해 회복력을 강화할 수 있다.

특히 소멸 위험 지역을 '기회 지역'으로 전환하기 위해서는 청년 유입과 지역 창업 생태계 조성, 사회적경제 기반의 공공서비스 확대, 지역 대학과 산업의 연결 등이 필요하다. 사람이 모이고 머물 수 있는 지역 전략이 마련돼야 한다.

균형 발전은 지방정부와 시민의 주도로 이뤄져야 한다

중앙정부 주도의 균형 발전 정책은 지역 수요와 현장성과 괴리되기 쉽다. 이제는 지방정부가 지역의 전략 수립자이자 실행 주체로 전면에 나서야 한다.

지방정부가 인재와 재정을 확보하고, 시민과 함께 의제를 발굴하며, 중앙과 대등하게 협력하는 구조로 가야 한다. 이를 위해 지방 분권을 헌법적 가치로 강화하고, 재정 자립도와 권한을 실질적으로 확대하는 제도 개혁이 뒤따라야 한다.

또한 시민이 주체가 되는 지역 거버넌스, 주민 참여 예산제, 지역 사회 기반 의사결정 플랫폼 등 시민 주도형 지역 정치 생태계를 조성해야 한다. 균형 발전은 결국 지역 주민이 자신의 삶과 공동체를 주도적으로 설계할 수 있을 때 비로소 실현된다.

균형 발전은 선택이 아니라, 지속 가능한 국가를 위한 필수 전략이다. 도시와 농촌, 중심과 주변이 서로를 살리는 구조를 만들 때, 대한민국은 미래를 준비할 수 있다. 지금 필요한 것은 수도권 규제냐 지방 이전이냐의 프레임을 넘어, 공존과 협력의 구조적 설계다. 회복 탄력성이 높은 국토는, 함께 살아가는 국토에서 시작된다.

4. 국토계획, 자연과 공존하는 패러다임으로

"자연을 짓밟는 국토계획은 재앙을 부른다"

개발 중심 국토계획의 한계가 드러나고 있다

수십 년 동안 한국의 국토계획은 산업화와 도시화를 중심으로 설계되었다. 교통과 인프라, 산업단지, 신도시 개발이 중심이었고, 자연은 개발의 대상, 환경은 후순위로 밀려나 있었다. 그 결과는 무엇인가?

하천 범람, 산사태, 폭우 침수, 도시열섬, 미세먼지, 수질오염 등 자연재해의 일상화와 생태계의 파괴, 국토 전체의 회복력 약화다. 인구는 줄고 있지만, 개발 면적은 계속 늘어나고 있으며, 농지와 산림은 매년 줄고 있다.

도시와 자연을 분리하고, 인간과 생태를 대립시키는 국토계획은 이제 한계에 도달했다. 자연과 공존하지 않는 개발은 곧 재난이며, 회복 불가능한 손실을 남긴다. 이제는 국토계획의 패러다임 자체를 바꿔야 한다.

생태 중심의 국토관리 체계로 전환해야 한다

이제 국토계획은 개발과 보전을 따로 보지 말고, 통합적으로 설계해야 한다. 자연은 인간 활동의 제약 조건이 아니라, 지속 가능성을 위한 자산이다. 산림, 습지, 하천, 연안, 농지는 단지 경관이 아니라 탄소 흡수원, 수자원 조절 기능, 생물 다양성 보존, 열섬 완화 등 복합적 기능을 수행하는 국토의 기반이다.

따라서 국토계획 수립 시, 생태적 가치와 탄소중립 관점이 반영돼야 하며, 각종 개발계획에는 기후영향 평가, 생태서비스 평가, 생물 다양성 검토가 선행되어야 한다. '환경영향 평가'가 요식행위로 전락해서는 안 된다.

특히 도시계획은 회색 콘크리트 중심에서 '그린인프라' 중심으로 재편돼야 한다. 도심 속 공원, 가로수, 생태통로, 저류지, 친환경 건축물 등은 단지 미관이 아니라 도시의 생존 기반이다. 자연 기반 해법(NbS: Nature-based Solutions)을 국토 정책의 핵심 수단으로 정착시켜야 한다.

기후위기 시대, 탄력적인 공간 구조를 설계하자

기후위기는 국토계획에도 직접적인 영향을 미친다. 기존의 고정된 토지 이용 계획은 기후재난 앞에 무력하며, 불확실성과 변화에 대응할 수 있는 '탄력성 있는 국토계획'이 필요하다.

이를 위해 홍수 위험 지역의 개발 억제, 고위험 지역에 대한 이주계획, 기후 리스크 취약 지역에 대한 정비·복원 정책이 필요하다. 특히 기후재난 다발 지역에 대해서는 '전환 계획 기반 국토관리 제도'를 도입해, 토지 이용의 구조적 전환을 가능하게 해야 한다.

또한 건축물 기준, 재해방지 시설, 교통망, 에너지 인프라 등도 기후 변화에 대비한 유연성과 적응성을 갖춰야 한다. 지역 단위에서는 '기후 탄력성 종합 계획'과 '위기 대응형 국토 정책'이 수립돼야 한다.

시민이 참여하는 공간 계획, 삶의 질을 바꾼다

국토계획은 전문가나 행정의 영역으로 여겨졌지만, 결국 그 영향을 받는 것은 시민이다. 따라서 이제는 주민 참여형 국토계획, 시민 공론 기반의 공간 전략 수립이 제도화돼야 한다. 예를 들어 지역계획 수립 시 청년·노인·이주민·장애인 등 다양한 계층의 의견이 반영돼야 하며, 공청회나 설명회를 넘어선 '생활권 계획 협의체',

'디지털 참여 플랫폼' 등이 구축돼야 한다.

또한 공공공간의 질적 개선은 도시의 위상을 넘어서 시민 삶의 질과 직결된다. 걷기 좋은 거리, 안전한 골목, 품격 있는 공원, 지역 특색이 반영된 광장 등은 시민의 자긍심이자 회복의 기반이다. 건축과 도시, 지역계획은 결국 시민의 일상이다.

국토는 국력이며, 국토의 질은 곧 국민 삶의 질이다. 이제는 무분별한 개발과 무대책적 확장에서 벗어나 자연과 사람, 공간과 미래가 함께 호흡하는 국토계획을 수립해야 한다.

국토는 더 이상 무한한 자원이 아니며, 관리와 설계 없이는 그 어떤 지속 가능성도 담보할 수 없다. 지속 가능한 국토 전략은 개발이 아닌 공존의 철학에서 출발한다. 이제는 국토계획이 생태 정의와 공간 정의의 실현으로 이어져야 할 때다.

5.
환경 정책, 규제에서 투자로

"환경은 비용이 아니라, 미래를 위한 투자다"

환경 정책의 낡은 프레임을 넘어서야 한다

오랫동안 환경 정책은 '규제'의 언어로 이해되어왔다. 공장 설립 제한, 배출 허용 기준 강화, 환경영향 평가 등 대부분의 환경 제도는 경제활동을 제약하는 것으로 받아들여졌고, 기업에는 비용, 행정에는 의무, 시민에게는 불편으로 인식되어왔다.

그러나 기후위기, 생물 다양성 붕괴, 미세먼지, 자원 고갈, 폐기물 증가 등 복합적 환경위기가 현실화되면서 이제 환경은 단순히 규제의 영역이 아니라 사회 전환과 산업 재편의 출발점이 되고 있다. 환경 정책은 이제 '무언가를 금지'하는 것이 아니라, '무엇을 새롭게 시작하게 하는 촉진 정책'으로 바뀌어야 한다.

경제와 환경의 대립이라는 낡은 패러다임에서 벗어나, 환경이 국가 경쟁력의 핵심 자산이 되는 정책 전환이 요구된다. 이것이 바로 환경 정책의 투자화다.

환경 산업, 새로운 성장 동력으로 키워야 한다

환경 문제를 해결하는 기술과 서비스, 일자리를 창출하고 경제를 살리는 새로운 산업으로서의 환경 산업 육성 전략이 필요하다. 탄소포집저장(CCUS), 자원 순환 기술, 수소 및 그린에너지, 생물자원 활용 바이오 기술, 환경정화 기술 등은 이미 세계적으로 시장 경쟁이 본격화된 분야다.

한국은 IT, 제조, 바이오 분야에서 강점을 가지고 있으므로, 이를 바탕으로 환경 산업을 융합적으로 육성할 수 있다. 예를 들어, 스마트 환경 센서, 기후 리스크 모니터링 솔루션, ESG 데이터 분석 플랫폼 등은 4차 산업 기반의 환경 기술로 급부상하고 있다.

정부는 이를 위해 환경 산업 전용 R&D 펀드 조성, 환경 벤처 인큐베이팅, 녹색기업 인증과 공공 조달 연계 등을 통해 시장을 만들고 기술을 확산시켜야 한다. 특히 공공 인프라(하수처리장, 재활용 시설 등) 현대화와 연계한 민간 기술 적용 기회를 넓혀야 한다.

규제 중심에서 인센티브 중심으로 전환하자

환경 정책이 '벌칙'의 구조를 벗어나 '유인'의 구조로 전환되어야 한다. 즉, 규제의 틀은 유지하되, 목표 달성을 촉진하는 유연한 제도 설계가 필요하다. 대표적으로 탄소세, 녹색세제, 환경성적표지, 배출권거래제 등이 그것이다.

탄소세와 같은 시장 기반 정책은 배출을 억제하면서도, 혁신적 감축 기술 개발을 유도하는 효과가 있다. 동시에 이를 통해 조성된 재정은 취약 계층 보호, 녹색 전환 투자, 중소기업 전환 지원 등에 재투자함으로써 '공평한 전환'을 실현할 수 있다.

또한 환경을 잘 관리한 기업에는 세제 혜택, 조달 가점, 기술금융 연계 등 실질적 보상 체계를 마련해야 하며, 시민에게는 재활용, 에너지 절약, 친환경 소비에 대한 직접적 인센티브 구조가 필요하다.

규제를 강화하는 것보다, 환경 행동을 유도하는 정책 메커니즘이 훨씬 효과적일 수 있다. 환경 정책은 이제 '벌금'이 아니라 '보상'의 언어로 말해야 한다.

생태 복원과 자연자본에 대한 투자 확대

환경 정책의 투자화는 단지 기술과 산업에만 국한되지 않는다. 산림, 하천, 습지, 갯벌, 연안 등 자연 생태계 자체가 국가 자산이며, 장기적 관점에서 수익을 창출하는 기반이라는 인식이 필요하다.

자연 기반 해법(NbS), 생태 복원, 탄소 흡수원 확보, 생물 다양성 보전 등은 기후위기 대응, 재난 방지, 관광자원 창출, 국민 건강 증진 등 다양한 분야와 직결된다. 따라서 생태 복원 사업은 복지이자 경제이고, 보존이자 회복이다.

이를 위해 정부는 국립공원·도시공원·농촌경관·하천 생태축을 연계한 국가 생태 네트워크 구축 사업을 확대하고, 민간 기업과의 파트너십을 통해 생태서비스 제공 시장을 조성해야 한다. 생태서비스 지불제, 자연자본 회계 도입도 적극 추진돼야 한다.

또한 농어업과 연계한 '생태형 생산 모델', '자연 기반 일자리'(예: 생태관광, 지역 환경 해설사, 복원 전문가) 육성도 병행하여 환경을 중심으로 한 지역 경제 활성화 모델을 만들어야 한다.

시민과 함께 만드는 녹색 전환 사회

궁극적으로 환경 정책은 정부 혼자 할 수 없다. 기업, 시민사회, 지역 공동체, 소비자 등 모든 주체가 참여하는 녹색 전환 사회를 구축해야 한다. 이를 위해서는 투명한 정보 제공, 정책 결정 참여, 생활 속 실천 유도, 환경 교육 강화 등이 함께 이뤄져야 한다.

특히 학교 교육에서 '지속 가능 발전 교육(ESD)'을 체계화하고,

공공미디어와 문화 콘텐츠를 통해 환경 인식을 제고해야 하며, 시민이 자발적으로 참여할 수 있는 환경마일리지, 그린도시 챌린지, 제로웨이스트 운동 등 생활 기반 프로그램이 확대돼야 한다.

지방정부는 지역 실정에 맞는 환경 정책을 설계하고, 시민단체와의 협력 플랫폼을 구축해 거버넌스형 환경 행정을 펼쳐야 한다. 시민과 함께 설계하고, 함께 실행하는 환경 정책만이 지속성과 실효성을 가질 수 있다.

환경은 이제 '제한의 대상'이 아니라, '확장의 기회'다. 환경 정책을 규제가 아닌 투자로 인식할 때, 우리는 미래의 지속 가능성과 지금의 경쟁력을 함께 확보할 수 있다. 자연은 우리에게 비용을 요구하는 것이 아니라, 함께 살아갈 새로운 방식을 제안하고 있다.

이제는 '환경을 지키기 위해 감수해야 한다'라는 패러다임에서 벗어나, '환경을 통해 더 나은 사회를 만들 수 있다'라는 신념으로 전환할 때다. 대한민국의 환경 정책은 이 전환의 출발선에 서 있다.

6. 자원 순환, 쓰레기 문제를 미래 산업으로

"버리는 시대에서 되살리는 시대로"

쓰레기 문제는 삶의 질과 직결된다

한국은 세계에서 생활폐기물 발생량이 높은 나라 중 하나다. 하루 평균 1인당 약 1.1kg의 쓰레기를 배출하며, 2023년 기준 연간 폐기물 발생량은 5억 톤을 넘어섰다. 플라스틱, 포장재, 음식물 쓰레기, 건설폐기물 등 다양한 종류의 폐기물은 더 이상 단순한 환경 문제가 아니라 도시계획, 보건, 지역갈등, 글로벌 책임까지 포괄하는 총체적 사회 문제다.

특히 수도권 매립지의 종료 시점이 다가오면서 새로운 매립지 확보에 대한 갈등이 커지고 있으며, 소각장과 폐기물 처리 시설 설치를 둘러싼 주민 반발도 극심하다. 단순히 '어디에 버릴 것인가'의 문제가 아니라, '어떻게 줄이고, 다시 쓰고, 새롭게 순환할 것인가'라는 본질적인 전환이 필요한 시점이다.

쓰레기를 자원으로 보는 시각의 전환

폐기물은 이제 '쓸모없는 것'이 아니라, 다시 사용할 수 있는 자원이라는 인식 전환이 필요하다. 종량제 봉투에 버려지는 음식물 쓰레기, 건축 폐자재, 전자 폐기물 속에는 다시 활용 가능한 금속, 유기물, 에너지 자원이 포함돼 있다.

예컨대 음식물 쓰레기를 바이오가스 생산에 활용하거나, 폐플라스틱을 열분해 유류로 전환하거나, 폐배터리에서 희소금속을 추출하는 기술은 이미 실현 가능하다. 이러한 전환을 통해 쓰레기를 '에너지와 소재의 원천'으로 인식하는 순환경제 산업이 확대되고 있다.

정부와 지자체는 '쓰레기 감량 캠페인' 수준을 넘어서, 자원 순환 생태계 구축을 목표로 정책과 인프라를 대전환해야 한다. 이제 쓰레기 문제는 환경 부서만의 과제가 아닌, 산업부, 국토부, 교육부가 함께 책임지는 범정부적 의제다.

순환경제를 위한 기술과 산업 육성

자원 순환을 단순한 재활용이 아닌 미래 산업으로 육성하기 위해서는 첨단 기술과 비즈니스 모델이 결합된 순환경제 산업 생태계가 필요하다. 예를 들어, AI 기반 폐기물 분류 기술, 자동화된 회수 로봇, 소재 분해·재생화 기술 등은 글로벌 경쟁력을 갖춘 분야다.

한국은 제조업과 디지털 기술이 강한 만큼, 이를 접목한 '스마트 자원 순환 산업단지', '폐기물 기반 에너지 생산 모델', '업사이클링 디자인 산업' 등의 신산업을 선도할 수 있다. 정부는 이에 대한 세제 인센티브, 공공 수요 창출, 기술 R&D 자금 지원 등을 체계화해야 한다.

특히 대규모 폐기물(건설폐기물, 전자제품 등)에 대한 생산자 책임제도(EPR)를 강화하고, 제품 설계 단계부터 분해·재사용·재활용을 고려한 친환경 설계 원칙을 의무화하는 '순환 설계 법제도' 도입이 필요하다.

시민 참여를 통한 분리배출·재사용 혁신

자원 순환 정책의 성패는 시민의 참여에 달려 있다. 쓰레기의 70% 이상이 가정과 생활공간에서 발생하는 만큼, 분리배출의 정확성, 소비 습관의 변화, 재사용에 대한 인식 전환이 필수적이다.

이를 위해 정부와 지자체는 실효성 있는 교육과 인센티브 제도를 병행해야 한다. 예컨대, 정확한 분리배출 실천 가정에는 수거비 감면, 포인트 제공, 공공시설 이용 할인 등 구체적인 보상이 필요하다. 아울러 스마트폰 앱이나 IoT 기술을 활용한 '분리배출 코칭 서비스' 도입도 가능하다.

또한 시민이 자발적으로 참여할 수 있는 제로웨이스트 상점, 리필스테이션, 지역 재사용 마켓 등을 확산시키고, 어린이·청소년을 대상으로 한 순환 교육 커리큘럼을 통해 생활 속에서 순환경제 감수성을 키워야 한다.

지역 기반 순환 시스템과 거버넌스 구축

자원 순환은 중앙정부 정책만으로 이룰 수 없다. 지역 맞춤형 순환경제 시스템이 뿌리내릴 수 있도록, 기초지자체 중심의 '지역 폐기물 순환 마스터플랜'을 수립하고 실행해야 한다. 도시별 특성에 따라 음식물 처리, 비닐·플라스틱 수거, 폐기물 열병합 발전, 지역 재활용 센터 운영 방식 등을 다양화하고, 민간 사업자·시민사회·지자체가 함께 계획하고 관리하는 순환 거버넌스를 확립해야 한다.

특히 수도권·광역시는 자원 순환 처리기지로서 첨단 시설과 기술집약형 모델을 운영하고, 농촌이나 중소도시는 분산형 재사용·감량 모델을 통해 지역 특화 순환 시스템을 설계해야 한다. 이와 병행하여 폐기물 수거 인프라 근무자의 근로 환경 개선과 공공성 강화도 중요한 과제다.

지금 우리는 '더 많이 생산하고, 더 많이 버리는' 선형경제 시대의 끝자락에 서 있다. 쓰레기를 줄이는 것을 넘어, 자원 순환을 미래 산업으로 전환하는 전략적 사고가 필요하다. 자원 순환은 환경을 지키는 일이자, 일자리를 만들고 지역을 살리는 경제 전환의 길이다. 대한민국이 지속 가능한 사회로 나아가려면, 지금부터라도 '순환의 철학'을 정책의 중심에 세워야 한다.

7. 생물 다양성, 생명의 연결망을 지켜야 한다

"하나의 종이 사라질 때, 생태계 전체가 흔들린다"

생물 다양성 위기, 조용하지만 결정적인 재앙

기후위기 못지않게 심각하지만 덜 주목받는 위기가 있다. 바로 생물 다양성의 붕괴다. 2023년 기준 전 세계 야생동물 개체수는 50년 전보다 70% 가까이 줄었고, 한국에서도 멸종위기종이 빠르게 늘고 있다. 산, 하천, 갯벌, 농지, 해양 생태계 전반에서 서식지 파괴, 오염, 외래종 침입, 기후 변화 등의 영향으로 생명체의 다양성이 무너지고 있다.

생물 다양성의 손실은 단지 자연환경의 문제가 아니다. 식량 안보, 기후안정성, 공기와 물의 질, 인간 건강과 직결되는 생명의 기반이자, 우리가 살아가는 생태계 전체의 '지속 가능성'을 위협하는 중대한 사안이다.

생물 다양성이 사라진다는 것은 곧 생명의 연결망이 끊어지는 것이다. 어느 한 종의 멸종은 다른 종과의 관계를 무너뜨리고, 결국 인간 삶의 기반까지 영향을 미친다. 이처럼 생물 다양성은 자연의 문제이자, 인간의 생존 문제다.

보호에서 복원으로, 전략을 바꿔야 한다

그동안의 생물 다양성 정책은 '보호'에 초점을 맞춰왔다. 국립공원 지정, 보호구역 설정, 멸종위기종 관리 등은 중요하지만 이미 파괴된 서식지를 복원하고, 생태 연결성을 회복하는 적극적 전략이 필요하다.

'30×30 목표(2030년까지 육상과 해양의 30%를 보호구역으로 지정)'는 국제사회의 공통된 약속이며, 한국도 이에 동참하고 있다. 그러나 보호구역의 수치만 늘리는 것이 아니라, 질적 관리와 지역 주민과의 조화, 실제 생물종 회복 성과로 이어져야 한다.

또한 습지·갯벌 복원, 도시 생태축 조성, 농업생태계 내 생물 다양성 강화 등 다양한 공간에서 복원 전략이 전개돼야 하며, 이를 위한 '자연 기반 해법(Nature-based Solutions)'을 지역 맞춤형으로 확산시켜야 한다.

생물 다양성 중심의 국토·농업·도시 정책으로 전환

생물 다양성을 지키는 일은 환경부의 과제가 아니다. 국토계획, 농업 정책, 도시 개발, 수산 정책 등 전 부처가 통합적으로 대응해야 하는 국가 전략 과제다. 예를 들어, 국토계획 수립 시 생태통로를 보전하고 단절되지 않도록 설계하는 것이 필수적이며, 농업 분야에서는 농약과 화학비료 사용을 줄이고, 경관농업과 생태농법을 확대하는 방식으로 생물 다양성을 유지할 수 있다.

도시에서는 도심 속 생태 네트워크 조성, 옥상 녹화, 생태형 공원 확대 등으로 생물 서식 공간을 제공해야 하며, 해양 정책에서는 해양보호구역의 확대와 수산자원의 지속 가능한 관리가 필요하다.

국토 전역에서 '생물 다양성 보전 가이드라인'을 마련하고, 지자체와 기업, 시민이 실천할 수 있는 공동의 행동 계획을 수립해야 한다.

시민과 함께하는 생명 보전 운동

생물 다양성은 전문가와 정책만으로 지켜지지 않는다. 시민의 인식과 행동, 지역 공동체의 참여가 결정적인 역할을 한다. 이를 위해서는 교육, 문화, 생활 속 실천이 함께 가야 한다. 예를 들어 학교에서는 생물 다양성 교육을 정규 과정에 포함시키고, 지역 박물

관 및 자연 센터와 연계한 체험학습을 강화해야 한다. 지역 단위에서는 '마을 생태지도 만들기', '생물 다양성 관찰 시민과학 프로젝트', '텃밭·하천 가꾸기' 등을 통해 생활 속에서 생물과 공존하는 문화를 확산시켜야 한다.

기업 역시 '생물 다양성 영향 평가', '생태영향 저감형 생산 체계', '보전 펀드 조성' 등을 통해 책임 있는 경영을 실천해야 하며, 언론과 미디어도 생물 다양성의 가치를 지속적으로 알리는 문화적 확산의 매개체가 되어야 한다.

지금 지켜내지 않으면 되돌릴 수 없는 것이 있다. 생물 다양성은 그중 하나다. 단 한 종의 소실이 생태계 전체를 무너뜨릴 수 있다는 점에서, 우리는 지금 생명의 연결망을 보존할 마지막 기회를 마주하고 있다.

생물 다양성을 지키는 일은 단지 '생명을 보호하는 선의'가 아니라, 인간의 생존 전략이자 미래 세대를 위한 가장 실용적인 선택이다. 지속 가능한 대한민국은 곧 생명의 다양성을 지켜내는 데서 출발한다.

8. 녹색국가 전략, 통합 리더십이 필요하다

"환경은 부처가 아니라 국가의 얼굴이다"

부처 간 칸막이를 넘어 통합이 필요하다

기후위기, 생물 다양성 붕괴, 자원 고갈, 도시 과밀, 농촌 소멸 등 환경 문제는 더 이상 환경부만의 업무가 아니다. 산업, 국토, 교통, 교육, 외교, 재정 등 모든 정책 영역에 걸친 전방위적 통합이 필요한 녹색 전환의 시대다. 그러나 지금의 행정 체계는 여전히 부처 간 칸막이에 갇혀 있다.

정부 각 부처는 자신에게 주어진 기능에만 집중하다 보니, 기후와 환경은 종종 '부처 간 조정의 대상'이 되어 실질적인 실행력이 떨어진다. 이러한 구조 속에서 정책은 부처별 단편화되고, 때로는 상충하거나 중복되기도 한다. 환경 정책은 통합된 사고와 설계가 없으면 파편화될 수밖에 없다.

이 문제를 해결하려면 기후·환경 이슈를 국가 전체의 시스템 재설계 관점에서 접근해야 하며, 이를 가능하게 할 강력한 정책 조정력과 실행력을 갖춘 범정부 차원의 컨트롤타워가 필수다. 대통령 직속 또는 국무총리실 산하의 '녹색국가 전략위원회'는 명목상 자문기구를 넘어, 실질적인 권한을 가진 조정 기구로 위상을 격상해야 한다.

녹색 정책은 예산과 법제도에서 증명되어야 한다

'말이 아니라 돈'이 정책을 실행한다는 점에서, 녹색국가 전략은 반드시 예산과 법제도에서 구체화되어야 한다. 현재 전체 국가 예산 중 기후·환경 관련 예산은 7~8% 내외이며, 그마저도 대부분 기술 개발, 보조금 중심으로 구성돼 있다.

앞으로는 예산 구조 자체를 '녹색 총지출' 기준으로 재편해야 한다. 사회간접자본(SOC), 복지, 교육, 국방 등 주요 분야에 기후영향 평가 항목을 도입하고, 예산 편성 시 탄소 감축 기여도와 생태보전 지수를 평가하여 배분하는 구조를 설계해야 한다.

또한 국가재정법에 '기후적응 재정' 항목을 신설하고, 탄소세와 녹색국채 등으로 조성된 재원을 '정의로운 전환 기금'으로 운용해 취약 계층 보호, 중소기업 녹색 전환, 지역 기후 회복력 강화 등에 투입할 수 있어야 한다.

 법제도 측면에서는 '기후위기 대응 기본법'의 실효성을 강화하고, '자연자본 회계법', '생물 다양성 보전법' 등 생태와 환경을 경제·행정 시스템에 연결시키는 제도 정비가 병행돼야 한다. 모든 부처와 지방정부의 주요 정책은 환경·기후 기준을 반드시 반영하도록 법적 의무화하는 것이 핵심이다.

외교·통상·국방까지 포괄하는 녹색 리더십

 국내 문제로 보였던 기후와 환경은 이제 전 세계적 경쟁과 협력의 기준이 되고 있다. 탄소국경조정세, 공급망 탄소정보 공개, 글로벌 ESG 경영 기준 강화 등은 우리 기업과 산업에 실질적 영향을 미치는 외교·통상 이슈로 부상했다.

 한국은 기후 외교 역량을 더욱 강화하고, 탄소 감축 노력과 기술 기여도를 국제사회에 효과적으로 어필해야 한다. 이를 위해 외교부, 산업통상자원부, 환경부가 협업하여 기후 대응 외교 전략, 그린 기술 수출 정책, 글로벌 파트너십 구축 등을 총괄할 수 있는 통합 외교 전략이 필요하다.

 국방도 예외는 아니다. 기후재난 대응 능력, 친환경 군기지 조성, 군수 물류의 탄소 감축 등 국방 내 녹색 전환 전략이 수립돼야 하며, 이를 통해 국방 역시 기후위기 대응의 일원으로 나서야 한다.

또한 한국은 G7, COP, IPCC 등 국제 플랫폼에서 보다 능동적이고 선도적인 기후 리더십을 발휘해야 하며, 개발도상국에 대한 녹색 ODA, 기술 이전, 기후 교육 등 글로벌 공동체 기여도 확대가 중요하다.

시민과 지역이 함께하는 녹색국가 만들기

녹색국가 전략은 정부만의 계획으로는 성공할 수 없다. 시민과 지역이 참여하고 이끌어가는 구조를 마련하는 것이 지속성과 실행력을 확보하는 관건이다.

이를 위해 각 지방정부에 '기후중립 전략센터'를 설치하고, 지역 특성을 반영한 '기후예산제', '에너지 자립 지표', '지역 순환경제 지수' 등을 개발하여 지방행정의 녹색 전환 기반을 강화해야 한다. 지역 단위 기후 행동 계획은 상향식으로 설계되고, 지역 주민과 청년이 주도하는 풀뿌리 기후 거버넌스가 제도화돼야 한다.

시민의 일상에서도 전환이 체감되도록 '탄소 저감 생활가이드', '친환경 소비 인센티브', '녹색 마일리지 제도', '시민 녹색참여 예산' 등을 통해 실천의 동기를 부여하고, 그 실적이 다시 제도에 반영되는 시민 참여 선순환 구조가 필요하다.

교육도 중요하다. 기후와 환경에 대한 시민의식은 하루아침에 만들어지지 않는다. 초중등 교육에서부터 기후위기 대응, 생태윤리,

지속 가능 발전 등 주제를 통합 교과 과정으로 정착시키고, 지역 대학과 평생교육 체계에서 녹색 역량을 강화할 수 있는 시스템이 필요하다.

녹색국가 전략은 단순한 환경 정책이 아니다. 그것은 국가의 성장 패러다임, 행정 구조, 경제 전략, 시민의식까지 통합적으로 바꾸는 새로운 시스템의 설계도다. 이 설계도는 목표가 아니라 과정이며, 한 세대의 의지에 따라 미래 세대의 운명을 좌우할 수 있다. 이제 대한민국이 선택해야 할 것은 명확하다. 탄소중립, 생물 다양성, 자원 순환, 국토생태계, 녹색산업이 유기적으로 작동하는 총체적 녹색국가 시스템으로 나아가는 것이다.

기후위기의 시대, 녹색은 더 이상 '선택의 가치'가 아니라 '생존의 조건'이다. 이 전환의 길 위에서 한국이 녹색 리더 국가로 설 수 있는 열쇠는, 바로 통합된 리더십과 지속 가능한 사회를 향한 국민의 공감대에 달려 있다.

제10장

지방 시대, 공간의 정의를 복원하라

1. 지방 소멸, 한국 사회의 구조적 위험이다
2. 중앙집중 해소, 권한과 재성을 이양하라
3. 지방대학, 지역 혁신의 거점으로
4. 초광역 협력, 연대형 발전 모델로
5. 공간복지, 삶의 격차를 줄이는 국가 전략

1.
지방 소멸, 한국 사회의 구조적 위험이다

"지방의 위기는 곧 국가의 위기다. 공간의 불균형은
사회 전반의 회복 탄력성을 무너뜨린다"

지방 소멸의 징후는 이미 현실이다

한국의 지방은 지금 조용히 사라지고 있다. 화려한 도시의 발전 이면에서 농촌과 중소도시는 인구 감소, 경제력 위축, 기반시설 붕괴로 인해 존재 기반 자체가 흔들리고 있다. 통계청에 따르면, 2024년 기준 전국 228개 기초지자체 중 118곳이 '소멸 위험 지역'으로 분류됐고, 특히 군 단위 지역의 절반 이상이 30년 내 사라질 가능성이 있다는 분석도 있다.

청년층의 대도시 집중, 낮은 출산율, 고령화가 맞물리며 지방의 인구구조는 붕괴 직전이다. 학교는 문을 닫고, 병원은 철수하며,

지역 상권은 비어간다. 한 마을에서 유일한 청년이 50대라는 말은 결코 과장이 아니다. 지방 소멸은 더 이상 미래의 예고가 아니라 현재의 진행형 현실이다.

문제는 이러한 현상이 단순히 '지방의 문제'로 취급된다는 점이다. 하지만 지방이 무너지면 수도권도 무너지게 되어 있다. 농업, 수산업, 에너지, 식량, 문화유산 등 많은 핵심 자원이 지방에 기반하고 있으며, 지방이 살아야 수도권도 지속 가능하다. 따라서 지방 소멸은 곧 한국 사회 전체의 지속 가능성을 위협하는 구조적 위험이다.

단순 이전이나 보조금으로는 해결되지 않는다

그동안 정부는 수도권 집중 완화와 지역 균형 발전을 위해 공공기관 이전, 혁신도시 조성, 지방교부세 확대, 각종 인센티브 제공 등을 시도해왔다. 그러나 결과는 기대에 못 미쳤다. 혁신도시는 초기 인구 유입에는 성공했지만, 자족 기능 부족으로 장기적 정착에는 실패했고, 공공기관 이전도 핵심 인프라나 기업 생태계 없이 진행되어 지역 내 파급효과가 크지 않았다.

이는 지방 소멸이라는 거대한 구조적 위기를 단기적·행정적 수단으로 접근한 한계다. '지방으로 사람을 옮긴다'라는 물리적 발상만으로는 해결되지 않는다. 지역에 머무를 이유, 살아갈 기반, 공동체가 있어야만 진정한 의미의 지방 정착이 가능하다.

또한 재정 보조금 확대는 일시적 효과는 있지만, 지역 경제의 자립 기반을 만들지는 못한다. 오히려 지방을 수동적인 수혜자 위치에 머물게 하고, 중앙 의존성을 강화하는 역설적 결과를 낳기도 한다. 이제는 이전·지원 중심의 모델에서 벗어나, 지역 주도성과 자율성을 전제로 한 전략적 접근이 필요하다.

지방을 기회의 공간으로 다시 그려야 한다

지방 소멸에 대응하기 위해서는 패러다임의 전환이 필요하다. 지방은 보호해야 할 공간이 아니라 투자하고 재설계할 전략적 공간이다. 단순히 '지방이 없어지면 안 되기 때문에' 유지하는 것이 아니라, '지방이 있어야 한국이 더 나아질 수 있기 때문에' 활성화하는 관점으로의 전환이다.

첫째, 지방은 새로운 산업 생태계의 중심이 될 수 있다. 예를 들어 스마트 농업, 수소에너지, 탄소중립 도시, 해상풍력, 재생에너지, 지역 특화 관광, 바이오자원 산업 등은 지방이 가진 공간적 이점과 결합할 때 시너지가 발생한다. 이러한 전략 산업을 중심으로 '지역형 신성장 클러스터'를 조성할 필요가 있다.

둘째, 지방은 삶의 질 중심 사회로의 전환을 실현하는 장이 될 수 있다. 팬데믹 이후 재택근무, 비대면 서비스, 디지털 행정 확대 등은 공간의 제약을 줄였고, 지방에서도 충분한 삶과 일을 가능하게 했다. 이러한 흐름을 제도화하기 위해 '디지털 기반 지역 분산형 사회 구조'를 국가 비전으로 삼아야 한다.

셋째, 지방은 사회적 실험과 공동체 회복의 무대다. 협동조합, 마을기업, 공유 경제, 공동체 돌봄 등은 대도시보다 지방에서 더 활발하게 실현될 수 있다. 이는 단지 경제적 논리를 넘어서 사회적 자본을 축적하고 관계 기반의 복원력을 키우는 방식이다.

이러한 전환을 위해서는 중앙정부가 '지방이 잘되면 국가가 잘된다'는 철학을 바탕으로 과감한 권한 이양, 재정 자율성 확보, 정책 결정권 분권화를 실현해야 한다. 더불어 지방의 주체들도 스스로 변화의 주인임을 인식하고, 공동체적 상상력과 실천 역량을 키워야 한다.

지방 소멸은 피할 수 없는 미래가 아니다. 그것은 우리가 지금 어떤 선택을 하느냐에 따라 되돌릴 수 있는 구조적 전환의 문제다. 그리고 이 전환은 단지 지방을 살리는 일이 아니라, 대한민국 전체가 지속 가능한 사회로 가는 관문이다.

지금 필요한 것은 공간의 재분배가 아니라, 기회의 재설계다. 지방이 다시 중심이 되는 나라, 지방이 있어 더 강한 대한민국. 그것이 우리가 회복해야 할 '공간의 정의'다.

2.
중앙집중 해소, 권한과 재정을 이양하라

*"지방 없는 중앙은 없다. 분권은 선택이 아니라
지속 가능한 국가를 위한 구조 개편이다"*

모든 것이 수도권으로 쏠리는 구조

한국 사회는 세계에서 손꼽히는 중앙집중형 국가다. 인구의 절반 이상이 수도권에 몰려 있고, 공공기관·대기업·언론·병원·대학·문화시설·R&D 인프라 등 거의 모든 핵심 자원이 서울과 인근 지역에 집중돼 있다. 그 결과, 지방은 자생적 성장 기반을 잃고 급속히 쇠퇴하고 있다.

행정 기능도 마찬가지다. 대부분의 정책 결정권과 예산 편성권은 중앙정부, 특히 기획재정부와 주요 부처에 집중돼 있다. 지방정부는 자율적으로 정책을 기획하거나 예산을 배분할 권한이 매우 제한적이다. 중앙이 정책을 설계하고 지방은 시행만 하는 구조가 여전히 고착화되어 있다.

이러한 집중 구조는 수도권 과밀과 지방 소멸이라는 이중적 부작용을 초래한다. 수도권은 주거난, 교통 혼잡, 환경오염으로 몸살을 앓고 있고, 지방은 인구 감소, 재정 악화, 공동체 해체로 생존 자체가 위협받고 있다. 단기적 비효율은 물론, 장기적으로는 국가 전체의 회복 탄력성을 약화시키는 구조적 병리다.

권한 없는 책임, 재정 없는 자율은 허상이다

지방자치가 시작된 지 30년이 지났지만, 여전히 '진짜 자치'는 멀다. 표면적으로는 지자체가 행정 주체처럼 보이지만, 실제로는 중앙정부의 허가·지침·공모 사업에 의존하고 있다. 특히 재정 구조는 지방의 자율성을 심각하게 제약하는 주요 요인이다.

현재 지방정부의 자체수입(지방세·세외수입)은 전체 재정의 절반에도 미치지 못하며, 나머지는 교부세·국고보조금 등 중앙정부의 이전 재원에 의존한다. 문제는 이들 이전 재원은 목적이 지정된 제한적 재원이라는 점이다. 이는 지방정부의 창의적 정책 설계를 가로막고, 지역 실정에 맞는 맞춤형 대응을 어렵게 만든다.

또한 각종 공모 사업은 지방 간 과다 경쟁을 유도하고, 평가 기준의 불투명성으로 불신을 초래한다. 지역에 따라 행정 역량의 차이로 불균형이 확대되며, '잘하는 지자체는 더 잘되고, 그렇지 못한 곳은 낙오되는' 불균형 심화의 구조가 고착화된다.

이를 해소하려면 지방정부에 실질적 권한과 재정을 이양하는 분권 개혁이 필요하다. 우선 교육, 복지, 교통, 환경 등 지역 밀착형 정책 영역은 중앙이 아닌 지방이 기획·시행할 수 있도록 정책기획권 자체를 지방에 이양해야 한다. 이에 따른 재정 지원도 일반 재원 중심으로 전환하고, 지역 단위 예산 편성 자율성을 확대해야 한다.

지방분권형 국가 모델로의 전환

지방분권은 단지 지방을 살리기 위한 정책이 아니라, 국가 전체의 지속 가능한 발전을 위한 구조 개편이다. 이는 공간 구조의 분산을 넘어, 거버넌스와 운영 방식의 전환을 요구하는 과제다.

첫째, 분권형 헌정 구조 개편이 필요하다. 지금의 헌법은 지방자치를 선언하고 있으나, 구체적 내용은 매우 제한적이다. '지방자치권 보장', '지방입법권 확대', '자치재정권 명시' 등을 포함한 헌법 개정을 통해 지방의 위상을 제도적으로 강화해야 한다.

둘째, 지역 간 협력 모델 활성화도 필요하다. 개별 지자체 단위로는 한계가 있으므로, 광역권 단위의 협력 행정, 초광역 경제권 조성, 공동 인프라 구축 등을 통해 지역이 연대하는 분권 모델을 설계해야 한다. 예컨대 '부산·울산·경남 메가시티', '대구·경북 특별연합'과 같은 모델은 그 시작이 될 수 있다.

셋째, 국가균형발전위원회와 같은 거버넌스 기구의 실질화가 요구된다. 지금은 단지 자문기구에 불과하지만, 이를 법적 권한과 집행력을 갖춘 '지역 공공 정책 위원회'로 개편하고, 중앙정부 부처 간 조정 기능을 부여해야 한다. 지역의 의견을 중앙에 반영하고, 중앙의 정책을 지역 맞춤형으로 조정할 수 있어야 한다.

마지막으로, 국민의 인식 전환도 병행돼야 한다. 지방은 국가의 '주변'이 아니라, 삶의 터전이고 자원의 보고이며, 민주주의가 실현되는 현장이다. 지방을 제대로 이해하고 존중하는 문화적 전환이 없다면, 제도적 개혁도 한계를 가질 수밖에 없다.

지금 한국 사회가 맞이한 위기는 단지 지역 간 격차의 문제가 아니다. 그것은 국가의 구조가 한계에 다다랐다는 신호다. 중앙의 무한 집중은 비효율과 갈등, 과밀과 소외를 불러왔다. 이제는 분권이 해답이다. 권한과 책임이 균형을 이루고, 재정과 자율이 함께 보장될 때, 대한민국은 지속 가능하고 회복력 있는 국가로 나아갈 수 있다. 지방이 중심이 되는 새로운 시대가 지금, 여기에서 시작되어야 한다.

3. 지방대학, 지역 혁신의 거점으로

*"지방대학이 무너지면 지역이 무너진다.
지식의 등불이 꺼진 도시엔 미래가 없다"*

대학 없는 도시는 쇠퇴한다

지방대학의 위기는 곧 지역사회의 위기다. 현재 한국의 대학 입학 정원은 학령인구의 급격한 감소로 인해 수요를 초과하고 있다. 2024년 기준으로 전국 대학의 평균 정원 미달률은 15%를 넘었고, 특히 지방대학의 경우 절반 이상이 학생 모집에 어려움을 겪고 있다. 일부 대학은 통폐합이나 폐교까지 검토하고 있다.

문제는 대학이 단순한 교육기관이 아니라, 지역 인재 육성과 청년 정착, 지역 산업과의 연계, 문화 인프라의 중심이라는 점에 있다. 대학 하나가 사라지면 지역 내 상권, 부동산, 교통, 고용, 문화

활동 등이 연쇄적으로 붕괴한다. 특히 지방 소멸 위험 지역에서는 대학이 유일한 '젊음의 중심'이자 지역 공동체의 마지막 희망이다.

과거에는 수도권과의 격차가 있어도 지역의 교육기관을 중심으로 청년이 유입되고, 정주 인구가 유지됐다. 그러나 현재는 수도권으로의 집중 현상이 가속화되면서 지방대학은 교육·연구·고용 등 모든 영역에서 악순환을 겪고 있다.

이제는 지방대학을 단지 생존시키는 것이 아니라, 지역 혁신의 거점으로 재설계하는 전략적 전환이 필요하다.

대학을 중심으로 지역 혁신 생태계를 구축하자

지방대학을 살리는 가장 강력한 해법은 대학을 지역의 중심 자원으로 통합적으로 활용하는 전략이다. 이를 위해서는 다음과 같은 구조 개편이 필요하다.

첫째, 대학을 단순 교육기관이 아닌 산업·기술·문화의 종합적 거점으로 기능하게 해야 한다. 예를 들어, 지역 특화 산업과 연계한 학과 개편, 지자체와 공동으로 운영하는 산학연 클러스터, 청년 창업 인큐베이팅 센터 등을 통해 대학이 지역 산업 혁신의 허브가 되어야 한다.

둘째, 대학 공간을 지역사회에 개방하고, 시민과 함께 쓰는 공유 플랫폼으로 전환해야 한다. 도서관, 체육시설, 문화센터, 회의실 등을 지역 주민에게 개방하고, 시민 교육과 평생학습의 공간으로 활용함으로써 대학의 사회적 책임과 역할을 강화할 수 있다.

셋째, 지역 기업과의 연계 교육 및 현장실습 제도 활성화가 필요하다. 학생들이 졸업 후 지역에서 일할 수 있는 기회를 확보하고, 대학에서 배우는 내용이 실제 지역사회와 연결되도록 설계되어야 한다. 이를 위해 '지역 맞춤형 커리큘럼'과 '지자체 연계 장학금', '지역 취업 연계 인센티브' 등이 필요하다.

넷째, 대학의 연구개발 기능을 지역 문제 해결에 집중하는 '리빙랩(Living Lab)' 모델로 확장할 필요가 있다. 환경, 교통, 농업, 복지, 에너지 등 지역 현안을 해결하는 연구를 대학이 주도하고, 주민과 함께 실험하고 개선하는 협력 모델이 정착되어야 한다.

교육 정책과 지역 정책의 통합이 필요하다

지금까지의 대학 정책은 주로 교육부 주도의 대학 구조조정 중심으로 추진돼왔다. 정원 감축, 재정 지원 차등화, 대학 평가 시스템 등이 대표적이다. 그러나 이런 접근은 지방대학을 '경쟁에서 도태된 기관'으로 낙인찍는 결과를 초래했고, 오히려 수도권 집중을 가속화했다.

이제는 교육 정책과 지역 정책을 분리해서 볼 수 없다. 지방대학 문제는 교육의 문제가 아니라, 지방의 지속 가능성, 국가의 균형 성장 문제이기 때문이다. 이에 따라 다음과 같은 통합적 접근이 필요하다.

첫째, '지방대학 지원특별법' 제정과 같은 제도적 기반 마련이 시급하다. 이 법은 단순 재정 지원이 아니라, 지자체·대학·산업계가 공동으로 지역 혁신 전략을 수립하고 실행할 수 있도록 하는 통합 프레임워크를 제공해야 한다.

둘째, 고등교육 재정의 지역 배분 비율을 명문화하고, 지방대학에 대한 장기적·안정적 지원 시스템을 구축해야 한다. 단기적 경쟁이 아니라, 장기적 안목으로 혁신을 설계하고 추진할 수 있는 여건을 보장해야 한다.

셋째, 지방대학을 중심으로 한 지역 인재 육성 및 정착 전략이 필요하다. 지방에서 초·중·고를 다니고 지방대에 진학한 학생이 지역 내 공공기관·기업에 취업할 수 있도록 하는 인센티브 제도를 확산해야 한다. 이를 통해 지역에서 태어나고, 배우고, 일하고, 살 수 있는 생애 경로를 설계하는 시스템이 마련되어야 한다.

지방대학은 선택이 아니라 필수다. 그것은 지역의 젊음을 유지하고, 지역 공동체의 지속 가능성을 확보하는 핵심 인프라다. 대학이 사라지면 지역도 사라진다. 지금 필요한 것은 지방대학을 보호하는 것이 아니라, 지방대학을 통해 지방을 혁신하고 국가의 균형을 복원하는 일이다. 교육과 지역이 만나는 그 접점에 미래가 있다.

4. 초광역 협력, 연대형 발전 모델로

"지역이 연대할 때, 국토는 균형을 되찾는다.
초광역 협력이 미래 성장의 열쇠다"

낱낱의 경쟁을 넘어, 연대의 국토 전략으로

지방은 지금까지 '따로 또 같이' 살아왔다. 각 지역은 중앙정부의 공모 사업에 경쟁하듯 뛰어들었고, 서로 예산을 차지하기 위해 힘겨운 싸움을 벌여왔다. 그러나 이렇게 낱낱으로 움직이는 방식으로는 수도권과의 격차를 줄일 수 없다. 수도권이라는 단일 경제권, 단일 문화권, 단일 생활권에 맞서기에는 지역 간 연대와 협력이 절실하다.

초광역 협력은 단지 행정구역을 뛰어넘는 개념이 아니다. 인구, 산업, 문화, 기반시설, 행정서비스 등 다양한 기능을 연계해 거대한 지역 단위의 메가 플랫폼을 구성하는 전략이다. 이를 통해 각 지역이 지닌 장점을 합치고, 약점을 보완하며, 새로운 시너지를 만들어낼 수 있다.

지금까지의 지역 정책이 '작은 단위의 경쟁'이었다면, 초광역 협력은 '큰 판에서의 연대'다. 낱개의 균형이 아니라 덩어리의 균형, 분절의 연합이 아니라 기능적 통합이 새로운 지역 정책의 기준이 되어야 한다.

초광역 협력 성공을 위한 조건들

초광역 협력이 성공하기 위해서는 몇 가지 핵심 조건이 필요하다. 첫째는 공동 비전과 실행력 있는 거버넌스다. 단순히 행정구역을 묶는 것만으로는 부족하다. 해당 권역이 공유하는 경제·환경·문화적 문제에 대한 공통의 문제의식과 발전 비전을 명확히 설정해야 하며, 이를 추진할 수 있는 거버넌스 체계를 함께 마련해야 한다.

예컨대 '부울경 메가시티'의 경우, 산업구조 전환과 해양 물류 인프라 통합이라는 목표 아래 단일 교통망, 공동 행정기구, 통합경제권 전략 등이 모색되고 있다. 이런 공동의 프로젝트, 공동의 조직, 공동의 투자가 핵심이다.

둘째, 국가의 적극적 지원과 제도 정비가 필수다. 현재 초광역 협력은 지역 주도의 실험적 단계에 머물고 있으며, 법적 근거와 재정 지원은 미흡하다. 국가균형발전특별법 등 기존 법 체계를 정비해 초광역 협력권역을 제도화하고, 재정 특례, 세제 혜택, 규제 완화 등의 패키지 지원 제도를 마련해야 한다.

셋째, 중앙 부처 간의 협업과 조정 구조 마련이 필요하다. 지금은 각 부처가 개별 정책을 지역에 흘려보내는 형태이기 때문에 통합적 효과를 거두기 어렵다. 초광역권 단위의 통합 예산 배분, 공동 계획 승인, 복합 사업 조정 권한 등을 부여할 수 있는 상설 조직이 필요하다.

넷째, 주민과 지역 기업의 참여를 제도화해야 한다. 초광역 협력이 행정 엘리트들의 논의로만 진행될 경우 현장의 호응을 얻기 어렵다. 교육, 복지, 교통, 환경, 일자리 등 주민 삶과 직결된 의제에 대해 지역 민간 단체, 기업, 대학 등이 실질적으로 참여할 수 있도록 해야 한다.

초광역 협력은 새로운 국가 전략이다

초광역 협력은 지방 정책의 진화이자 국가 운영 방식의 전환을 상징한다. 단일 수도권 중심의 고도 집중 구조에서 벗어나, 복수의 성장축을 기반으로 한 다핵형 국토 구조로 이동하는 출발점이다.

우선, 초광역권은 국가 전략 산업의 핵심 거점이 되어야 한다.

가령, 대전·세종·충청권은 미래차와 반도체 설계 중심지로, 대구·경북권은 첨단 의료와 로봇 산업으로, 광주·전남권은 친환경 에너지와 AI 기술 개발로 특화할 수 있다. 이러한 전략적 배치와 기능 분담을 통해 균형과 효율을 동시에 추구할 수 있다.

다음으로, 초광역권은 복지와 문화의 통합 플랫폼이 되어야 한다. 광역 단위의 병원, 공공도서관, 공연장, 체육시설 등을 권역 단위로 계획해 공공서비스의 품질을 높이고 비용을 줄이는 효과를 거둘 수 있다. 주민이 어디에 살든 일정 수준 이상의 공공서비스를 누릴 수 있는 '지역 상생 복지 시스템' 구축이 가능하다.

마지막으로, 초광역권은 미래형 생활권의 실험지다. 자율주행 교통망, 분산형 에너지 시스템, 지역화폐 네트워크, AI 기반 행정 등 미래 도시의 다양한 기능을 광역 단위에서 실험하고 발전시킬 수 있다. 이러한 시도는 기술과 사회가 함께 진화하는 '지역형 스마트 국가'를 구현하는 토대가 될 것이다.

지금의 한국은 수도권 중심 국가 모델로는 더 이상 지속 가능하지 않다. 이제는 지역이 연대하고, 권역이 협력하는 구조로 옮겨가야 할 때다. 초광역 협력은 단지 행정구역의 통합이 아니라, 미래를 위한 국토 재구조화 전략이다. 경쟁이 아닌 협력, 분절이 아닌 통합, 수동이 아닌 주도. 그 중심에 바로 초광역 연대가 있다.

5.
공간복지, 삶의 격차를 줄이는 국가 전략

*"사는 곳이 삶의 질을 결정해서는 안 된다.
공간의 정의는 국민 모두가
공정하게 누릴 수 있어야 완성된다"*

주거·교통·교육의 공간 격차, 삶의 격차로 이어진다

한국 사회는 경제적 소득 격차뿐만 아니라 '공간적 불평등'이 심각하게 구조화되어 있다. 어디에 사느냐에 따라 접근 가능한 일자리, 의료 서비스, 교육 기회, 문화 인프라의 질이 현격히 달라진다. 이른바 '강남 3구'에 사는 이들은 양질의 교육과 의료, 교통 편의를 누리는 반면, 농산어촌이나 비수도권 도시는 삶의 기본 조건조차 충족되지 못하는 경우가 많다.

이러한 공간 격차는 단순한 인프라의 차이를 넘어 삶의 기회 격차로 직결된다. 좋은 교육을 받지 못하면 직업 선택의 폭이 줄고, 의료기관 접근성이 떨어지면 건강 불평등이 심화되며, 교통망이 부족하면 경제활동이 제한된다. 공간이 곧 계급이 되는 사회, 지역에 따라 삶의 질이 규정되는 구조는 사회 전체의 통합과 지속 가능성을 해치는 심각한 위협이다.

더 큰 문제는 이러한 격차가 세습된다는 점이다. 부모의 주소지가 자녀의 미래를 결정하고, 출생 지역이 생애 경로를 좌우하는 사회에서는 공정도, 정의도 실현될 수 없다. 그렇기에 공간복지는 단지 물리적 분산이 아니라 기회의 평등, 삶의 질 평등을 구현하는 국가 전략이 되어야 한다.

지역 불균형 해소를 위한 공간복지 기반 확충

공간복지는 모든 국민이 최소한의 삶의 질을 보장받을 수 있도록 지역 간 격차를 줄이는 정책 체계다. 이를 위해 다음과 같은 실질적 기반 확충이 필요하다.

첫째, 주거복지 인프라를 균형 있게 재구축해야 한다. 수도권 위주의 공공주택 공급 정책에서 벗어나, 지역 중심의 생활형 공공임대주택, 귀농·귀촌형 주택, 청년·신혼부부 특화형 주거단지 등 지역 특성에 맞는 주거복지 모델을 다각적으로 개발해야 한다.

둘째, 지역 의료 격차를 해소하기 위해 지역거점 공공병원 확충,

필수 의료 인력 배치 인센티브 제공, 원격의료 서비스 정착 등을 체계화해야 한다. 특히 응급·분만·소아 등 의료 취약 분야에 대해선 '의료 인프라 사각지대 해소 특별대책'을 마련해 공공성을 강화해야 한다.

셋째, 교육 인프라 불균형을 해소하기 위해 소규모 학교 통합과 혁신학교 모델 도입, 지역 대학과 연계한 평생학습 체계 구축, 농어촌 학교 ICT 인프라 보강 등을 병행해야 한다. 또한 도심과 농촌, 수도권과 지방 간 교육 기회 격차를 줄이기 위한 '공간 기반 교육 격차 해소 로드맵'이 필요하다.

넷째, 지역 교통 인프라 개선이 중요하다. 간선 교통망과 지역 생활 교통망을 연계하고, 농촌형 교통서비스(수요응답형 버스, 통합모빌리티 플랫폼 등)를 확산시켜 이동권을 보장해야 한다. 교통권은 단순 이동의 문제가 아니라 지역민의 삶의 기본권이다.

통합적 공간복지 정책과 균형적 예산 배분이 필요하다

공간복지를 실현하기 위해서는 부처별로 흩어져 있는 정책을 통합하고, 지역 간 재정 격차를 조정하는 시스템이 필요하다.

첫째, 국토교통부, 교육부, 보건복지부, 문화체육관광부 등 각 부처가 추진하는 지역 관련 사업들을 총괄 조정하는 '공간복지위원회' 같은 통합 컨트롤타워가 마련돼야 한다. 이를 통해 중복 사업을 줄이고, 지역 단위 종합 계획에 따라 효율적 자원 배분이 가능해질 것이다.

둘째, 예산 배분 방식도 바뀌어야 한다. 현재는 중앙 주도의 공모 사업 중심이라 지역 간 행정 역량에 따라 편차가 크고, 실제 수요보다 평가 점수가 우선되는 방식이다. 이를 지역의 필요 기반으로 전환하고, 일정 규모 이상의 공간복지 사업은 기초자치단체가 직접 기획·운영할 수 있도록 권한과 예산을 이양해야 한다.

셋째, '공간복지지수'를 개발하고, 이를 기반으로 지역 생활 수준을 진단해 정기적 격차 분석과 국가 차원의 격차 해소 전략을 마련해야 한다. 해당 지수는 주거, 교통, 의료, 교육, 문화 등 핵심 영역의 접근성과 질적 수준을 정량적으로 측정해 정책의 우선순위를 정하는 데 활용할 수 있다.

마지막으로, 국민의 목소리가 반영되는 공간복지 정책이 되어야 한다. 지역 주민과 시민단체, 청년, 노인, 장애인 등 다양한 생활 주체들이 참여하는 지역 생활 자문단을 구성하고, 정책 설계 초기 단계부터 의견이 반영되는 구조를 제도화해야 한다.

공간복지는 단지 지방의 문제가 아니다. 어디에 사느냐에 따라 삶의 질이 결정되지 않도록 하는 국가의 약속이다. 이는 헌법이 보장하는 '모든 국민의 인간다운 삶'의 실질적 구현이기도 하다. 지금이야말로 공간의 정의를 복원할 시간이다. 수도권도, 지방도, 농촌도, 섬도 모두가 삶의 기회를 누릴 수 있어야 한다. 그것이 진정한 지방 시대이며, 지속 가능한 대한민국의 기반이다.

제11장

국가 운영, 효율성과 신뢰를 회복하라

1. 관료제 혁신, 책임 행정으로 전환하라
2. 정부 조직, 슬림하고 민첩하게
3. 공공기관 개혁, 성역 없이 추진하라
4. 디지털 정부, 사람 중심으로 진화하라

1. 관료제 혁신, 책임 행정으로 전환하라

*"관료는 국가의 등뼈다.
유능하고 책임 있는 행정 없이는 국민 신뢰도,
정책 성과도 없다"*

형식에 갇힌 행정, 멈춰 선 시스템

대한민국의 행정 시스템은 외형상 견고해 보인다. 각 부처마다 법령과 지침, 조직과 프로세스가 정교하게 짜여 있으며, 세계 어느 나라 못지않은 전자정부 인프라를 갖추고 있다. 하지만 그 안을 들여다보면 수많은 문제들이 병리처럼 얽혀 있다. '책임 없는 결정', '성과 없는 사업', '혁신 없는 반복'이 여전히 일상화되어 있는 것이다.

관료제의 가장 큰 문제는 형식에 갇힌 운영이다. 정해진 절차와 문서, 보고 체계에 모든 것이 맞춰지다 보니, 실제로 문제를 해결하는 능력보다는 오류 없이 문서를 생산하는 능력이 중요시된다. 그 결과 정책 실패에도 책임지는 사람은 없고, 성과가 없는 제도도 '계속되는 이유'만 남는다.

특히 인사 시스템은 전문성과 책임성 양쪽 모두에서 취약하다. 부처 간 순환보직 중심의 인사 구조는 특정 분야의 전문성을 축적할 수 없게 만들고, 잦은 이동은 정책 일관성과 책임성을 약화시킨다. 행정에 있어 continuity(지속성)는 정책 신뢰의 핵심인데, 우리는 여전히 '책상만 지키는 행정'에 머물러 있다.

이제는 단순한 효율성 개선을 넘어, 행정의 철학과 시스템을 구조적으로 재설계하는 관료제 혁신이 필요하다.

책임 행정과 성과 중심 운영 체계 구축

관료제의 회복은 곧 국가 행정의 신뢰 회복이다. 이를 위해서는 책임과 성과를 중심으로 한 구조 개편이 필요하다.

첫째, 책임 행정의 확립이다. 정책 실패에 대해 책임지는 문화를 만들기 위해선, 장기 사업에 대한 ex post 평가 체계를 의무화하고, 장·차관 등 고위공무원의 정책 집행 결과를 일정 기간 후 공개 평가하도록 해야 한다. 정책 실명제를 더욱 강화해 단위 과업별 책임자와 이력을 공개하고, 국민이 평가에 참여할 수 있도록 해야 한다.

둘째, 성과 중심 행정 시스템으로의 전환이다. 현재는 계획과 예산 중심으로 움직이는 경직된 구조지만, 이제는 문제 해결과 실효성 중심의 운영이 필요하다. 중간 평가, 수시 감사, 성과지표 연동 인센티브 등을 통해 일 잘하는 공무원이 인정받고, 성과 있는 정책이 지속되는 문화를 만들어야 한다.

셋째, 부처 간 칸막이 해소와 협업 강화다. 유사한 사업이 부처별로 나뉘어 중복되거나, 정책 효과가 분산되는 일이 많다. 이에 따라 '통합 성과 관리 체계'를 구축해 사업 단위가 아니라 문제 단위로 부처 협업을 유도하고, 중간 조정 기구 또는 총리실 차원의 정책 조정 기능을 강화해야 한다.

또한 기획재정부 중심의 예산 통제 시스템도 점검이 필요하다. 예산 배정과 집행 과정에서 부처의 자율성과 책임성이 병립할 수 있는 균형 설계가 이뤄져야 한다. 중앙집중형 예산 구조는 단기 성과 중심의 정책을 양산하고, 지방이나 부처의 자율적 대응 능력을 제한한다.

전문성과 유연성을 함께 갖춘 행정 시스템으로

행정의 본질은 문제 해결이다. 그러기 위해서는 공무원이 특정 분야에 대한 전문성을 갖추고, 상황에 맞게 유연하게 대응할 수 있어야 한다. 그러나 현재는 전문성 부족과 경직된 제도 탓에 '복사

붙여넣기 행정', '보고서용 사업', '외부 자문 의존'이 빈번하다.

이를 개선하기 위해 분야별 전문직 공무원 트랙 제도를 확장해야 한다. 기존 일반직 외에 정책기획, 기술·과학, 산업 정책, 재난 대응, 국제통상 등 분야에 특화된 경력직 공무원을 선발하고, 이들이 현장성과 장기적 안목을 갖고 정책을 설계할 수 있도록 해야 한다.

또한 공직사회 전반에 유연한 조직 문화와 디지털 기반 업무 혁신이 필요하다. 업무 매뉴얼을 탄력적으로 운영하고, 수직적 보고 체계 대신 수평적 협업 플랫폼을 강화하며, 정형화된 문서 중심에서 데이터 기반 정책 설계로 전환해야 한다. 디지털 업무 도구의 표준화, 공공기관 간 정보 공유 플랫폼 확대, AI 기반 정책 모니터링 등도 병행돼야 한다.

무엇보다 중요한 것은 행정의 주체가 국민임을 잊지 않는 것이다. 보고서가 아닌 현실에서, 시스템이 아닌 사람에게 다가가는 행정이야말로 국민의 신뢰를 얻는 길이다. 단순히 행정서비스의 질을 넘어서, 공무원 한 사람 한 사람이 공공의 철학을 품고, 유능하게 일할 수 있는 구조와 문화를 만들어야 한다.

관료제는 민주주의의 뿌리이자 국가 운영의 기둥이다. 그 기둥이 흔들리면, 정책도 제도도 흔들린다. 이제는 명확한 책임, 투명한 성과, 유연한 전문성을 기반으로 관료제를 혁신해야 한다. 국민의 신뢰는 말이 아니라 실행에서 시작된다. 책임을 지는 행정, 문제를 해결하는 행정, 미래를 준비하는 행정. 이것이 진짜 관료제의 혁신이다.

2. 정부 조직, 슬림하고 민첩하게

"조직은 목적을 위한 수단이다.
비대한 정부는 느리고, 느린 정부는 신뢰를 잃는다"

비대한 정부, 기능은 중복되고 책임은 희미하다

현재 대한민국 정부는 18개 부처와 4개의 처, 17개 청, 그 외 위원회와 산하기관 등을 포함해 방대한 조직을 갖추고 있다. 그러나 이 많은 조직이 '효율적으로' 기능하고 있는지에 대한 국민의 평가는 그리 긍정적이지 않다. 업무의 중복, 권한의 충돌, 불분명한 책임 소재는 국가 운영의 신뢰를 갉아먹고 있다.

예컨대 탄소중립 정책에는 환경부, 산업부, 국토부, 기재부, 농림부 등 여러 부처가 관여한다. 하지만 부처 간 정책 방향이 상충되거나 조율되지 않아 부처 이기주의와 '책임 떠넘기기' 행정이 벌어진다. 이는 정책 추진 속도를 늦추고, 결과적으로 국민의 체감도도 낮춘다.

더 큰 문제는 과도한 산하기관과 위원회다. 위원회만 해도 600개가 넘는다. 이들 중 상당수는 형식적 기능을 반복하거나 유명무실화된 경우도 많다. 이처럼 비대한 조직 구조는 정책 결정의 속도와 유연성을 저해하고, 정책의 '종합성'보다는 '부처별 분절성'을 심화시킨다.

국정 과제를 추진하기 위해 신설한 조직이 임기 이후에는 정리되지 않고, 그대로 존치되거나 '간판만 바꿔 단 채' 존속하는 사례도 많다. 슬림한 정부 구조를 만들지 않는다면, 정부는 '국민을 위한 조직'이 아니라 '조직을 위한 정부'로 전락할 수 있다.

기능 중심의 조직 재설계와 유연한 운영 체계

정부 조직을 효율화하기 위해서는 단순한 부처 통폐합이 아니라, 기능 중심의 조직 재설계와 운영 체계 유연화가 핵심이다.

첫째, 정책 기능의 중복을 제거해야 한다. 유사·중복 기능을 수행하는 부처와 기관은 명확한 분업 원칙을 수립하고, 협업 기능을 강화해야 한다. 예를 들어, 기후위기 대응을 담당하는 부처들은 '탄소 감축 정책 총괄 기능'을 일원화하거나, 공동 기획 조직을 상설화하는 방식을 검토할 수 있다.

둘째, 조직의 경직성을 낮추고, 필요에 따라 '임시·기능 중심 조직'을 민첩하게 설치·해체할 수 있는 법적 틀이 필요하다. 이를 통해 국정 과제, 재난 대응, 통상 갈등, 기술 전환 등 특정 과제에 신속 대응할 수 있다. '태스크포스형 국정 실행조직'을 제도화해 문제 중심 조직 체계를 상시 운용하는 것도 대안이다.

셋째, 공공기관 평가와 기능 조정도 강화되어야 한다. 현재의 기관 평가는 실적 중심이지만, 공공성·효율성·지속 가능성의 관점에서 기능 재검토가 이뤄져야 한다. 불필요한 기능은 과감히 통폐합하고, 기능 전환이 필요한 기관은 사회 변화에 맞춰 신속히 대응할 수 있도록 제도적 유연성을 부여해야 한다.

넷째, 디지털 행정 체계의 정비도 필요하다. 기관 간 데이터 연계, 정책정보의 실시간 공유, 디지털 기반의 행정 자동화 등을 통해 인력 중심 행정의 비효율을 줄일 수 있다. 이는 곧 조직의 슬림화와 직결된다.

'작고 강한 정부'로의 전략적 전환

'작고 강한 정부'는 단지 규모의 문제가 아니다. 문제 해결 역량을 극대화하면서도 국민에게 신뢰받는 구조를 만드는 것이 핵심이다. 이를 위해 다음과 같은 전략적 접근이 필요하다.

첫째, 정부 조직은 정책 기능의 흐름에 따라 유기적으로 재편될 수 있어야 한다. 경제성장 중심에서 지속 가능성 중심으로, 규제 중심에서 조정과 촉진 중심으로 기능 재편이 필요하다. 이를 위해 주기적인 정부 조직 성과 평가와 개편을 제도화하고, 필요 시 민간 전문가가 참여하는 조직개편 심의위원회를 가동할 수 있어야 한다.

둘째, 부처 간 칸막이를 해소하기 위한 융합형 조직과 일하는 문화의 전환이 필요하다. 일하는 방식 자체를 협업 중심, 문제 해결 중심으로 전환해야 한다. 프로젝트 기반 팀 구성, 공공부문 협업 인센티브, 조직 간 인사 교류 확대 등도 추진해야 한다.

셋째, 정부 조직이 작동하는 기본 단위를 국민 중심으로 설계해야 한다. 예컨대 민원 응대, 복지 지원, 기업 서비스 등은 국민의 입장에서 전 과정이 통합되어야 한다. '하나의 창구, 하나의 과정' 원칙을 행정 전반에 확대 적용해야 한다.

또한 정부 조직의 변화는 법률적 틀뿐 아니라 공직 문화의 혁신과도 함께 가야 한다. '조직 유지를 위한 업무'가 아니라, '문제 해결을 위한 업무'에 집중하도록 평가 기준과 보상 체계를 바꿔야 한다. 진정한 의미의 슬림 행정은 '덜 일하는 정부'가 아니라, '더 잘 일하는 정부'를 만드는 과정이다.

대한민국은 지금 더 민첩하고 유연한 국가 운영 시스템이 절실하다. 속도와 전략, 전문성과 신뢰를 모두 갖춘 '작고 강한 정부'가 필요하다. 정부 조직은 정권의 산물이 아닌 국민의 수단이다. 유능한 정부는 조직이 아니라 목적에서 시작된다. 이제는 거대한 정부가 아니라, 제대로 일하는 정부를 만들 시간이다.

3. 공공기관 개혁, 성역 없이 추진하라

*"공공기관은 국민의 자산이다.
방만한 운영과 낮은 생산성은
국민 신뢰를 갉아먹는 구조적 위험이다"*

공공기관 개혁, 더 이상 미룰 수 없다

대한민국 공공기관은 지난 수십 년간 지속적으로 확대돼왔다. 2024년 기준 전체 공공기관 수는 350개를 넘고, 종사자 수는 약 45만 명에 이른다. 그러나 이들의 효율성과 책임성, 그리고 국민 체감 성과에 대해서는 근본적인 문제 제기가 반복되고 있다.

대표적인 문제는 방만한 조직 운영과 과도한 복리후생, 비효율적 자산관리, 그리고 민간 대비 낮은 생산성이다. 일부 기관은 사업 성과와 무관하게 고정된 예산과 인력을 유지하고 있으며, 공공성이란 명목 아래 경쟁과 혁신의 유인이 차단된 상태로 남아 있다.

더욱이 임원 선임의 정치화, 낙하산 인사, 단기 성과 부풀리기 등의 문제는 공공기관을 국민이 아닌 정권의 도구로 전락시켰다는 비판을 자초했다. 과거 수차례 개혁이 시도되었지만, 실질적인 구조 개편보다는 일시적인 비용 절감이나 인력 감축에 그치며 한계를 드러냈다.

이제 공공기관 개혁은 선택이 아니라 필수다. 정권을 초월한 국가 차원의 구조 개편이 필요하다. 국민의 자산을 국민의 신뢰로 되돌리기 위한 대수술이 요구되는 시점이다.

성과 중심·책임 중심의 공공기관 운영 체계로

공공기관 개혁의 핵심은 공공성과 효율성의 균형을 회복하는 것이다. 이를 위해 다음과 같은 전략적 접근이 필요하다.

첫째, 기능 조정과 구조 개편이다. 유사·중복 기능을 수행하거나, 민간과의 영역 구분이 모호한 기관은 전면적인 구조 조정이 필요하다. 이를 위해 전수조사를 통해 기관별 기능 진단과 역할 재정립을 우선 실시해야 한다. 폐지·통합·기능 전환이 가능한 기관은 적극 조정하고, 새로운 사회적 수요에 부합하는 기능 중심으로 재편해야 한다.

둘째, 성과 중심 경영 체계를 강화해야 한다. 단순한 경영 평가가 아니라 성과에 따른 예산 배분, 인센티브, 경영진 평가·연임 제도를 도입하고, 이를 공공적으로 투명하게 운영해야 한다. 성과가 낮은 기관이나 경영진에 대해서는 실제로 책임을 묻는 체계가 뒷받침되어야 한다.

셋째, 인사 제도의 공정성과 투명성 확보가 중요하다. 낙하산 인사 논란을 없애기 위해 공공기관장 선임 과정의 전면적 제도화가 필요하다. 사전 검증 절차, 전문가 위원회 중심의 후보 추천, 국민 참여형 인사 검증 등을 제도화해 정치와 거리를 둔 독립성과 전문성 중심의 인사 문화를 정착시켜야 한다.

넷째, 성과·복지의 공정성 문제도 반드시 개선되어야 한다. 공공기관 종사자들의 복리후생은 민간보다 과도하게 우위인 경우가 많고, 성과와 무관하게 적용되는 연봉 구조, 근속 연수 중심의 인사 체계 등이 효율성을 해치는 요인으로 지적된다. '국민 눈높이'에 맞는 기준으로 복지 체계를 재설계하고, 성과와 책임이 동반된 인사 시스템으로 전환해야 한다.

공공기관, 국민 신뢰를 회복해야 한다

공공기관은 공공의 이익을 위한 기관이다. 이는 단지 '비영리 조직'이라는 의미가 아니라, 공익을 최우선 가치로 삼고 국민에게 봉사해야 한다는 철학을 의미한다. 그러나 지금의 공공기관은 여전히 권한과 예산을 소유하는 주체로 오해받고 있다.

공공기관의 정체성과 책무성을 재정립하기 위해서는 다음과 같은 방향이 필요하다. 첫째, 국민과의 소통을 제도화해야 한다. 기관 운영 계획, 예산 편성, 성과 평가 등에 대해 시민 참여 구조를 정례화하고, '공공기관 국민 참여 예산제', '성과 보고 시민 질의 제도' 등을 통해 국민이 감시하고 참여하는 구조를 만들어야 한다.

둘째, 기관별 '사회적 가치 보고서'를 의무화하고, ESG 기준에 부합하는 책임 경영 체계를 도입해야 한다. 이는 단순한 외형적 ESG 도입이 아니라, 실제 기관의 운영 철학과 실천이 사회적 가치 창출에 얼마나 기여했는가를 판단하는 도구가 되어야 한다.

셋째, 공공기관의 디지털 전환과 혁신 행정을 가속화해야 한다. 불필요한 대면 행정, 중복된 절차, 과도한 내부 규정을 간소화하고, AI·데이터 기반의 공공서비스 플랫폼을 통해 효율성과 접근성을 함께 향상시켜야 한다.

마지막으로, 공공기관 개혁은 일회성 이벤트가 아닌 지속 가능한 시스템 구축으로 완성되어야 한다. 이를 위해 '공공기관 개혁 추진위원회'를 상설화하고, 성과와 문제를 주기적으로 진단하며, 정권 교체와 무관하게 개혁의 철학과 방향이 유지될 수 있도록 국민적 공감과 국회 차원의 제도화가 필요하다.

공공기관 개혁은 국민 신뢰 회복의 출발점이다. 지금이야말로 정치 논리에서 벗어나, 국민을 위한 공공성을 회복하고 지속 가능한 운영 체계를 구축할 때다. 성역 없는 개혁만이 진짜 개혁이다. 공공기관이 다시 국민의 자산으로 기능하기 위해선, 투명하고 유능하며 책임 있는 구조로의 전환이 반드시 필요하다.

4. 디지털 정부, 사람 중심으로 진화하라

"디지털은 기술이 아니라 신뢰다.
사람을 위한 전환이어야 진짜 디지털 정부다"

전자정부는 강했지만, 디지털 정부는 아직이다

대한민국은 전자정부의 선도 국가로 평가받아 왔다. 세계은행과 유엔의 전자정부 평가에서 늘 상위권을 유지하며, 공공정보의 디지털화와 온라인 행정 시스템 구축 면에서는 세계적인 모범 사례로 인정받았다.

그러나 문제는 기술적 인프라의 우수함과 실제 국민의 체감 사이에 큰 간극이 존재한다는 점이다. 여전히 복잡한 인증 절차, 불필요한 행정 서류 제출, 기관 간 정보 공유의 부재 등으로 인해 국민은 디지털 행정이 아니라 '종이 없는 불편'을 경험하고 있다.

디지털 정부는 단순한 전자화가 아니다. 전 부처, 전 기관, 전 업무를 연결하고 통합해 사람 중심의 맞춤형 서비스를 제공하는 시스템이어야 한다. 그러나 현재의 디지털 행정은 여전히 공급자 중심, 부처 중심의 발상에 머물러 있다.

이제는 전자정부 1.0 시대에서, 디지털 정부 2.0, 나아가 3.0 시대로의 진화가 필요한 시점이다. 이는 기술 중심이 아닌 사람 중심의 디지털 전환이다.

국민이 체감하는 디지털 정부로 바꾸려면

디지털 정부가 진짜 작동하려면, 그 출발점은 항상 국민이어야 한다. '무엇을 할 수 있는가'가 아니라, '국민에게 어떤 가치가 전달되는가'에 초점을 맞춰야 한다.

첫째, 행정정보 통합 시스템을 구축해야 한다. 현재는 기관별 시스템이 서로 단절돼 있어 한 기관에서 제공받은 자료를 다른 기관이 다시 요구하는 이중 행정이 여전하다. 이를 해소하기 위해 모든 공공기관의 행정정보를 통합 관리하는 '행정정보 클라우드 시스템'을 구축하고, 실시간 연계와 자동 조회 기반의 업무 설계를 구현해야 한다.

둘째, 맞춤형 서비스 체계를 고도화해야 한다. 예를 들어, 출산, 이사, 취업, 창업, 은퇴, 사망 등 생애주기에 따른 '통합형 행정서비스'는 국민의 수요에 기반해 자동 안내되고, 한 번의 신청으로 다수의 행정 처리를 가능케 하는 시스템으로 진화해야 한다.

셋째, 인증·접근 절차를 단순화하고, 보편성을 높여야 한다. 고령자, 장애인, 외국인 등 디지털 약자도 쉽게 활용할 수 있도록 '디지털 접근권 보장 표준'을 마련하고, 사용자 중심의 인터페이스 개선, 음성·영상 지원 서비스, AI 상담 도입 등을 병행해야 한다.

넷째, 개인정보 보호와 신뢰 체계가 병행돼야 한다. 디지털 전환이 진화할수록 국민은 정보 유출에 대한 우려를 더 크게 느낀다. 따라서 AI 알고리즘의 투명성 확보, 정보 주체 중심의 개인정보 관리 권한 강화, 데이터 윤리 기준의 법제화가 반드시 수반돼야 한다.

디지털 역량과 신뢰 기반의 행정 혁신

디지털 정부는 단지 기술의 문제만은 아니다. 기술을 활용하는 사람, 시스템을 설계하는 조직, 철학을 반영하는 법제도 모두가 함께 진화해야 한다.

첫째, 공무원의 디지털 역량 강화가 핵심이다. 단지 기술 교육을 넘어, 데이터 기반 사고, 협업 플랫폼 활용 능력, 디지털 윤리 의식 등을 갖춘 인재를 양성해야 한다. 이를 위해 부처별 '디지털 전환 전담 조직'을 신설하고, 전 공직자 대상의 필수 교육과 경력 개발

로드맵을 제도화할 필요가 있다.

둘째, 민간과의 협력을 통해 디지털 혁신 생태계를 조성해야 한다. AI·클라우드·IoT 등 첨단 기술의 적용은 공공 영역만으로는 한계가 있다. 민간 기업, 스타트업, 연구기관과의 공동 프로젝트, 데이터 공유, 기술 실증 공간 조성 등을 통해 '공공디지털 생태계'를 개방적으로 구축해야 한다.

셋째, 정책의 수립과 집행 과정에서 데이터 기반 의사결정 시스템(DSS)을 전면 도입해야 한다. 빅데이터 분석, 시민 의견 실시간 수렴, 정책 영향 시뮬레이션 등을 통해 직관이나 관례 중심의 행정에서 증거 기반의 정책 설계와 피드백 중심 행정으로 전환해야 한다.

마지막으로, 디지털 정부의 철학은 '신뢰'에 있어야 한다. 아무리 뛰어난 기술도 국민이 신뢰하지 않으면 무용지물이다. 국민과 함께 설계하고, 국민이 주도적으로 참여하며, 국민의 권리를 보장하는 디지털 행정 체계만이 진짜 디지털 정부다.

디지털 정부는 기술 경쟁이 아니다. 그것은 국민의 삶을 더 편리하게 만들고, 국가의 문제를 더 신속하게 해결하며, 모두가 참여하고 신뢰할 수 있는 새로운 공공 시스템의 설계다. 이제는 사람 중심, 신뢰 중심, 투명 중심의 디지털 정부로 나아가야 한다. 기술은 수단일 뿐이고, 진짜 목적은 사람이다. 이것이 디지털 행정이 가야 할 길이다.

제12장

공정 사회, 기회의 사다리를 복원하라

1. 불공정에 대한 분노, 공정을 향한 갈증
2. 입시·채용·보상, 공정한 제도 설계로
3. 사회적 약자, 배려를 넘어 권리로
4. 공정의 기준, 사회적 합의로 다듬자

1. 불공정에 대한 분노, 공정을 향한 갈증

"공정은 정의의 최소치다.
사다리가 끊긴 사회에서 희망은 설 자리를 잃는다"

한국 사회, 왜 이토록 불공정에 민감한가

오늘날 한국 사회에서 '공정'은 가장 예민하고 민감한 화두다. 채용 비리, 입시 특혜, 병역 회피, 부동산 투기, 로비성 인사 등 사회 곳곳에서 불공정 사례가 드러날 때마다 대중의 분노는 격렬하다. 그 분노는 단지 도덕적 분개를 넘어서 미래에 대한 절망, 기회의 봉쇄에 대한 항의다.

이처럼 한국 사회가 불공정에 민감한 이유는 성장의 과실이 공평하게 분배되지 않았고, 기회의 사다리가 점점 사라지고 있기 때문이다. 어디서 태어났는가, 어떤 부모를 가졌는가, 어떤 배경을 가졌는가에 따라 인생의 경로가 너무나 달라지는 구조는 공정하지 않다는 인식을 넘어서 좌절감을 안긴다.

또한 정치권과 고위 공직자, 대기업 등 사회 상층부에서 불공정이 반복되는 모습은 제도의 정당성 자체에 대한 의심을 불러일으킨다. 불공정에 대한 감수성은 단지 청년 세대의 유별난 특성이 아니라, 그만큼 제도가 기회의 평등을 담보하지 못하고 있다는 반증이다.

공정은 추상적인 도덕 개념이 아니다. 그것은 사회 통합을 위한 최소한의 조건이자, 지속 가능한 사회를 위한 핵심 기반이다. 공정이 무너진 사회에서는 능력도 노력도 무력해지고, 규범도 법도 설 자리를 잃는다.

공정의 기준, 다시 정의하고 정립해야 한다

공정의 기준은 시대와 사회의 맥락에 따라 달라질 수 있다. 그러나 한국 사회는 공정에 대한 기준이 혼란스럽고 이중적인 구조에 놓여 있다. 누구는 '기회의 평등'을, 누구는 '과정의 투명성'을, 또 다른 이는 '결과의 균형'을 공정이라 생각한다.

이처럼 공정에 대한 사회적 합의가 약한 상황에서는, 정책이 추진될 때마다 '형평 논란', '특혜 논란', '역차별 논란'이 반복된다. 이는 단순히 정책 커뮤니케이션의 문제를 넘어, 공정성의 철학과 원칙이 부재하다는 사실을 드러낸다.

따라서 정부는 정책 전반에 걸쳐 공정성 기준을 정립하고, 국민과의 합의를 통해 정책 설계 단계에서부터 공정성 평가 항목을 의무화해야 한다. 예를 들어, 각종 제도에 대한 공정성 영향 평가 제도(Fairness Impact Assessment)를 도입하고, 정책 수립 전·중·후 단계별로 사회적 약자, 이해당사자의 의견을 수렴하는 구조를 갖춰야 한다.

또한 각종 시험, 선발, 평가, 보상 시스템 등 국민의 삶과 밀접한 제도에 대해 투명성과 일관성을 강화해야 한다. AI 채용, 고시 제도, 학종 제도, 복지 수급 평가 등 모든 '심사'의 영역에 공정성 기준을 명문화하고, 불합리하거나 불투명한 절차에 대해서는 국민이 문제 제기하고 정정 요구를 할 수 있는 권한을 보장해야 한다.

공정은 결과가 아니라 신뢰의 문제다. 정책이 완벽할 수는 없지만, 신뢰를 받기 위해서는 최소한의 투명성과 설명 책임이 전제되어야 한다. 이를 제도화하는 일이 지금 공정성을 회복하는 출발점이다.

공정 사회, 사다리를 복원하는 국가 책임

공정한 사회란 단지 차별이 없는 사회가 아니다. 그것은 누구에게나 도전의 기회가 열려 있고, 실패하더라도 다시 시작할 수 있는 기반이 보장되는 사회다. 즉, '기회의 사다리'가 살아 있는 사회다.

그러나 지금의 한국은 그 사다리가 곳곳에서 끊겨 있다. 지역·계층·세대·성별에 따라 출발선이 다르고, 재도전의 기회도 균등하지 않다. 특히 청년과 저소득층, 비정규직, 경력 단절 여성, 이주민 등은 제도적으로 뒷받침되지 않은 불리한 구조 속에 놓여 있다.

따라서 공정 사회를 위한 국가 책임은 사다리 복원에서 시작해야 한다. 우선 교육, 노동, 복지, 주거, 창업 등 생애 전반에 걸쳐 사회 이동 사다리를 재설계해야 한다. 구체적으로는 다음과 같은 접근이 필요하다.

첫째, 교육 기회의 형평성 강화다. 고교 서열화 해소, 지역 대학 육성, 디지털 교육 격차 해소, 기초학력 보장 제도 강화 등 교육의 출발선부터 공정성을 확보해야 한다. 둘째, 노동시장 진입 공정성 확보다. 채용 공정성 강화, 스펙 중심 선발에서 역량 중심 전환, 청년 고용 할당제 확대, 경력 단절 여성 재취업 패키지 등을 통해 기회의 문을 넓혀야 한다.

셋째, 사회안전망의 공정한 설계다. 복지 대상자의 기준을 합리적으로 설정하고, 사각지대를 줄이는 한편, 동일한 필요에 대해 동일한 보장을 받는 구조를 확립해야 한다. 복지 급여 누락자 자동 포착 시스템, 가구 단위가 아닌 개인 중심 복지 설계 등도 공정성을 높이는 방안이다.

마지막으로, 사회적 사다리 복원을 위한 정부의 역할은 단지 정책 집행이 아니라 사회적 신뢰를 회복하는 도구로서 작동해야 한다. 정부가 신뢰받지 못하면 아무리 좋은 정책도 효과를 발휘할 수 없다. 공정한 사회는 결국 신뢰받는 정부, 신뢰받는 시스템에서 출발한다.

공정은 사회를 하나로 묶는 힘이다. 그것이 무너지면, 개인은 경쟁이 아니라 투쟁 속에 놓이게 된다. 지금 필요한 것은 말이 아닌 제도, 선언이 아닌 실천이다. 불공정에 대한 분노가 더 이상 절망이 되지 않도록, 기회의 사다리를 다시 세워야 한다. 그것이 공정 사회를 향한 출발이고, 미래 세대를 위한 약속이다.

2. 입시·채용·보상, 공정한 제도 설계로

*"공정한 제도는 정의의 출발점이다.
누구나 같은 잣대 아래 경쟁하고
평가받는 사회가 건강하다"*

제도가 불공정하면 사회 전체가 흔들린다

입시, 채용, 보상은 국민 개개인의 삶에 가장 직접적으로 영향을 미치는 제도다. 그러나 이 세 영역에서 공정성이 흔들리면, 개인의 노력과 능력이 평가받지 못하는 구조가 고착된다.

입시에서는 '학종(학생부종합전형)'의 불투명성과 사교육 의존도가 공정성 논란을 불렀고, 채용에서는 블라인드 채용과 AI 면접, 인턴 경력 활용 등에서 비공식 스펙과 배경이 좌우하는 불신의 시선이 존재한다. 보상에 있어서도, 동일한 성과에도 불구하고 성별·출신·고용 형태에 따라 임금 격차가 여전히 존재한다.

이러한 구조적 불공정은 단지 개인의 불만을 넘어 사회 전체의 신뢰를 저해하고, 정책에 대한 반감과 집단 간 갈등을 유발한다. 무엇보다 기회가 공정하지 않으면 도전이 줄고, 능력주의조차 무력화된다. 이로 인해 사회의 역동성과 통합력은 현저히 약화된다.

그렇기에 입시·채용·보상은 정책의 신뢰성과 제도의 정당성을 복원하는 핵심 영역이다. 누구나 같은 기준 아래 공정하게 경쟁할 수 있는 구조를 만드는 것이 국가의 책임이다.

입시 제도 개편, 투명성과 예측 가능성이 핵심이다

입시는 단지 시험을 보는 제도가 아니다. 그것은 기회의 출발점이며, 사회 이동 사다리의 첫 단추다. 그러나 현재의 입시 제도는 지나치게 복잡하고 불투명하다. 대학마다 다른 전형 구조, 학생부 평가 기준의 모호성, 면접과 자기소개서의 주관성 등은 사교육 시장의 확장과 정보 불균형을 야기하며 공정성을 훼손한다.

따라서 첫째, 전형 구조를 단순화하고 평가 항목의 표준화를 강화해야 한다. 학종은 기본적으로 학생의 다양한 역량을 평가한다는 장점이 있으나, 평가자마다 주관적 판단이 개입되기 쉬운 구조다. 이를 개선하기 위해 평가 항목의 공개, 서류 평가 표준화, 면접 녹화 및 이력 추적제 도입 등 투명성을 제고하는 제도적 장치가 필요하다.

둘째, '정보 격차 해소'와 '사교육 의존도 축소'가 핵심이다. 이를 위해 공공 입시 컨설팅 시스템을 전국 단위로 확대하고, 온라인 기반의 입시 시뮬레이션 서비스, 지역별 진학 멘토단 운영 등을 체계화해야 한다. 입시는 더 이상 정보와 자원의 싸움이 되어서는 안 된다.

셋째, 지역 간 교육 격차 완화도 병행되어야 한다. 지역 고교와 대학 간 연계 프로그램, 지역 균형 선발 확대, 지역 학생 대상 학습 지원 인프라 확대 등을 통해 출발선의 불균형을 완화하는 정책이 뒤따라야 한다.

채용과 보상의 공정성을 설계하는 방법

채용 영역에서의 공정성은 특히 청년 세대의 분노를 자극하는 주요 요인이다. 스펙 중심, 인맥 중심, 공정성 미흡한 평가 방식 등은 '열심히 해도 안 된다'라는 무기력감을 불러온다. 따라서 다음과 같은 개편이 필요하다.

첫째, 채용 공정성 강화를 위한 '채용 공시 제도'를 전면 확대해야 한다. 현재 공공기관 중심으로 시행 중인 채용 절차 공정화법을 민간 대기업까지 확대하고, 전형별 평가 기준과 가중치, 면접 위원 구성 등의 정보 공개를 의무화해야 한다.

둘째, 블라인드 채용이 실제로는 형식에 그치지 않도록 사후 점검과 위반 시 제재를 강화해야 하며, AI 채용 도입 기관에 대해선 알고리즘 투명성과 인공지능 편향성 감지 기준 마련이 시급하다. 누구든 객관적이고 예측 가능한 방식으로 평가받을 수 있어야 한다.

셋째, 고용 형태에 따른 보상 격차 해소도 중요하다. 동일노동·동일임금 원칙을 실현하기 위해, 정규직·비정규직 간, 남녀 간, 본사·하청 간 보상구조의 투명성을 제고하고, 공정 임금 공시 제도와 불합리한 임금 격차 시정 명령 제도를 도입할 필요가 있다.

또한 보상의 구조는 성과 중심으로 전환하되, 단기 성과보다 조직 내 기여도와 지속 가능성, 공동체 가치를 반영하는 다층적 지표가 설계되어야 한다. 보상은 수치가 아니라 조직의 철학을 담아야 한다.

입시·채용·보상은 사회의 기초 신뢰 인프라다. 이 영역에서 공정성이 무너지면 개인은 희망을 잃고, 사회는 연대를 잃는다.

지금 필요한 것은 제도를 고치는 일이다. 작은 차별, 보이지 않는 불공정, 불투명한 기준을 하나하나 걷어내고, 누구에게나 예측 가능하고 정당한 절차가 보장되는 사회를 만들어야 한다. 공정은 이상이 아니라 시스템이다. 이제 그 시스템을 설계하고 실천할 시간이다.

3. 사회적 약자, 배려를 넘어 권리로

"공정한 사회는 가장 약한 이들의 권리를 존중할 때
비로소 완성된다"

배려가 아닌 권리로서의 접근이 필요하다

우리 사회는 그동안 사회적 약자에 대한 정책을 '배려' 혹은 '보호'의 관점에서 설계해왔다. 장애인, 노인, 여성, 이주민, 저소득층 등 사회적 약자를 위한 제도와 예산은 꾸준히 확대되어왔지만, 그 접근 방식이 여전히 '선심성 시혜'의 논리에 머물러 있다는 비판이 크다.

그러나 진정한 공정 사회란 약자를 시혜적으로 대하는 것이 아니라, 그들의 권리를 제도적으로 보장하고 사회 구조에 내재화시키는 것이어야 한다. 다시 말해, 배려가 아닌 권리로서의 접근이 필요하다.

　장애인의 이동권, 여성의 안전권, 청년의 주거권, 노인의 생계권, 이주민의 기본권은 더 이상 예외적 정책의 대상이 아니라 국가가 보장해야 할 헌법적 권리의 문제다. 단순히 복지 예산을 늘리는 것이 아니라, 제도의 설계부터 실행까지 '권리 보장의 원칙'을 중심에 둘 필요가 있다.

　특히 사회적 약자를 위한 정책은 단순 지원이 아닌 '정상적인 사회 참여를 보장하는 기회 구조의 설계'여야 한다. 이제는 대상 중심 정책이 아닌 권리 기반 정책으로, 시혜가 아닌 정당한 권리로 전환해야 한다.

제도 설계 단계부터 약자의 현실을 반영하자

　공정한 제도를 설계하려면, 우선 정책을 설계하는 시점에서부터 사회적 약자의 현실과 목소리를 반영해야 한다. 많은 제도가 좋은 취지로 출발하지만, 실제 약자의 삶에 접점이 없는 경우가 많다.

　첫째, 장애인의 접근권과 이동권은 물리적 시설 개선뿐 아니라 디지털 접근성까지 고려돼야 한다. 교통 약자를 위한 특별 교통수단 확충, 휠체어 이용자를 위한 공공공간 설계, 웹사이트 및 공공 앱의 접근성 기준 강화 등은 장애인의 독립된 삶을 가능케 하는 핵심 인프라다.

둘째, 여성에 대한 구조적 차별과 안전 문제에 대한 접근도 여전히 미흡하다. 여성 대상 범죄에 대한 형량 강화, 스토킹·디지털 성범죄 방지 시스템, 경력 단절 예방을 위한 일·가정 양립 정책 강화, 공공부문 성별 균형 채용제 확대 등 젠더 정의 실현을 위한 실효적 조치가 요구된다.

셋째, 노인과 청년, 이주민 등 복합적 취약층에 대한 통합 정책 체계도 중요하다. 청년의 일자리·주거·심리 불안은 복합적이기에 단일 정책으로 해결되지 않으며, 노인 또한 돌봄·의료·소득 보장이 연계되어야 실질적 효과를 본다. 이주민은 체류 자격, 노동 환경, 자녀 교육 등 전 생애 기반 정책 설계가 필요하다.

무엇보다 중요한 것은, 제도의 '공급자 중심 사고'에서 벗어나 정책 수요자, 즉 약자의 입장에서 설계하고 점검하는 구조로의 전환이다. 이를 위해 '이용자 참여형 정책 평가', '현장 기반 정책 보완 제도' 등의 참여형 정책 거버넌스가 병행되어야 한다.

약자의 권리를 지키는 구조적 사회개혁

공정 사회로 나아가기 위한 궁극적 과제는 사회 전반의 구조를 약자의 권리를 보장하는 방향으로 전환하는 것이다. 이를 위해 세 가지 구조적 개혁이 필요하다.

첫째, 권리 기반 복지 제도 구축이다. 복지 제도는 보편성과 형평성을 모두 충족해야 하며, 자격요건 중심이 아닌 욕구 기반 설계로 전환되어야 한다. 특히 빈곤층, 고립 가구, 돌봄 위기 계층 등은 '신고주의'가 아닌 '능동적 탐지 시스템'으로 접근해야 한다. AI 기반 위기 탐지 시스템, 통합사례 관리 확대, 동주민센터의 지역 복지 허브화가 그 예다.

둘째, 차별금지와 권리 보호에 대한 법제 강화가 필요하다. 포괄적 차별금지법 제정은 더 이상 미룰 수 없는 과제다. 특정 소수자에 대한 법적·제도적 보호 체계를 명시하고, 권리 침해에 대한 구제 수단과 교육·인식 개선을 포함한 종합 대책이 마련돼야 한다.

셋째, 공공서비스의 재설계다. 지금의 공공서비스는 정형화된 기준과 절차 중심이지만, 사회적 약자는 표준에 해당하지 않는 경우가 많다. 따라서 유연한 설계와 현장 재량권 확대, 통합행정 플랫폼 구축이 필요하다. 특히 보건·복지·노동 서비스는 원스톱 연계가 가능하도록 통합창구 시스템을 조기 도입해야 한다.

공정 사회는 강한 사람의 도전이 아니라, 약한 사람의 권리에서 시작된다. 배려는 일시적이지만, 권리는 지속된다. 진짜 공정은 '특혜 없는 경쟁'이 아니라, '출발선이 보장된 경쟁'이다. 이제는 약자를 위해가 아니라, 약자와 함께하는 사회로 전환할 때다. 그것이 공정 사회의 기준이며, 지속 가능한 사회의 토대다.

4. 공정의 기준, 사회적 합의로 다듬자

*"공정은 각자의 관점이 아니라
모두의 약속이어야 한다.
사회적 합의 없이 공정은 작동하지 않는다"*

공정의 기준은 누구의 것인가

오늘날 한국 사회에서 '공정'이라는 단어는 많은 영역에서 사용되지만, 그 의미는 제각각 다르게 해석된다. 어떤 이에게는 공정이 '기회의 평등'이며, 어떤 이에게는 '과정의 투명성', 또 다른 이에게는 '결과의 균형'을 의미한다.

이처럼 공정에 대한 해석이 다르면, 같은 제도나 사건에 대해서도 완전히 상반된 평가와 감정이 교차하게 된다. 예를 들어, 정시 확대는 어떤 계층에게는 공정한 제도 개선이지만, 다른 이에게는 교육 기회의 역행으로 받아들여지기도 한다.

공정이 각자의 관점에 따라 해석될 때 사회는 분열된다. 특히 세대 간, 계층 간, 지역 간의 공정 인식이 다를수록 정책 결정은 신뢰를 얻기 어려워지고, 사회 갈등은 심화된다.

결국 공정이 사회의 작동 원리로 기능하려면, 공통된 기준과 사회적 합의가 필수다. 공정은 각자의 신념이 아니라, 모두가 동의할 수 있는 규칙이어야 한다. 그 규칙이 있을 때만 사회는 예측 가능해지고, 갈등은 제도 안에서 조정될 수 있다.

공정 기준은 사회적 논의를 통해 형성되어야 한다

공정의 기준은 고정된 것이 아니다. 시대의 변화, 사회의 다양성, 국민의 요구에 따라 지속적으로 논의되고 다듬어져야 한다.

첫째, 사회적 합의는 '다수결'이 아니다. 다수의 의견이 항상 정의로운 것은 아니며, 소수자의 권리와 사회적 약자의 관점이 반영되어야 진정한 공정 기준이 될 수 있다. 따라서 정책 설계 과정에서 숙의 기반의 시민 참여 구조가 제도화돼야 한다.

예를 들어, 주요 제도 개편이나 갈등 사안에 대해 '공정성 시민 참여단' 또는 '숙의형 국민 참여 위원회'를 구성하고, 각계각층의 이해관계자가 참여하여 공정성 기준과 실행안을 논의하게 하는 구조를 도입할 수 있다.

둘째, 공정 기준의 투명한 적용이 중요하다. 현재 많은 제도들이 모호한 기준 속에서 자의적으로 운영되며, 공정성 논란을 자초하고 있다. 이에 따라 입시, 채용, 보상, 복지 등 공정 논란이 반복되는 제도에 대해 '공정성 지표'와 '영향 평가 체계'를 도입하고, 그 결과를 국민에게 공개하는 방식으로 정책 신뢰를 높일 수 있다.

셋째, 공정 기준 형성을 위한 공적 담론장을 활성화해야 한다. 지금은 언론과 포털, SNS를 통한 단편적 논쟁이 주류를 이루지만, 이를 넘어서 국가와 시민이 함께 숙의하는 공적 소통 플랫폼이 필요하다. 정책 발표 전후로 '공정성 영향 토론회', '국민 입장 진술 청문회' 등의 과정을 제도화할 수 있다.

지속 가능한 공정 기준의 조건: 신뢰, 예측 가능성, 포용성

공정의 기준이 사회적 합의를 통해 마련되더라도, 그것이 지속적으로 작동하기 위해서는 세 가지 조건이 충족돼야 한다.

첫째, 신뢰다. 제도의 실행자가 신뢰받지 못하면 아무리 공정한 기준도 무의미하다. 따라서 공직자의 인사, 정책의 집행, 평가와 피드백 구조에서 이해 충돌 방지와 청렴성 확보가 전제되어야 하며, 모든 행정 과정은 투명하게 공개되어야 한다.

둘째, 예측 가능성이다. 사람들은 결과보다 절차의 일관성에서 공정함을 느낀다. 갑작스러운 제도 변경, 사전 고지 없는 정책 도입, 예외적인 특례 조항 등은 신뢰를 해친다. 따라서 정책은 충분한 사전 예고, 이해관계자의 의견 수렴, 제도 안정 기간을 거쳐 일관성과 예측 가능성 속에서 운영돼야 한다.

셋째, 포용성이다. 공정은 차별 없는 경쟁을 전제로 하되, '출발선의 격차'를 고려한 제도적 설계를 필요로 한다. 이는 역차별 논란과도 연결되지만, 정의로운 공정은 항상 약자를 배려한 형평의 기준을 내포한다. 동일 기준의 기계적 적용이 아닌, 맥락에 따른 균형 잡힌 판단이 필요하다.

이 세 가지가 확보될 때 공정은 제도 속에서 살아 움직이고, 국민은 그 제도를 신뢰하며 자발적으로 따르게 된다. 그 신뢰는 결국 사회의 통합을 이끄는 핵심 자산이 된다.

공정은 단지 분배의 문제가 아니라 사회의 작동 원리이자 공동체의 규범이다. 그것이 명확하고 일관될 때 사회는 예측 가능해지고, 사람들은 미래에 희망을 걸 수 있다. 공정은 정답이 아니라, 함께 만들어가는 과정이다. 지금 우리 사회가 해야 할 일은, 그 기준을 함께 만들고 지켜갈 사회적 성숙과 제도적 책임의 체계를 만드는 것이다.

제13장

청년 미래, 희망의 사다리를 복원하라

1. 청년이 체감하는 위기, 구조적 문제다
2. 청년 일자리, 불안정 고리를 끊자
3. 청년 주거, 자립의 첫걸음부터
4. 청년 정책, 통합 설계와 세대 연대로

1. 청년이 체감하는 위기, 구조적 문제다

"노력하면 된다는 믿음이 무너졌을 때,
청년은 희망 대신 탈출을 꿈꾼다"

청년 위기의 본질은 '기회의 차단'이다

청년 문제는 단지 한 세대의 어려움이 아니다. 국가 전체의 지속 가능성을 위협하는 구조적 위기다. 고용 불안, 주거 불안, 교육 불평등, 부채 증가, 정신 건강 문제까지 청년이 겪는 위기의 양상은 갈수록 복합적이고 장기화되고 있다.

특히 20~30대 청년들은 "이제는 노력만으로는 계층 이동이 불가능하다"라며 체념하는 분위기가 확산되고 있다. '헬조선'이라는 자조적 용어, '탈조선'이라는 현실적 탈출 기획은 청년들의 무력감과 구조에 대한 불신을 반영한다.

청년층의 체감 위기는 단순한 개인 능력의 부족이 아니라, 사회적 기회 구조가 무너졌기 때문이다. 양질의 일자리는 줄어들고, 고용은 단기화·불안정화되었으며, 주거는 자산가치 상승과 맞물려 더는 '자력으로 진입할 수 없는 영역'이 되었다. 교육은 여전히 투자 대비 수익이 불투명하고, 청년 부채는 금융이 아닌 생계와 교육 자금에 기반한 구조적 문제로 번지고 있다.

이러한 상황에서 청년들은 미래를 설계할 기회도, 실패를 딛고 다시 일어설 기반도 갖기 어렵다. 이것이야말로 청년 위기의 본질이며, 공정 사회와 연결된 중요한 신호다. 청년에게 희망이 없는 사회는 미래도 없다.

청년 문제는 복합적 위기, 구조적 대응이 필요하다

청년 문제를 '취업난'이나 '출산율' 등 단일 이슈로만 다루는 접근은 더 이상 유효하지 않다. 지금 청년의 위기는 노동시장, 주거시장, 교육 제도, 금융 구조, 사회문화 등 전방위에서 복합적으로 발생하고 있기 때문이다.

첫째, 청년 고용의 질적 저하가 심각하다. 일자리는 숫자상 존재하지만, 상당수가 단기계약직, 플랫폼 노동, 고용보험 사각지대에 위치해 있다. 청년 실업률이 낮아져도 체감 실업률은 높아지고, '불안정한 자립'이 지속된다. 이는 단순한 취업 지원책으로는 해결되지 않는다. 청년 맞춤형 직무 역량 강화, 고용 안정 계약제 도입, 직무 중심 채용 시스템 확대 등 구조적 변화가 필요하다.

둘째, 주거 문제는 '청년이 혼자 살 수 없다'라는 현실로 드러나고 있다. 전세가 상승과 월세 전환, 임대주택 부족, 청년 주택 자산 형성 기회의 상실 등은 청년의 독립성과 생활 기반을 위협한다. 청년 전월세 무이자 융자 확대, 지역 순환형 공공주택, 소득연계형 임대료 제도 등 실효성 있는 주거 정책이 절실하다.

셋째, 교육과 학자금 구조도 문제다. 대학 등록금은 높고, 장학금은 성적과 소득 기준의 이중 잣대로 제한되며, 졸업 후 상환 부담은 점점 커진다. 학자금 대출의 이자 완전 면제, 일정 소득 이하 상환 유예 제도, 졸업 후 5년간 무이자 거치제 등 청년 부채 구조를 완화하는 조치가 필요하다.

넷째, 심리·정서적 위기도 크다. 극심한 경쟁, 가족 해체, 사회적 단절 속에서 청년들은 '자살률 1위 세대'라는 충격적 현실에 놓여 있다. 정신 건강 서비스 접근성 확대, 지역 청년상담 센터 확충, 생애단계별 심리치료 바우처 등이 병행되어야 한다.

이러한 각 요소는 서로 맞물려 있기 때문에, 개별 정책이 아닌 패키지형 정책 조합과 총괄 조정형 청년 정책 시스템이 요구된다.

청년의 삶을 중심에 둔 정책 철학의 전환

청년 정책의 궁극적인 목표는 '청년을 위한 제도'가 아니라, 청년이 스스로 삶을 선택하고 설계할 수 있는 기회를 회복시키는 것이다. 이를 위해서는 정책의 방향성과 실행 철학이 근본적으로 전환되어야 한다.

첫째, 청년 정책은 시혜나 복지 개념이 아니라 권리로 접근해야 한다. 청년은 경제적 자립과 사회 참여의 주체이며, 이들의 목소리가 정책 결정의 한 축이 되어야 한다. 이를 위해 '청년 참여 예산제', '지역 청년의회', '청년 생활 정책 제안 플랫폼' 등 정책 설계 단계에서부터 청년이 직접 개입할 수 있는 구조를 제도화해야 한다.

둘째, 지역 기반 청년 생태계 조성이 필요하다. 수도권 중심 정책에서 벗어나 지역 대학, 청년 창업, 지역 일자리, 주거 공간, 문화 활동 등이 어우러지는 '청년 친화형 생활권역' 조성 전략을 추진해야 한다. '로컬 청년 혁신특구', '지역 정착 장려금', '지역 청년 공동체 지원' 등을 통해 청년의 선택지를 넓히는 지역 분산 전략이 필요하다.

셋째, 청년 정책은 단기 성과보다 장기적 생애주기 기반으로 설계되어야 한다. 초중등기 - 고등교육기 - 취업초기 - 독립기 - 결혼·양육기로 이어지는 청년기 생애 경로를 기준으로, 맞춤형 제도 설계와 연계 지원이 병행되어야 한다. 또한 정책 간 연계성과 데이터 기반 정책 관리 체계 구축도 필수다.

청년은 수혜자가 아니라, 국가의 동반자이자 미래의 책임자다.

청년의 삶을 사회의 중심에 놓고 정책을 재설계할 때, 그 사회는 지속 가능성을 얻게 된다. 청년이 미래를 꿈꿀 수 없는 사회는 오래가지 못한다. 지금 필요한 것은 청년을 위한 '전시용 제도'가 아니라, 청년과 함께 만드는 현실적 기회 구조다.

기회의 사다리를 다시 놓아야 한다. 청년에게 삶의 주도권을, 선택할 수 있는 자유를, 실패해도 다시 일어설 수 있는 기반을 제공해야 한다. 그것이 희망의 이름으로 청년을 부르는 유일한 길이다.

2. 청년 일자리, 불안정 고리를 끊자

*"불안정한 일자리는 청년의 삶을 갉아먹는다.
일은 삶의 시작이어야지,
절망의 시작이어선 안 된다"*

청년 고용, 숫자가 아니라 질의 문제다

청년 실업률이 완화되고 있다는 통계가 발표될 때마다 청년 세대는 고개를 갸웃한다. 체감하는 현실은 전혀 다르기 때문이다. 수많은 청년들이 취업을 해도 '정규직'이 아닌 단기직, 계약직, 파견직, 플랫폼 노동으로 유입되고 있다. '일자리는 있지만, 안정된 일자리는 없다'라는 말은 이제 청년 사이의 상식이 되었다.

더욱 심각한 문제는, 이러한 불안정 고용 구조가 청년의 생애 설계를 파괴한다는 점이다. 결혼과 출산은 물론, 주거·소비·사회 참여까지 모든 계획이 미뤄지거나 포기된다. "내 인생은 미루기만 하다 끝나겠다" 하는 청년의 푸념은 결코 과장이 아니다.

이처럼 청년 일자리 문제는 단순히 취업률로 측정할 수 없는 질적 위기의 문제다. 양질의 일자리가 줄어들고, 청년들이 진입할 수 있는 노동시장의 입구는 좁아지며, 그 안에서도 차별과 불평등이 존재한다. 지금 한국 사회는 청년을 위한 '일의 사다리'가 끊어진 구조에 놓여 있다.

일의 사다리를 복원하는 정책 구조가 필요하다

청년 고용의 구조적 문제를 해결하기 위해서는 '고용 촉진' 수준을 넘어, 안정성과 예측 가능성이 담보된 생애 경로 설계 기반이 마련돼야 한다. 이를 위해 다음과 같은 정책 방향이 요구된다.

첫째, 직무 기반 채용 시스템을 전면화해야 한다. 현재 청년 채용은 여전히 학력, 출신 학교, 자격증 중심의 스펙 경쟁에 치우쳐 있다. 공공부문부터 직무 중심의 블라인드 채용을 확산하고, 직무기술서 표준화, 직무 기반 AI 역량 분석 도구 도입 등으로 채용의 공정성과 일관성을 강화해야 한다.

둘째, 고용 안정 계약제의 도입이 필요하다. 일정 기간의 수습·계약 기간 후 일정 성과 기준을 충족하면 자동 정규직 전환이 보장되는 방식으로, 청년 고용 불안정의 구조를 완화할 수 있다.

이는 '정규직 - 비정규직 이분법'에서 벗어나, 경로 의존형 고용 안정 시스템으로 전환하는 계기가 될 수 있다.

셋째, 스타트업이나 벤처기업 및 사회적 기업 중심의 일자리 질 제고도 시급하다. 성장성은 있지만 처우와 안정성이 낮은 이들 부문에 대해 근로 환경 개선 인센티브, 청년 근속 지원금, 공동복지 인프라 지원 등 지속 가능한 청년 고용 생태계 조성책이 병행돼야 한다.

넷째, 청년 직무 역량 강화 정책의 현장 적합성 제고다. 현재 청년 대상 직업훈련은 실효성과 수요 매칭이 부족하다는 평가가 많다. 산업계 수요 기반 직업훈련 프로그램, 마이크로 자격증 확대, 고등교육기관과 협업한 맞춤형 모듈식 교육 체계 구축이 필요하다.

청년에게 일은 단지 생계가 아니다

청년 세대에게 '일'은 단지 돈을 벌기 위한 수단이 아니다. 자아실현의 통로이자, 사회적 소속감의 핵심이다. 그러나 지금의 일자리 구조는 청년들에게 그 어떤 안정도, 소속도, 전망도 제공하지 못하고 있다.

이제는 일에 대한 철학 자체가 바뀌어야 한다. 첫째, '일자리 창출'이라는 말에서 '일의 가치 창출'로 패러다임을 전환해야 한다. 기계적인 수치 확대보다 청년이 자부심을 갖고 일할 수 있는 환경을 만드는 것이 정책의 핵심이 되어야 한다.

둘째, 청년 맞춤형 '일과 삶 균형 정책' 확대다. 주거지 근접 채용, 유연근무제, 재택근무 지원, 장시간 노동 구조 개선, 마음 건강 지원 프로그램 등 청년의 삶 전체를 고려한 고용 정책 패키지가 필요하다.

셋째, 노동시장 진입 전과 초기 경력 설계에 대한 국가의 적극적 개입이 필요하다. 청년 인턴십 제도의 질적 개선, 경력개발 멘토링 플랫폼, 공공 - 민간 연계 잡 코디네이터 제도 등을 통해 '첫 일' 이후 경력 설계가 가능하도록 사다리형 정책 구조가 갖춰져야 한다.

넷째, 일하는 청년의 사회 참여 확대도 중요하다. 일과 삶, 참여가 단절되지 않고 연결될 수 있도록 청년 직장인 커뮤니티 지원, 사회 혁신 활동 참여 장려, 공공 정책 제안 플랫폼 등 청년의 일 - 삶 - 참여를 통합적으로 설계하는 정책 모델이 필요하다.

일의 사다리는 청년 삶의 기초다. 그것이 무너지면 사회 전체의 동력이 꺼진다. 지금 필요한 것은 단기적 실업 대책이 아니라, 청년이 미래를 설계할 수 있는 고용 생태계의 구조 전환이다. 청년이 일할 수 있도록 돕는 것이 아니라, 일을 통해 성장하고 정착할 수 있는 기반을 설계하는 국가의 의지와 철학이 필요하다. 그 사다리를 복원하는 것이야말로, 청년과 미래를 함께 만드는 시작이다.

3. 청년 주거, 자립의 첫걸음부터

*"내 방 하나 없는 현실에서 무슨 꿈을 꾸겠는가.
자립은 거처에서 시작된다"*

주거는 자립의 시작, 하지만 청년에게 가장 먼 것

청년들에게 '내 방 하나 갖는 것'은 더 이상 당연한 일이 아니다. 과거 부모로부터 독립하며 첫 월세방을 얻고 자립의 첫걸음을 내디뎠던 세대와 달리, 오늘날 청년들은 주거 비용 부담에 눌려 독립조차 시도하지 못하는 상황에 처해 있다.

2024년 기준, 청년 1인 가구의 월평균 소득은 200만 원 초반에 불과하지만, 서울의 원룸 평균 월세는 관리비 포함 70만 원 이상이다. 교통비, 식비, 통신비 등을 제외하고 나면 저축은커녕 생존도 벅찬 생활이 현실이다. 청년들이 '자립의 꿈'이 아니라 '가성비 원룸'

을 먼저 검색하는 이유다.

더불어 전세제도 붕괴와 월세 비중 증가, 금리 인상에 따른 주택 담보 대출 부담 확대는 청년들이 주택 자산 형성의 기회조차 박탈당하는 결과로 이어졌다. "부모 찬스 없이는 내 집 마련 불가능"이라는 인식은 더 이상 자조가 아니라 통계적 현실이 되었다.

청년 주거 문제는 단순한 주택 공급의 문제가 아니다. 그것은 청년의 자립, 성장, 미래 설계의 기반을 위협하는 사회 구조적 문제다. 청년에게 안정적이고 예측 가능한 주거 환경을 제공하지 못한다면, 청년 정책은 허공에 떠 있는 구호에 불과하다.

청년 맞춤형 주거 정책, 구조를 바꿔야 한다

지금까지의 청년 주거 정책은 대체로 공공임대 확대나 전월세 지원에 머물렀다. 그러나 이 같은 단편적 접근으로는 구조적 주거 위기를 해소하기 어렵다. 다음과 같은 통합적이고 체계적인 청년 주거 전략이 필요하다.

첫째, 소득연계형 주거 지원 체계로 전환해야 한다. 현재의 청년 전세자금 대출 제도는 일정 소득 이상에선 무용지물이 되고 월세 지원은 지역이나 조건, 신청 시기에 따라 들쭉날쭉하다. '청년 주거권'을 기본권으로 인정하고, 소득에 비례해 임대료를 보조하거나 거주 기간에 따라 지원을 확장하는 소득연계형 주거 바우처 제도를 확대해야 한다.

둘째, 지역 밀착형 공공주택 모델 개발이 필요하다. 서울 중심의 청년 임대주택 경쟁률은 수십 대 1을 넘고, 수요에 비해 공급이 턱없이 부족하다. 이를 해소하기 위해 지방 거점도시, 혁신도시, 지역대학 인근 등에 '청년 공동체형 주택', '지역 정착형 소셜하우징' 등 청년 친화형 주택 모델을 확산해야 한다.

셋째, 청년 주택금융 시스템 개편이 필요하다. 현재 청년들은 금융 이력이 부족하거나 담보 능력이 낮아 주택 구입을 위한 금융 접근이 거의 불가능하다. 이를 개선하기 위해 신용평가 기반 대신 소득 전망 기반 대출 모델, 청년 전용 정책 모기지 상품, 장기 거치 후 분할상환 시스템 등을 제도화해야 한다.

넷째, 생활밀착형 주거 인프라와 복합 커뮤니티 확대다. 청년 주택은 단순히 공간 제공이 아니라 삶의 기반과 사회적 연결을 함께 제공해야 한다. 이를 위해 주거 - 일자리 - 문화 - 상담 - 재무설계 등이 통합된 복합 커뮤니티형 청년 주택단지를 조성할 필요가 있다.

청년 주거를 위한 국가의 책임은 어디까지인가

주거는 단순한 소비가 아니라 삶의 기반이며 국가가 보장해야 할 기본적 삶의 조건이다. 특히 자산 축적 초기 단계에 있는 청년에게 주거는 단기 거주의 문제가 아니라 중장기적 자산 형성과 생애 경로 설계의 전제 조건이다.

첫째, 정부는 청년 주거를 단기 정책이 아닌 장기 국가 전략의 일부로 포함해야 한다. '청년 주거 기본계획'을 수립하고, 지방정부와 협업해 지역 맞춤형 공급·금융·복지 연계 시스템을 구축해야 한다. 또한 공공주택 목표 비율 중 청년 몫을 명확히 할당하는 법적 기반이 필요하다.

둘째, 주거 정책과 청년 정책을 통합적으로 설계해야 한다. 지금은 부처 간 칸막이로 인해 국토부는 건설·공급 중심, 복지부는 지원 중심, 교육부는 대학 기숙사 중심으로 제각각 접근하고 있다. 청년 주거 전담 조직을 설립하고, 데이터 기반 수요 예측 및 정책 피드백 체계를 마련해야 한다.

셋째, 민간과의 협력도 활성화해야 한다. 민간 공공임대 사업자 등록 제도 개선, 청년 주거 협동조합 활성화, 기업형 청년 주택 기부채납 인센티브 등을 통해 민간이 공공성 기반의 주거 모델을 실현할 수 있는 구조적 여건을 조성해야 한다.

마지막으로, 청년의 주거권 보장을 위한 사회적 인식 전환이 필요하다. 주거는 더 이상 사적 노력의 결과물이 아니라 국가가 보장해야 할 공적 자원이라는 인식이 널리 확산되어야 한다.

청년 주거는 단지 잠자리의 문제가 아니다. 그것은 삶을 설계할 수 있는 권리이며, 자립과 희망의 출발점이다. 국가는 청년이 '방 하나'에서 시작해 '삶 하나'를 꿈꿀 수 있도록, 기회의 구조를 복원해야 한다. 지금 필요한 것은 임시적 보조가 아닌 미래를 준비할 수 있는 안정된 거처와 정책의 뒷받침이다.

4. 청년 정책, 통합 설계와 세대 연대로

*"청년이 홀로 싸우지 않도록,
사회가 함께 기회를 설계해야 한다"*

청년 문제는 청년만의 문제가 아니다

청년을 위한 정책은 단순히 한 세대의 편의를 위한 배려가 아니다. 그것은 곧 사회의 지속 가능성을 위한 투자이며, 세대 간 연대를 회복하기 위한 핵심 고리다.

지금의 청년 문제는 청년 스스로가 해결할 수 없는 구조적 위기에서 비롯됐다. 교육비 상승, 주거 불안, 고용 불안정, 사회적 단절, 불투명한 미래에 이르기까지 청년이 마주하는 현실은 고립된 개인의 책임이 아니라 사회 시스템의 결과물이다.

그런데도 많은 정책은 청년을 '지원 대상'이나 '정책 수혜자'로 규정한 채 일방적인 '청년 맞춤 정책'에 그치고 있다. 이는 청년 문제를 사회 구조나 다른 세대와 단절된 특수한 문제로 분리시키는 한계를 낳는다.

청년 문제는 단지 청년만의 문제가 아니다. 그것은 우리 사회 전체의 미래 구조와 가치관, 세대 간 신뢰와 지속 가능성의 문제다. 청년을 위한 정책이 아니라, 청년과 함께 사회를 설계하는 정책이 되어야 한다.

파편화된 청년 정책, 통합적이고 유기적으로 설계하자

청년 정책은 고용·주거·교육·복지·문화 등 다양한 영역에 걸쳐 있다. 그러나 지금의 청년 정책은 부처별 칸막이와 단기 성과 중심의 접근으로 인해 파편화돼 있다. 청년은 같은 문제로 여러 부처를 오가야 하고, 정책 간 연계도 부족하다.

첫째, 청년 정책을 총괄 조정할 '청년 정책 통합 거버넌스' 구축이 필요하다. 청년 정책 조정 위원회의 실질적 권한 강화, 청년 정책 전담 부처 지정 또는 국무총리실 직속 청년 특임 기구 신설을 통해 부처 간 조정과 통합적 설계를 가능하게 해야 한다.

둘째, 청년의 생애주기와 정책 간 연결성을 강화해야 한다. 초중등교육 - 고등교육 - 취업 준비 - 자립 - 사회 참여 - 결혼·육아로 이어지는 청년 생애 전환기에 맞춰 단절 없이 이어지는 정책 구조가 설계되어야 한다. 이를 위해 '생애 경로 기반 청년 정책 로드맵' 수립과 예산 연계 구조가 필요하다.

셋째, 청년 정책에 데이터 기반 정책 관리를 도입해야 한다. 지금은 청년의 수요와 생활 실태에 대한 정교한 통계가 부족하고, 정책 효과에 대한 사후 검증도 미흡하다. 정기적 청년 생활지표 구축, 정책 수요자 중심 조사 체계, 효과 평가 피드백 시스템이 필수적이다.

넷째, 청년 정책의 수요자인 청년의 참여가 제도화돼야 한다. 청년 정책 위원회의 청년 위원 비율 확대, 지역 청년 정책 네트워크 운영, 공론 기반 청년 정책 플랫폼 등을 통해 정책 설계부터 평가까지 청년이 직접 관여할 수 있는 구조가 마련돼야 한다.

세대 간 공감과 연대를 회복하는 청년 정책

청년 문제는 종종 '세대 간 갈등' 프레임 속에서 왜곡되곤 한다. 예컨대 청년 복지 확대가 기성세대의 부담으로, 청년 고용 확대가 중장년 일자리의 위협으로 해석되는 식이다.

하지만 진짜 지속 가능한 사회는 세대 간 경쟁이 아니라 세대 간 연대와 협력을 통해 이루어진다. 청년을 돕는 것이 곧 미래를 돕는 것이며, 기성세대의 지혜와 자원이 청년의 가능성과 만나야 한다.

첫째, 세대 연대를 위한 세대 간 통합형 복지 정책이 필요하다. 예컨대 지역사회 내 '세대 공존형 공공주택', '세대 멘토링 프로그램', '청년 - 노년 복합 복지센터' 같은 모델을 통해 세대 간 실질적 교류와 공감이 이뤄지는 공간과 제도를 설계할 수 있다.

둘째, 세대 간 자원 순환 구조를 만들어야 한다. 청년의 창업, 취업, 주거 문제 해결에 기성세대의 경험·자본·시간을 기부 또는 투자 형태로 연계하는 '세대 간 공유 플랫폼' 구상이 필요하다. 예를 들어, 은퇴 세대의 노하우를 청년 창업 멘토링에 연계하거나, 기성세대의 유휴주택을 청년에게 제공하는 제도 등이 그것이다.

셋째, 정책 커뮤니케이션 방식도 세대 통합적이어야 한다. 청년 정책은 청년에게만 보여주는 정책이 아니라, 모든 세대가 이해하고 지지할 수 있는 공통의 언어로 소통되어야 한다. 정책 홍보와 평가, 참여 기반 설계에서도 세대 간 협력이 강화돼야 한다.

청년은 사회의 일부가 아니라, 사회의 중심이어야 한다. 지금의 청년 정책은 시혜가 아니라 공존을 위한 제도 설계여야 한다. 청년 홀로의 싸움이 아니라, 모든 세대가 함께 만드는 사회의 약속으로. 청년 정책은 바로 대한민국의 미래를 어떻게 설계할 것인가에 대한 사회의 대답이다.

제14장

이민과 다양성, 지속 가능한 공동체로 가는 길

1. 인구절벽의 시대, 해법은 이민이다
2. 다양성 수용, 사회 통합의 조건이다
3. 이주민 정책, 보호에서 통합으로
4. 다양성과 포용, 국가 비전으로

1. 인구절벽의 시대, 해법은 이민이다

"사라지는 공동체 앞에 남은 선택은 하나다.
열린 공동체로의 전환, 바로 이민이다"

인구절벽, 성장과 지속 가능성을 위협한다

한국은 전 세계에서 가장 빠르게 늙어가는 나라 중 하나다. 2024년 기준 우리나라의 합계출산율은 0.72명으로 세계 최저 수준이며, 2024년 12월 전체 인구 중 고령자 비중이 20%를 넘어 '초고령사회'에 진입했다. 동시에 생산 가능 인구는 빠르게 감소하고 있고, 노동력 부족과 지역 공동체 붕괴, 세대 간 부담 격차가 전방위적으로 나타나고 있다.

더 이상 이 흐름은 단기적 경기 변동으로 해결될 문제가 아니다. 출산장려금, 육아지원금, 보육시설 확충 등 온갖 대책이 쏟아졌지만, 근본적 인구구조의 하락세는 멈추지 않고 있다. 이미 수도권을 제외한 대부분의 지방은 인구 소멸 위험 지역으로 분류되고 있으며, 학교와 병원, 상점이 문을 닫고 지역사회 전체가 기능을 상실하고 있다.

이러한 현실에서 성장과 복지를 유지할 유일한 해법이 '이민'이라는 인식이 확산되고 있다. 더 많은 사람이 한국에 와서 일하고, 정착하며, 새로운 가정을 이루고, 지역과 국가의 일원이 되는 것. 이것이야말로 인구절벽의 구조적 해법이다.

이제는 이민 정책이 아니라 이민 전략이 필요하다

한국은 이미 다문화 사회다. 2023년 기준 국내 체류 외국인 수는 250만 명을 넘어섰고, 귀화자 수는 누적 25만 명에 이르며, 전체 초등학생의 5% 이상이 다문화가정 출신이다. 그러나 여전히 한국 사회는 '이민은 예외적', '외국인은 임시체류자'라는 인식에 머물러 있다.

이제는 정책이 아니라 전략으로 접근해야 한다. 단기적 노동력 충원이나 단순 결혼이민 지원이 아니라, 한국 사회의 지속 가능성을 설계하는 차원에서 이민을 바라보아야 한다.

첫째, 중장기 인구 전략에 이민 정책을 통합해야 한다. 출산 정책, 교육 정책, 산업 정책, 지역 활성화 정책과 연계해 이민의 역할과 범위를 명확히 설정하고, 정주와 통합을 촉진하는 구조적 기획이 필요하다.

둘째, 유형별 이민 정책 다각화가 필요하다. 고급 인재 유치 중심의 포인트제 확대, 지역 정착형 이민 비자 도입, 기술인력·복지인력 중심의 전략 산업 연계 이민 제도 신설 등을 통해, 단순 인력 공급이 아니라 경제·사회 기여도가 높은 유입 구조를 만들어야 한다.

셋째, 이민자의 정착과 통합을 위한 생애주기 기반 정책이 필요하다. 체류 - 취업 - 정착 - 가족 동반 - 귀화 등 이민자의 생애 여정에 맞춰 주거, 의료, 교육, 법률, 언어 지원, 시민 교육 등이 통합된 원스톱 이민 통합 지원 체계를 구축해야 한다.

넷째, 지역 중심의 이민자 유입 전략도 필요하다. 소멸 위험 지역, 노동력 부족 산업, 저밀도 농산어촌 등을 대상으로 지역 이민 특구, 지역 정착 지원금, 지방정부 - 이민자 간 협업 플랫폼을 도입해 지역과 이민자의 상생 구조를 설계할 수 있다.

사회적 공감과 제도적 신뢰의 기반 위에서

이민 정책의 성공 여부는 제도만으로 결정되지 않는다. 국민적 공감과 제도에 대한 신뢰가 뒷받침되지 않으면, 어떤 정책도 현장에서 작동하지 않는다.

첫째, 이민자에 대한 사회적 인식 전환이 필요하다. 이민자는 경쟁자가 아니라, 함께 살아갈 동료 시민이다. 이를 위해 교육과 언론, 문화 콘텐츠 등을 통해 이민자와 함께 살아가는 미래상을 적극적으로 공유하고, 편견과 차별을 해소하는 인식 개선 캠페인을 지속해야 한다.

둘째, 이민자에 대한 제도적 차별을 제거해야 한다. 동일노동-동일임금 원칙, 사회보장 제도 접근권, 공공서비스 이용권 등에 있어 이민자도 일정 요건을 충족할 경우 내국인과 동일한 수준의 권리를 보장받아야 한다.

셋째, 이민 정책의 설계·평가 과정에 시민사회의 참여를 제도화해야 한다. 지역사회, 시민단체, 이민자 단체 등이 정책 수립 초기부터 참여함으로써, 투명하고 수용성 높은 이민 제도 설계가 가능해진다.

마지막으로, 국가적 차원의 사회 통합 기본계획과 이민청 신설 등 전담 기구 확보가 필요하다. 지금처럼 부처 간 분절된 이민 행정으로는 일관된 전략 추진이 어렵고, 이민자도 혼란을 겪는다. 이민청을 중심으로 국가 전략, 지방정부 실행, 시민사회의 협력 체계를 일원화해야 한다.

대한민국은 인구절벽 앞에서 중대한 선택의 기로에 서 있다. 지금처럼 출산율만 바라보며 미래를 설계할 수는 없다. 이민은 대체재가 아니라, 필수 전략이다. 이제는 이민을 받아들이는 사회가 아니라, 함께 살아갈 사회를 설계하는 국가로 전환해야 한다. 그것이 지속 가능한 공동체로 가는 첫걸음이다.

2. 다양성 수용, 사회 통합의 조건이다

*"다름을 배척하는 사회는 멈추고,
다름을 존중하는 사회는 성장한다"*

다양성의 시대, 공존은 선택이 아니라 생존 전략이다

21세기는 다양성의 시대다. 인종, 문화, 언어, 성별, 종교, 세대, 생활양식까지 다양한 배경을 가진 사람들이 함께 살아가는 시대. 한국도 예외가 아니다. 이주민, 다문화가정, 장애인, 고령자, 성소수자, 청년과 노년 등 다양한 정체성과 삶의 양식이 공존하는 사회 구조로 급속히 전환되고 있다.

그러나 한국 사회는 여전히 다양성을 '갈등의 원인'으로 바라보는 시각이 강하다. 다문화가정 자녀의 교육 격차, 이주노동자에 대한 차별, 여성과 소수자에 대한 배제, 고령층의 디지털 소외 등 사회적 배제와 차별 구조가 고착화되어 있다. 이는 단지 개별 집단의 문제가 아니라 사회 전체의 통합과 신뢰, 지속 가능성을 위협하는 구조적 문제다.

다양성은 혼란이 아니라 가능성이다. 공존은 이상이 아니라 전략이다. 다양성을 포용하지 못하는 사회는 창의성과 포용력을 상실하고, 국제 경쟁에서도 뒤처지게 된다. 지금 우리에게 필요한 것은 '같은 사람들끼리' 사는 안전한 울타리가 아니라, '다른 사람들과' 함께 사는 공존의 시스템이다.

다양성 수용은 정책이 아니라 문화다

정책적 제도 개선도 중요하지만, 다양성의 수용은 결국 사회문화적 역량과 시민의식의 성숙에 달려 있다. 제도가 있다고 차별이 사라지지 않고, 보호가 있다고 공존이 이루어지지 않는다.

첫째, 공교육과 미디어를 통한 다양성 감수성 교육이 필요하다. 초·중등 교육 과정에서 다문화·성평등·세대 간 이해 교육을 필수화하고, 미디어 리터러시와 편견 감지 능력을 키우는 프로그램을 확대해야 한다. 이는 단기 캠페인이 아니라 공존의 생활 문화를 키우는 국가적 프로젝트가 되어야 한다.

둘째, 공공부문부터 다양성 존중 문화를 실천해야 한다. 인사 채용 시 성별·연령·장애·학력 등에 대한 차별금지 기준을 강화하고, 조직 내 다양성 지표를 성과 관리 지표로 활용할 수 있다. 공공기관의 정책 설계 과정에서도 다양한 이해관계자 참여를 제도화해, 정책이 소수자의 목소리를 반영할 수 있도록 해야 한다.

셋째, 로컬 커뮤니티 기반의 다양성 실천 공간을 조성해야 한다. 지역 단위에서 서로 다른 배경을 가진 주민들이 함께 생활하고 소통할 수 있는 다문화센터, 공동작업 공간, 세대 통합 복지관 등은 서로를 이해하고 관계를 맺는 공간적 기반이 된다. 여기에는 지방정부의 기획력과 공동체 역량이 결합돼야 한다.

넷째, 공공 언어와 정책 프레임의 전환도 중요하다. 지금까지는 '소외 계층', '취약 계층', '비주류'라는 용어로 표현되는 집단이 많았다. 그러나 이들은 결코 예외적 존재가 아니라, 정당한 권리를 지닌 동등한 시민이다. 공공 언어의 전환은 사회 인식의 전환으로 이어진다.

다양성 존중은 민주주의의 기반이다

다양성의 수용은 단지 문화적 차원의 문제가 아니다. 그것은 민주주의의 본질이자, 정의로운 공동체를 만드는 핵심 원칙이다. 다수결은 숫자의 원리가 아니라, 다수를 배려하는 과정을 통해 소수가 배제되지 않도록 하는 장치여야 한다.

첫째, 차별금지법 제정은 더 이상 미룰 수 없다. 단지 법 하나의 문제가 아니라, 국가가 어떤 가치를 중심에 둘 것인가를 상징하는 헌법적 원칙의 실현이다. 포괄적 차별금지법은 차별을 금지할 뿐 아니라, 모든 시민이 자신을 있는 그대로 표현하고 살아갈 수 있도록 보장하는 사회적 약속이다.

둘째, 정치·행정 영역에서의 대표성 확대가 필요하다. 여성, 이주민, 장애인, 청년 등 다양한 집단이 실제 정책 결정과 의사결정 과정에 참여할 수 있도록 선출직·임명직에서의 쿼터제, 시민위원회 제도화, 사회적 배려 대상자 참여 보장 제도를 도입해야 한다.

셋째, 기업과 시장도 다양성을 경쟁력으로 인식해야 한다. 다양성 경영(Diversity Management), ESG 경영 지표에 포함된 포용성 항목 확대, 직장 내 괴롭힘 방지 시스템 도입 등은 조직의 생산성과 사회적 평판 모두에 긍정적 영향을 미친다.

넷째, 다양성을 사회 통합의 중심 가치로 명시하는 국가 비전을 정립할 필요가 있다. 국정 철학이나 중장기 국가계획에 '다양성과 포용'을 핵심 가치로 포함시키고, 관련 정책과 제도를 수립하는 과정에 시민사회의 참여를 제도화해야 한다.

지속 가능한 사회는 단일한 목소리에서가 아니라, 다양한 목소리가 조화를 이루는 공동체에서 비롯된다. 지금 한국 사회는 변화의 갈림길에 서 있다.

다양성을 위협으로 보는 사회는 위기를 키우고, 다양성을 자산으로 삼는 사회는 미래를 만든다. 이제 우리는 후자를 선택해야 한다. 공존을 제도화하고, 다양성을 존중하며, 다름을 삶의 자원으로 만드는 사회. 그것이 통합과 혁신의 출발점이다.

3. 이주민 정책, 보호에서 통합으로

*"이주는 시대의 흐름이고, 통합은 국가의 과제다.
보호의 울타리를 넘어,
동등한 공동체로 나아가야 한다"*

이주민은 더 이상 주변인이 아니다

2024년 현재, 대한민국에 체류 중인 외국인은 250만 명을 넘어섰다. 이주노동자, 결혼이민자, 유학생, 난민 신청자, 귀화자, 다문화가정의 자녀까지 포함하면 우리 사회는 이미 다인종·다문화 사회로 진입했다.

그러나 아직도 이주민은 '일시적 체류자', '특수한 존재'로 인식되는 경우가 많다. 이들을 위한 정책은 대부분 노동력 확보나 인도주의 지원 차원에서 머무르고 있으며, 국민과 동등한 시민으로 대우하는 체계적 통합정책은 부족하다.

특히 이주노동자에 대해서는 숙소 환경, 임금 체불, 산업재해, 고용허가제 한계 등 구조적 인권침해 문제가 반복되고 있으며, 결혼이민자 역시 언어·문화 차이, 가족 내 폭력, 자녀 교육 등의 문제로 사회적 고립과 소외의 위기에 직면해 있다.

이제는 이주민을 단지 보호의 대상으로만 여겨서는 안 된다. 대한민국의 구성원으로, 동등한 권리와 책임을 지닌 시민으로 수용하고 통합할 정책 전환이 필요하다.

이주민 통합 정책은 다층적·생애주기적이어야 한다

이주민 정책은 단발성 지원이나 제한적 권리 보장에 머물러선 안 된다. 이주 초기부터 정착, 가족 형성, 사회 참여, 귀화에 이르기까지 전 생애주기에 걸쳐 체계적이고 다층적인 접근이 필요하다.

첫째, 초기 정착 지원을 국가가 책임져야 한다. 언어 교육, 법률 정보, 생활 안내, 의료 접근, 금융 상담 등을 통합적으로 제공하는 '이주민 통합 지원 센터'를 전국 단위로 확충하고, 온라인 기반 정보 플랫폼과 다국어 상담 시스템을 표준화해야 한다.

둘째, 자녀 교육 및 다문화가정 지원 체계를 강화해야 한다. 다문화 자녀는 정체성 혼란, 언어 격차, 학습 결손 등 다양한 어려움을 겪고 있다. 이를 위해 언어·심리 지원 교사 확대, 다문화 특화

교육 과정 운영, 지역 기반 방과후 돌봄 서비스 등을 촘촘하게 구성해야 한다.

셋째, 이주민의 노동권 보장을 제도화해야 한다. 고용허가제의 실효성 강화, 사업장 이동 자유 확대, 산업재해 예방 체계 개선, 숙소 환경 규제 강화 등 노동 현장에서의 실질적 권리 보장이 이뤄져야 하며, 노동조합 가입과 단체교섭권도 실질적으로 보장되어야 한다.

넷째, 영주권자와 귀화자에 대한 시민권 기반 제도 설계가 필요하다. 일정 기간 체류와 납세, 법령 준수 등을 조건으로 영주권자에게 지방선거 투표권 부여, 귀화자에 대한 공직 진출 기회 확대 등 정치적 권리와 사회 참여의 통로를 넓혀야 한다.

다섯째, 지방정부와 시민사회의 역할을 강화해야 한다. 이주민 밀집 지역에는 다문화 거점 지자체를 선정하고, 지역 기반의 통합 계획과 예산을 편성할 수 있도록 권한과 재원을 보장해야 하며, 이주민 단체 및 시민단체와의 거버넌스를 제도화해야 한다.

이주민과 함께하는 사회, 제도와 인식이 동시에 바뀌어야 한다

이주민의 통합은 단지 제도의 문제로 끝나지 않는다. 국민 다수의 인식과 태도 변화, 그리고 그 인식을 뒷받침할 제도의 설계가 병행되어야 한다.

첫째, 이주민에 대한 편견 해소와 사회적 공감 확대가 중요하다. 교육과 캠페인, 미디어 콘텐츠를 통해 '함께 살아가는 이야기'를 공유하고, 학교·직장·지역사회에서 이주민과의 상호작용을 증진시킬 수 있는 '공존 프로그램'을 확대해야 한다.

둘째, 정책 설계와 집행에 이주민의 참여를 제도화해야 한다. 이주민 자문위원회, 다문화 정책 평가단, 지역 커뮤니티 운영위원회 등 이주민이 직접 정책을 제안하고 의견을 낼 수 있는 구조를 구축해야 한다. 이는 단순 의견 수렴을 넘어 정책 신뢰성과 정당성을 높이는 핵심 장치가 될 것이다.

셋째, 이주민에 대한 차별 방지와 권리 보장을 위한 법제 개선이 필요하다. 체류 자격별 차별, 복지 접근의 제약, 정보 접근의 장벽 등을 제거하고, 모든 이주민이 기본적인 인간의 존엄과 권리를 누릴 수 있도록 포괄적 법제 정비가 시급하다.

넷째, 다문화 사회의 비전을 국가 차원에서 분명히 천명하고, 이를 헌법적 가치 및 국정 철학에 반영해야 한다. '다문화'를 특수한 정책 영역이 아닌, 대한민국 사회의 한 축이자 미래의 방향으로 명시할 필요가 있다.

이제 이주민은 보호해야 할 대상이 아니라, 함께 살아갈 동료 시민이다. 그들과 함께하는 공동체를 설계하고, 제도와 문화를 재구성하는 일은 더 이상 미룰 수 없는 국가적 과제다. 주민 통합은 사회의 품격을 말해주는 지표다. 더불어 살아가는 법을 선택한 공동체만이 진짜 강한 나라가 될 수 있다.

4. 다양성과 포용, 국가 비전으로

*"다양성을 포용하는 국가는 지속 가능하다.
이제는 선언이 아니라 국가 전략으로 삼을 때다"*

다양성과 포용, 선택이 아니라 필수다

우리는 지금 전례 없는 인구 변화, 초고령화, 지역 소멸, 노동력 위기, 사회 갈등 증가라는 복합적 위기 앞에 서 있다. 이러한 현실에서 다양성과 포용은 선택 가능한 미덕이 아니라, 국가 생존을 위한 필수 전략이 되어야 한다.

지금까지의 국가 비전은 대체로 '성장'과 '효율'에 방점이 찍혀 있었다. 그러나 저성장 시대, 사회 갈등이 격화되는 시대, 단일 중심의 경제 구조가 무너진 시대에는 더 이상 수치로 측정되는 성장만으로는 국가의 지속 가능성을 담보할 수 없다.

다양성과 포용은 지속 가능한 공동체의 핵심이다. 이민자, 소수자, 여성, 청년, 장애인, 고령층, 지역 주민 등 다양한 구성원이 서로를 위협이 아니라 자산으로 인식하고, 차이를 자원으로 활용할 수 있을 때 공동체는 위기 앞에서 버텨낼 수 있다.

이제는 가치로서의 다양성과 포용을 넘어, 정책을 설계하고 제도를 운영하며 사회를 조직하는 국가 전략의 중심축으로 삼을 때다. 다양성은 불안이 아니라 가능성이고, 포용은 비용이 아니라 투자다.

다양성과 포용을 위한 국가 전략, 이렇게 바꾸자

국가가 다양성과 포용을 실질적인 전략으로 삼기 위해서는 정책, 예산, 조직, 법제도의 전면적 전환이 필요하다. 첫째, 국가계획에 다양성과 포용을 명시적 가치로 포함시켜야 한다. '국가비전 2050' 같은 중장기 국가계획에 이를 핵심 가치로 선언하고, 각 부처별 정책목표 및 성과지표에 다양성과 포용 항목을 반영하도록 의무화해야 한다.

둘째, 국가 차원의 통합 포용 전략(Comprehensive Inclusion Strategy)을 수립해야 한다. 지금은 각 부처가 각각의 대상자(청년, 여성, 이주민, 장애인 등)를 개별적으로 정책화하고 있으나, 이들을 통합적으로 바라보고 정책 간 연계성을 확보하는 총괄 전략이 부재하다.

국가 차원의 포용청 또는 국가포용위원회를 설치하고, 범정부적 포용 정책 프레임워크를 운영해야 한다.

셋째, 포용예산제도(Inclusive Budgeting)를 도입해야 한다. 모든 예산 사업에 대해 성별 영향 평가, 사회적 약자 접근성 평가, 지역 균형 영향 평가 등을 연계해 예산 편성 단계부터 다양성과 포용을 내재화해야 한다. 이를 통해 형식적 포용이 아니라 실질적 재정 투입 기반의 전략이 가능해진다.

넷째, 공공기관 및 민간부문에 대한 다양성 평가지표를 법제화해야 한다. ESG 평가에서의 포용성 항목 강화, 정부 조달 참여 기업 대상 다양성 준수 의무화, 공공기관 인사 및 조직 관리상의 다양성 지표 반영 등이 필요하다.

다섯째, 데이터 기반 포용 정책 설계 체계를 구축해야 한다. 사회구성원의 다양성과 정책 대상자의 삶의 현실을 반영하기 위해, 인구·고용·복지·교육 등 모든 영역에서 세분화된 통계 인프라를 갖추고, 이를 정책기획과 성과 관리의 핵심 자료로 활용해야 한다.

다양성 존중이 강한 나라를 만든다

정치, 경제, 사회 모두에서 갈등이 심화되고 있는 시대. 소모적인 경쟁이 아니라 다양한 시선과 배경을 통합할 수 있는 능력, 곧 포용력이야말로 진짜 국가 경쟁력이다. 첫째, 다양성과 포용은 국가 정체성의 일부로 자리 잡아야 한다. 독일이 통일 후 이민자 사회 통합을 국가 정책의 핵심으로 삼았고, 캐나다가 다문화주의를 헌법 수준의 국가 가치로 명시했듯, 한국도 '공동체 다양성 헌장' 같은 국가 차원의 선언과 이행 계획을 마련할 필요가 있다.

둘째, 포용 사회는 소외 없는 성장의 기반이다. 사회적 약자가 참여하고 성장할 수 있는 구조는 소비의 확산, 사회 신뢰의 확대, 갈등의 감소로 이어진다. 이는 결국 시장의 확장, 행정의 효율성, 민주주의의 심화로 귀결된다.

셋째, 지속 가능한 발전은 다양성과 포용을 조건으로 한다. UN의 지속 가능 발전 목표(SDGs)도 'Leave No One Behind'를 핵심 가치로 내세우며, 국가와 기업, 시민사회 모두가 포용을 미래 전략의 핵심으로 삼아야 한다고 강조하고 있다.

넷째, 포용국가로의 전환은 미래 세대에 대한 약속이다. 오늘의 청년, 이주민, 여성, 장애인, 노년층이 서로 다른 출발선에 있더라도 같은 도착점을 향해 나아갈 수 있다는 믿음을 공유하는 사회, 그것이 진짜 정의로운 공동체다.

우리는 다양성과 포용이 국격의 기준이 되는 시대에 살고 있다. 이제는 선언이 아니라 실천이고, 소수의 요구가 아니라 국가의 비전이 되어야 할 때다. 다양성은 위험이 아니라 자산이며, 포용은 타협이 아니라 전략이다. 이제 대한민국도 이 다름의 힘을 국가의 새로운 동력으로 삼아야 할 시간이다.

제15장

외교·안보, 실용과 자강의 국익 전략으로

1. 강대국 각축 시대, 국익 중심 외교가 해답이다
2. 기술 패권 시대, 경제 안보 외교로 나가자
3. 동북아 정세, 실용 외교의 시험대
4. 실용과 자강의 국방 전략으로

1. 강대국 각축 시대, 국익 중심 외교가 해답이다

"세계는 다시 힘의 논리로 회귀했다.
약소국이 살아남는 길은 단 하나,
실용과 국익 중심의 전략 외교뿐이다"

미·중 전략 경쟁의 격화, 한국 외교의 시험대

21세기 국제 질서는 급속히 다극화되고 있다. 특히 미·중 전략 경쟁은 단순한 경제·군사적 대립을 넘어 가치와 체제의 충돌로 확대되고 있다. 미국은 민주주의·시장경제 연대를 강화하며 중국 견제를 노골화하고 있고, 중국은 일대일로, 디지털 위안화, 글로벌 안보 이니셔티브 등을 통해 자국 중심의 세계 질서 재편을 시도하고 있다.

이러한 흐름 속에서 한국은 전략적 선택의 기로에 놓여 있다. 미국의 안보 동맹과 중국과의 경제 협력 사이에서, 단순한 줄타기가 아니라 구체적이고 지속 가능한 국익 기반 외교 전략이 요구된다.

한·미·일 안보 협력의 강화, 한·중 갈등의 지속, 한·러 관계의 경색, 북핵 위기의 고착 등 한국 외교는 복잡한 이해관계 속에서 지속적인 압박과 도전에 직면해 있다. 전통적 외교 안보 프레임에 갇혀 있으면 주체적 외교를 펼치기 어렵고, 타국의 전략적 도구로 전락할 위험이 커진다.

지금 필요한 것은 단순한 외교 이벤트가 아니라, 국익 중심의 전략적 사고와 장기적 외교 설계 능력이다.

실용 외교, 가치 외교, 균형 외교를 재정의하자

국익 중심 외교는 감정적 외교도, 기계적 중립도 아니다. 그것은 우리의 이익, 우리의 원칙, 우리의 생존을 우선하는 실용적이고 유연한 외교 전략이다.

첫째, 실용 외교란 '이익이 있는 곳에 한국이 있다'는 전략 원칙을 뜻한다. 경제 안보, 첨단 기술, 공급망, 에너지, 기후 등 새로운 글로벌 아젠다에 대해 능동적으로 참여하고, 국익을 극대화할 수 있는 실리 중심의 협력 구조를 설계해야 한다. 이를 위해 한·미 경제 안보 대화, 한·중 공급망 협력 체계, 중견국 연대(MIKTA) 등 다자 채널을 활용한 전략적 외교 역량이 중요하다.

둘째, 가치 외교는 선택적으로 활용해야 할 전략 자산이다. 인권, 민주주의, 법치 등 보편 가치는 중요하지만 특정 이념 중심의 외교에 함몰되면 국익을 해치는 결과를 낳을 수 있다. 따라서 가치 외교는 국내외 공감대를 바탕으로, 시기·의제별로 유연하게 조정되는 전략 자원이어야 한다.

셋째, 균형 외교는 강대국 간의 중립이 아니라, 전략적 다변화다. 미국·중국뿐 아니라 EU, 인도, 아세안, 중동, 중남미, 아프리카 등 다양한 외교 지평을 확대함으로써 한 나라에 의존하지 않고, 복수의 외교 파트너를 확보해 전략적 유연성을 확보해야 한다.

또한 외교 안보 전략은 외교부만의 과제가 아니다. 산업부, 국토부, 중기부, 문화부 등 모든 부처가 국제적 시각과 연계 전략을 내재화해야 한다. 외교는 이제 안보를 넘어서 경제와 기술, 문화와 시민의 삶까지 포괄하는 종합 전략이어야 한다.

국익 중심 외교는 전략적 자강에서 시작된다

국익 중심 외교의 출발점은 스스로를 강하게 만드는 전략적 자강이다. 자강 없는 외교는 구호에 불과하다. 한국이 외교 공간을 확보하고 목소리를 낼 수 있으려면 경제력, 기술력, 국방력, 문화력, 제도력, 시민의식 등 모든 차원의 국력 강화가 선결되어야 한다.

첫째, 경제 안보 전략 강화가 핵심이다. 반도체, 배터리, 바이오,

인공지능 등 첨단 산업에서 기술 주권을 확보하고, 공급망 안정성을 확보할 수 있도록 국가 전략을 세워야 한다. 이를 바탕으로 국제 협상에서 주도권을 확보하고, 전략적 선택의 공간을 넓히는 힘이 된다.

둘째, 국방과 안보의 자율성 강화가 필요하다. 전작권 전환, 국방 기술 자립, 사이버 안보 및 우주 안보 전략 수립 등을 통해 동맹의 틀 안에서도 자율성과 주도권을 확보할 수 있는 기반을 갖춰야 한다.

셋째, 문화 외교와 시민 외교 역량 확대도 중요하다. K-콘텐츠, 한류, 공공 외교를 통해 한국의 이미지와 브랜드를 제고하고, 재외동포와의 연계, 국제개발협력(ODA) 강화, 디아스포라 외교 등을 통해 국민이 참여하는 외교로 외연을 확장해야 한다.

넷째, 외교 전문성 체계 정비도 시급하다. 대사 임명 기준의 전문성 강화, 외교관 순환근무제 개선, 정책 역량 중심의 조직 혁신 등을 통해 정권과 무관하게 일관성과 전문성을 유지할 수 있는 외교 시스템 구축이 요구된다.

강대국 사이에서 살아남는 법은 강대국처럼 행동하는 것이 아니라, 국익 중심의 전략으로 주체적 외교를 펼치는 일이다. 그것은 감정이나 타성으로 되는 일이 아니다.

지금 필요한 것은 대한민국 외교의 대전환이다. 실용을 기반으로, 자강을 토대로, 시민과 함께 세계와 소통하는 21세기형 국익 외교의 체계적 설계와 실행이다. 그것이 위기 시대 한국의 생존 전략이며, 미래를 여는 열쇠다.

2. 기술 패권 시대, 경제 안보 외교로 나가자

*"기술이 국력을 결정하고
공급망이 안보를 좌우하는 시대,
생존은 기술과 외교의 통합 전략에서 나온다"*

기술이 외교의 최전선이 된 시대

오늘날 국제 질서의 핵심 키워드는 '기술 패권'이다. 미중 전략 경쟁은 단순한 무역 전쟁을 넘어, 반도체·AI·바이오·우주 등 첨단 기술의 주도권을 둘러싼 패권 경쟁으로 진화하고 있다. 각국은 기술력을 무기화하고, 국가 안보의 연장선에서 기술을 배치하며, 기술 동맹을 새롭게 구성하고 있다.

반도체 공급망에서의 '칩4 동맹', 희토류 확보 경쟁, 디지털세 및 글로벌 디지털 규범 논쟁, 전기차 배터리 원자재 확보전 등은 모두

기술이 외교와 안보의 중심축이 되었음을 보여주는 단면이다.

이러한 변화 속에서 한국은 기술 강국이자 제조업 허브로서 세계 공급망의 중심에 서 있다. 그러나 동시에 미중 양측의 압박과 갈등에 가장 크게 노출된 국가이기도 하다. 경제와 외교, 안보가 하나의 축으로 연결된 이 시대에 한국의 전략은 '선택'이 아니라 '조정'과 '통합'이어야 한다.

기술 외교는 외교의 주변이 아니라, 국가 생존과 주권의 최전선이 되었다. 지금 우리는 외교의 언어로 기술을 말하고, 기술의 경쟁력으로 외교의 공간을 열어야 하는 시대에 살고 있다.

경제 안보 외교, 전략과 조직을 새롭게 하자

경제 안보는 더 이상 선택적 의제가 아니다. 그것은 국가의 생존 전략이자, 글로벌 전략의 중심 요소다. 한국이 기술 패권 시대에 주도권을 가지려면 경제 안보 외교의 전략성과 조직체계를 전면 혁신해야 한다.

첫째, 경제 안보 외교 전략을 국가 차원에서 수립해야 한다. 국가 안보실, 외교부, 산업부, 과기정통부, 기획재정부 등 관련 부처 간의 기능을 조정하고, '경제 안보 전략회의' 같은 범정부 컨트롤타워를 상설화해 통합된 전략 기획과 대응 체계를 구축해야 한다.

둘째, 첨단 기술 외교 역량을 강화해야 한다. 반도체, 배터리, 바이오, 우주항공, AI 등 핵심 분야에 대해 기술 외교관, 산업통상 전문관, 법제·규범 전문가 등 복합 인재를 양성·배치하고, 과학기술 기반 국제 교섭력 확대를 위한 전문 기구도 정비해야 한다.

셋째, 국가 기술 주권 전략을 외교 정책에 내재화해야 한다. 기술 수출 규제, 전략물자 통제, R&D 보조금 경쟁, 외국인 투자 심사 등 글로벌 통상 질서의 변화 속에서 한국의 기술 주권을 지키기 위한 법제도적 정비와 외교적 교섭 전략을 강화해야 한다.

넷째, 경제 안보 파트너십 외교를 확대해야 한다. 미국·EU·일본 등 전통적 동맹국뿐 아니라, 인도·베트남·중동·중남미 등 신흥 전략 국가와의 기술 협력과 공급망 다변화를 추진해야 한다. 이는 단지 외교관계 확장이 아니라, 위기 대응을 위한 생존 네트워크 구축이다.

기술 외교, 미래를 준비하는 가장 실용적인 전략

기술 패권 시대에 외교는 갈등을 조정하는 수단일 뿐 아니라, 국가 역량을 선제적으로 확보하는 도구가 되어야 한다. 한국이 주도권을 확보하고 미래를 설계하려면, 기술을 중심에 놓고 외교를 재설계해야 한다.

첫째, 공급망 재편의 주도국으로 거듭나야 한다. 반도체, 배터리, 희소금속 등 전략 품목의 생산·조달·가공·수출까지 연결된 글로벌 공급망을 주도하기 위해 소재·부품·장비 자립을 강화하고, 제3국 생산 거점 연계 및 공동 기술 개발 프로젝트를 확대해야 한다.

둘째, 국제 표준 선도 국가로 도약해야 한다. 기술의 국제 표준은 곧 시장 지배력과 직결된다. 이를 위해 표준화 전략 컨트롤타워 구축, 민관 공동 표준화 로드맵, 글로벌 표준 기구 참여 확대 등을 통해 국제 규범을 설계하는 외교 역량을 갖춰야 한다.

셋째, 디지털 규범 외교를 선제적으로 추진해야 한다. 데이터 이전, AI 윤리, 디지털세, 사이버 안보 등은 향후 글로벌 갈등의 중심이 될 이슈다. 한국은 OECD, G20, UN 등 국제기구에서 디지털 규범의 중재자이자 제안자로서 역할을 수행해야 하며, 이를 위해 국내 디지털 정책과 글로벌 연계를 정비해야 한다.

넷째, 기술 기반 ODA(공적개발원조)와 글로벌 공공기술 외교를 강화해야 한다. 개발도상국에 기술 이전, 에너지 전환, 디지털 교육, 바이오 보건 협력을 제공함으로써 지정학적 파트너십을 형성하고, 한국형 모델의 국제 영향력을 확대할 수 있다.

기술 패권 시대에 한국이 살아남고 주도하기 위한 길은 분명하다. 기술과 외교의 통합 전략, 그리고 국가 역량의 총체적 재설계다. 이제는 기술을 지키는 외교가 아니라, 기술로 국익을 창출하고 미래를 여는 외교가 필요하다. 그것이 경제 안보 외교이며, 대한민국이 강한 나라로 도약하는 새로운 길이다.

3.
동북아 정세, 실용 외교의 시험대

"외교는 감정이 아니라 전략이다.
강대국 사이에서 살아남으려면
냉철한 실용 외교가 필요하다"

동북아의 긴장 고조, 한국 외교의 난제

동북아는 지금 국제 질서의 '뜨거운 지점'이다. 미·중 전략 경쟁의 일선에서 한반도는 안보, 경제, 기술, 이념 갈등이 동시에 중첩되는 전략적 요충지로 떠올랐다.

미국은 인도·태평양 전략과 칩4 동맹, 쿼드(QUAD), IPEF 등을 통해 중국을 견제하고 있고, 중국은 러시아와의 연대를 강화하며 대만해협과 남중국해에서 군사적 압박을 확대하고 있다. 북핵 위협은 전례 없이 고도화되고 있으며, 일본의 군비 확장, 한일관계의 불신, 러시아의 동북아 정책 변화까지 더해져 한반도는 복잡한 이해관계의 소용돌이 속에 있다.

이런 상황에서 한국 외교는 단순히 어느 편을 들 것이냐의 문제가 아니다. 외교의 지평을 넓히고, 국익을 중심으로 전략적 입지를 확보하는 실용 외교가 절실하다. 감정적 대응이나 이념 편향은 전략적 공간을 좁힐 뿐이며, 실용적이고 유연한 접근만이 불확실성의 시대를 헤쳐 나갈 수 있는 해답이다.

실용 외교는 선택이 아니라 생존 전략이다

강대국 사이에서 자주성과 실리를 모두 지키기 위해서는 실용 외교의 원칙과 역량을 정교하게 설계해야 한다. 실용 외교는 '중립'이 아니라, 국익을 극대화하는 능동적 균형 전략이다.

첫째, 한미동맹을 기반으로 다변화를 추구해야 한다. 안보는 동맹을 통해 확보하되, 경제와 기술, 외교는 다자·중견국 중심으로 외연을 확대해야 한다. 예를 들어, 미국과의 전략 대화는 심화하되, 중국·아세안과의 협력은 지속 강화하는 '투트랙 외교'를 구체화해야 한다.

둘째, 중국과의 전략적 소통 채널 복원이 시급하다. 고고도미사일방어체계(THAAD) 이후 한·중 관계는 상호 불신과 대화 단절 상태다. 그러나 한국 경제에 대한 중국의 영향력을 고려할 때, 공급망 안정과 기후 변화, 보건 안보, 북핵 문제 등 실질 협력 의제를 중심으로 실용적 협력 공간을 다시 열어야 한다.

셋째, 북한과의 외교적 해법을 재정비해야 한다. 강경 일변도의 접근은 북핵 고도화만 부추기고 있다. 제재와 압박 중심에서, 비핵화와 평화 체제 동시 접근의 병행 전략으로 외교 모멘텀을 재창출해야 한다. 인도주의 협력, 이산가족 상봉, 인적교류, 다자회담 복원 등을 통해 외교적 공간을 넓힐 필요가 있다.

넷째, 한·일 관계 개선은 국민 감정과 국익 사이의 정교한 균형 전략이 필요하다. 역사 문제에 대해 원칙을 견지하면서도, 경제·기술·안보에서의 실익을 도모할 수 있는 입체적 외교가 요구된다. 시민사회·지방정부·청년 교류 등 다양한 채널을 통해 '민간 외교'를 강화하는 것도 대안이다.

동북아 실용 외교의 핵심, 중견국 외교 역량과 전략의 일관성

한국은 단순한 주변국이 아니다. 세계 10위권의 경제력과 글로벌 민주주의 모델을 가진 중견국으로서, 전략적 외교 역량을 발휘할 자격과 책무가 있다. 실용 외교는 바로 이 중견국으로서의 책임 있는 역할 수행을 의미한다.

첫째, 중견국 연대(MIKTA 등)를 활용한 다자 협력 외교를 강화해야 한다. 기후위기, 보건 안보, 개발협력, 디지털 규범 등 글로벌 아젠다에서 중견국들이 목소리를 내고, 규범을 설계하며, 대안을 제시하는 외교 무대를 주도할 필요가 있다.

둘째, 외교 정책의 일관성과 예측 가능성을 확보해야 한다. 정권 교체 때마다 외교 기조가 급변하고, 주변국과의 신뢰 관계가 무너지는 것은 한국 외교의 큰 약점이다. 외교 안보 전략 기본법 제정, 국회 보고 의무화, 초당적 외교 전략협의체 구성 등을 통해 국가 차원의 일관성을 제도화해야 한다.

셋째, 전문성과 품격 있는 외교 역량 강화가 필요하다. 실용 외교는 정무적 협상만으로 되지 않는다. 역사·문화·경제·기술 등 다영역에 걸친 전문 지식과 글로벌 네트워크, 공감 능력, 전략적 사고를 갖춘 외교관과 정책 설계자들이 필수다. 외교부 조직과 인사 시스템, 교육 훈련 체계의 전면 개편이 시급하다.

넷째, 국민과 함께하는 외교, 신뢰받는 외교로 전환해야 한다. 외교는 더 이상 밀실에서 몇몇 사람이 주도하는 영역이 아니다. 국민의 정보 접근권, 정책 설명 책임, 외교 성과에 대한 피드백 체계를 강화해 신뢰와 투명성의 기반 위에서 외교 정책을 추진해야 한다.

동북아 정세는 격변하고 있다. 그러나 위기의 시기는 동시에 새로운 기회의 문이 열리는 시기이기도 하다. 대한민국이 전략적 중견국으로서 실용 외교를 주도하고, 국익과 가치를 조화롭게 설계하며, 불확실성의 파고를 넘어선다면 외교는 생존이 아니라 번영의 길이 될 수 있다. 지금이 바로 그 변화를 만들어야 할 시간이다.

4.
실용과 자강의 국방 전략으로

*"강한 안보는 전쟁 억지에서 시작되고,
자강은 평화를 위한 전제다"*

안보 위협의 다변화, 국방 전략의 전환이 시급하다

21세기의 안보 환경은 급변하고 있다. 전통적인 군사 위협뿐 아니라 사이버 공격, 우주전, 무인기 침투, 감염병·기후위기 등 복합적이고 비대칭적인 안보 위협이 현실화되고 있다. 북한의 핵·미사일 위협은 전례 없이 고도화되고 있으며, 중·러의 군사 협력 확대, 일본의 군사 대국화 움직임도 한국 안보 환경에 큰 변화를 예고하고 있다.

하지만 지금까지의 국방 정책은 여전히 냉전 패러다임에 묶여 있는 측면이 많다. 군사력 규모나 장비 도입 중심의 전략으로는 새로운 안보 지형에 대응하기 어렵다. 전방위적이고 입체적인 국방 전략이 시급하다.

더불어 안보는 단지 군의 문제가 아니다. 산업, 과학기술, 정보, 외교, 국민 역량이 총체적으로 결합된 국가 안보의 패러다임 전환이 요구된다. 실용과 자강은 국방에서도 더 이상 구호가 아니라 실행의 원칙이 되어야 한다.

자강국방, 이제는 실행으로 옮겨야 한다

자강국방이란 동맹에 의존하되, 스스로 방어할 수 있는 능력을 갖춘 안보 구조를 뜻한다. 지금까지 자주국방의 원칙이 강조돼왔지만, 실제로는 전작권 전환, 국방 산업 경쟁력, 독자적 정보 역량 확보 등에서 제한적 진전만이 있었던 것이 현실이다.

첫째, 전시작전통제권(전작권) 전환을 조속히 추진해야 한다. 한미동맹을 기초로 하되, 한국군의 독자적 작전 능력과 지휘통제 역량을 확보함으로써 실질적 자율성과 주권 기반 안보를 실현해야 한다. 이를 위해 지휘 체계 정비, 실기동 훈련 강화, 전력 운용 계획 고도화가 병행되어야 한다.

둘째, 국방 기술 자립과 방산 경쟁력 강화가 시급하다. 국내 방위산업은 양적 팽창에 비해 기술 자립도는 낮은 편이다. 이를 개선하기 위해 국방 R&D의 전략적 투자, 민군 협력 시스템 구축, 수출 경쟁력 있는 무기 체계 개발이 요구된다. 특히 AI, 드론, 사이버전 등 미래전 대비 핵심 기술에 대한 투자와 인재 양성이 중요하다.

셋째, 통합적 안보 체계를 구축해야 한다. 군사 안보뿐 아니라 사이버, 우주, 감염병, 기후 변화 등 국가 안보 개념을 확장하고, 민·관·군·경이 유기적으로 협력하는 전방위적 대응 체계를 구축해야 한다. 국방부, 행안부, 과기정통부, 복지부 등 유관 부처 간 협업 시스템 정비가 필요하다.

넷째, 병역 제도 개편과 군 인권 강화도 중요하다. 저출산 시대에 지속 가능한 병력 운용 방식을 마련하기 위해 모병제 전환 논의, 복무 기간 탄력 조정, 전문 병역 확대 등 미래형 병역 정책 설계가 필요하며, 병사 인권·처우 개선, 군 내 성범죄 대응 강화 등 신뢰받는 군대 문화 정착도 병행돼야 한다.

실용적 국방, 국민과 함께하는 안보로 확장하자

강한 국방은 단지 군사력의 크기에서 나오는 것이 아니라, 국민의 신뢰와 사회적 기반에서 비롯된다. 실용적 국방은 이념이 아니라 효율성과 책임, 투명성과 공감의 원리에 기반해야 한다.

첫째, 안보 정책의 투명성과 국민적 설명 책임을 강화해야 한다. 주요 국방 전략 및 예산 집행에 대해 국회와 국민에게 충분히 설명하고, 시민단체·전문가·언론과의 상시 소통 구조를 제도화함으로써 국민이 신뢰할 수 있는 안보 체계를 구축해야 한다.

둘째, 국방 예산의 효율성과 전략적 우선순위 재정립이 필요하다. 소요 위주 예산이 아니라 위협 기반 전략 기획, 장기 전력 운용 계획 중심의 투자 구조로 개편하고, 중복 투자·낭비성 집행에 대한 감사·평가 시스템을 정비해야 한다.

셋째, 국방과 산업, 과학기술, 교육 간의 연계 강화도 필요하다. 국방과학기술원을 중심으로 첨단 기술 개발을 촉진하고, 대학·기업과의 협업을 통해 첨단 무기 체계의 내재화를 추진해야 한다. 동시에 전역 군인의 사회 복귀 지원, 군 경력 인정 체계 등을 통해 국방 자원이 사회 발전의 자원으로 환류되도록 해야 한다.

넷째, 민방위, 예비군, 사이버 시민방위력 등 국민 참여형 안보 체계를 강화해야 한다. 21세기 안보는 군대만으로 대응하기 어렵다. 시민사회의 안보 감수성을 높이고, 국민 개개인이 안보의 주체로 참여할 수 있는 플랫폼을 정비해야 한다.

지금 대한민국의 안보는 전환점에 있다. 위협은 더 복잡해졌고, 동맹에만 기댈 수 없는 시대다. 이제는 실용과 자강, 국민과 함께하는 국방 전략이 필요하다. 전쟁을 막고, 평화를 지키며, 국익을 보호하는 힘. 그것은 감정이 아닌 전략에서, 구호가 아닌 실행에서 나온다. 강한 대한민국은 강한 자강국방에서 시작된다.

에필로그

다시, 국가를 생각한다

우리는 지금 거대한 전환의 문턱에 서 있다. 저성장과 인구절벽, 기술 패권과 기후위기, 불평등의 심화와 사회 통합의 위기. 지금 한국 사회는 '더 이상 미룰 수 없는 과제들'을 한꺼번에 마주하고 있다. 그러나 위기를 직면한 이 순간은 동시에, 새로운 기회를 설계할 수 있는 시간이다.

이 책 『제발, 이런 정책 좀 펴라』는 단지 정책을 나열하거나, 정부에 대한 요구만을 담은 것이 아니다. 이것은 우리가 바라는 나라의 미래를, 가능한 상식의 언어로 다시 그려보는 시도이자 제안이다. 한 사람의 문제 제기를 넘어, 함께 사는 사회를 위해 시민 모두가 정책의 주인이자 참여자가 되어야 한다는 믿음 위에 쓰였다.

각 장마다 다룬 이슈들은 결코 개별적이지 않다. 경제는 교육과 연결되고, 복지는 노동과 연결된다. 지방은 금융과, 외교는 기술과 연결된다. 이 모든 영역은 서로의 원인이자 결과다. 그래서 우리는 복잡한 문제를 피하지 않고, 전체를 통합하는 상상과 실행력을 동시에 요구받는다.

정책이 바뀌면 삶이 바뀌고, 삶이 바뀌면 사회가 바뀐다. 새로운 정부는 말이 아니라 제도와 실천으로 응답해야 한다. 지금 이 순간에도 사회 곳곳에서는 고통받는 이들이 구조적 무관심 속에 방치되어 있고, 청년들은 희망을 잃어가며, 공동체는 서로에 대한 신뢰를 잃고 있다. 이런 현실 앞에서 정부가 해야 할 첫 번째 임무는 '제대로 정책을 펴는 것'이다.

이 책이 담은 15개의 장은 그 시작이다. 우리는 '무엇을 해야 할까'를 고민했으며, '어떻게 바뀌야 할까'에 대해 가능한 해법들을 나열했다. 완벽한 정답은 없다. 그러나 불가능한 문제는 없다. 필요한 것은, 지금 당장 시작하는 용기와 지속할 수 있는 시스템, 그리고 무엇보다 사람이다.

이제는 성찰하고 선택해야 할 시간이다. 누구를 위한 정책인가? 어떤 미래를 지향할 것인가? 그리고 그 미래는 지금 무엇에서부터 시작돼야 하는가?

국가는 제도로 증명된다. 국민은 그 제도의 결과로 평가한다. 우리는 이 책을 통해, 다음 정부가 '국가가 왜 필요한지'를 다시 묻고, '제대로 된 나라'를 만드는 시작점이 되기를 바란다. 그것이 우리가 이 책을 쓴 이유이고, 지금 이 시대에 정책이 새로워져야 하는 이유다.